MUDANÇAS LABORAIS E RELAÇÕES DE GÉNERO:
Novos vetores de (des)igualdade

COLECÇÃO ECONÓMICAS – 2ª Série
Coordenação da Fundação Económicas

António Romão (org.), *A Economia Portuguesa – 20 Anos Após a Adesão*, Outubro 2006

Manuel Duarte Laranja, *Uma Nova Política de Inovação em Portugal? A Justificação, o modelo os instrumentos*, Janeiro 2007

Daniel Müller, *Processos Estocásticos e Aplicações*, Março 2007

Rogério Fernandes Ferreira, *A Tributação dos Rendimentos*, Abril 2007

Carlos Alberto Farinha Rodrigues, *Distribuição do Rendimento, Desigualdade e Pobreza: Portugal nos anos 90*, Novembro 2007

João Ferreira do Amaral, António de Almeida Serra e João Estêvão, *Economia do Crescimento*, Julho 2008

Amélia Bastos, Graça Leão Fernandes, José Passos e Maria João Malho, *Um Olhar Sobre a Pobreza Infantil*, Maio 2008

Helena Serra, *Médicos e Poder. Transplantação Hepática e Tecnocracias*, Julho 2008

Susana Santos, *From the System of National Accounts (SNA) to a Social Accounting Matrix (SAM) – Based Model. An Application to Portugal*, Maio 2009

João Ferreira do Amaral, *Economia da Informação e do Conhecimento*, Maio 2009

Fernanda Ilhéu, *Estratégia de Marketing Internacional*, Agosto 2009

Jorge Afonso Garcia e Onofre Alves Simões, *Matemática Actuarial. Vida e Pensões*, Janeiro 2010

Maria Eugénia Mata e Nuno Valério, *The Concise Economic History of Portugal: A Comprehensive Guide*, Fevereiro 2011

António Romão, Manuel Ennes Ferreira, Joaquim Ramos Silva, *Homenagem ao Professor Doutor Adelino Torres*, Dezembro 2010

Tanya Vianna de Araújo, *Introdução à Economia Computacional*, Março 2011

José Passos, Carla Machado, Amélia Bastos (Coord.), *Números com Esperança – Abordagem Estatística da Pobreza Infantil em Portugal*

Daniel Müller, *Probabilidade e Processos Estocásticos: uma abordagem rigorosa com vista aos modelos em Finanças*, Outubro 2011

João Nicolau, *Modelação de Séries Temporais Financeiras*, 2012

COLECÇÃO ECONÓMICAS – 1ª Série
Coordenação da Fundação Económicas

Vítor Magriço, *Alianças Internacionais das Empresas Portuguesas na Era da Globalização. Uma Análise para o Período 1989-1998*, Agosto 2003

Maria de Lourdes Centeno, *Teoria do Risco na Actividade Seguradora*, Agosto 2003

António Romão, Manuel Brandão Alves e Nuno Valério (orgs.), *Em Directo do ISEG*, Fevereiro 2004

Joaquim Martins Barata, *Elaboração e Avaliação de Projectos*, Abril 2004

Maria Paula Fontoura e Nuno Crespo (orgs.), *O Alargamento da União Europeia. Consequências para a Economia Portuguesa*, Maio 2004

António Romão (org.), *Economia Europeia*, Dezembro 2004

Maria Teresa Medeiros Garcia, *Poupança e Reforma*, Novembro 2005

1ª Série publicada pela CELTA Editora

MUDANÇAS LABORAIS E RELAÇÕES DE GÉNERO:
Novos vetores de (des)igualdade

COORDENADORA
Sara Falcão Casaca

MUDANÇAS LABORAIS E RELAÇÕES DE GÉNERO:
Novos vetores de (des)igualdade
COORDENADORA
Sara Falcão Casaca
EDITOR
EDIÇÕES ALMEDINA, S.A.
Rua Fernandes Tomás, nºs 76-80
3000-167 Coimbra
Tel.: 239 851 904 · Fax: 239 851 901
www.almedina.net · editora@almedina.net
DESIGN DE CAPA
FBA.
PRÉ-IMPRESSÃO, IMPRESSÃO E ACABAMENTO
G.C. – GRÁFICA DE COIMBRA, LDA.
Palheira Assafarge, 3001-453 Coimbra
producao@graficadecoimbra.pt
Junho, 2012
DEPÓSITO LEGAL
345668/12

Apesar do cuidado e rigor colocados na elaboração da presente obra, devem os diplomas legais dela constantes ser sempre objeto de confirmação com as publicações oficiais.
Toda a reprodução desta obra, por fotocópia ou outro qualquer processo, sem prévia autorização escrita do Editor, é ilícita e passível de procedimento judicial contra o infrator.

 GRUPOALMEDINA

BIBLIOTECA NACIONAL DE PORTUGAL – CATALOGAÇÃO NA PUBLICAÇÃO
MUDANÇAS LABORAIS E RELAÇÕES DE GÉNERO

Mudanças laborais e relações de género : novos vetores de (des)igualdade / coord. Sara Falcão Casaca. – (Colecção económicas)
ISBN 978-972-40-4807-9

I – FERREIRA, Sara Cristina Falcão Gonçalves Casaca

CDU 331
     316

Notas Biográficas

Elísio Estanque é Professor Auxiliar da Faculdade de Economia da Universidade de Coimbra e investigador do CES – Centro de Estudos Sociais, integrando o Núcleo de Políticas Sociais, Trabalho e Desigualdades (POSTRADE). Tem desenvolvido diversos projetos de pesquisa e atividades de extensão, nomeadamente em torno de temáticas como relações de trabalho, sindicalismo, juventude estudantil, movimentos sociais e desigualdades. Tem uma vasta lista de publicações de artigos em revistas de sociologia, e mantém uma intervenção pública regular na comunicação social em torno dos seus temas de pesquisa. Principais livros: *Classes e Desigualdades Sociais em Portugal – um estudo comparativo*, Porto, Afrontamento, 1997 (co-autor); *Entre a Fábrica e a Comunidade: práticas e subjectividades de classe no operariado do calçado*. Porto: Afrontamento, 2000; *Do Activismo à Indiferença: Movimentos Estudantis em Coimbra*. Lisboa: ICS, 2007 (co-autor); *O Sindicalismo Português e a Nova Questão Social – crise, consolidação ou renovação?* Coimbra: CES/Almedina, 2011 (co-autor). *A Classe Média: Ascensão e Declínio*. Lisboa: Fundação Francisco Manuel dos Santos/ Relógio d'Água, 2012.

Hermes Augusto Costa é Sociólogo e Professor Auxiliar da Faculdade de Economia da Universidade de Coimbra. Investigador do Centro de Estudos Sociais. Áreas de investigação: globalização e regionalização do sindicalismo; Conselhos de Empresa Europeus; relações laborais. Livros recentes: *Sindicalismo Global ou Metáfora Adiada? Discursos e práticas transnacionais da CGTP e da CUT*. Porto: Afrontamento, 2008; *As Vozes do Trabalho nas Multinacionais: impacto dos Conselhos de Empresa Europeus em Portugal* (co-autoria com Pedro Araújo). Coimbra: Almedina/CES, 2009. [Prémio Agostinho Roseta/6ª edição, atribuído pelo Ministério do Trabalho e Solidariedade Social]; *O Sindicalismo Português e a Nova Questão Social: crise ou renovação?* (co-organização com Elísio Estanque) Coimbra: Almedina/CES, 2011.

VI | Mudanças Laborais e Relações de Género: Novos Vetores de (des)igualdade

Ilona Zsuzsanna Kovács é Professora Catedrática do Instituto Superior de Economia e Gestão, da Universidade Técnica de Lisboa (ISEG-UTL) e Investigadora do SOCIUS – Centro de Investigação em Sociologia Económica e das Organizações. As suas temáticas de investigação e publicações, essencialmente no âmbito da Sociologia do Trabalho, das Organizações e do Emprego, têm incidido sobre a inovação organizacional; as mudanças técnico-organizacionais, qualificações e necessidades de formação; os novos modelos de produção; a transformação do trabalho e do emprego na sociedade da informação, a flexibilidade e precariedade do emprego. Entre as suas publicações recentes constam os seguintes livros: *Novos Modelos de Produção: Trabalho e Pessoas*, Oeiras, Celta Editora, 1998; *Pescas e Pescadores: Futuros para o emprego e recursos* (em colaboração com A. Brandão Moniz e M. Mira Godinho), Oeiras, Celta Editora, 2000; *Sociedade da Informação e Emprego* (em colaboração com A. Brandão Moniz), Lisboa, Ministério da Qualificação e do Emprego, 2002; *Flexibilidade de Emprego – Riscos e Oportunidades*, Oeiras, Celta Editora, 2002; *O Mosaico do Trabalho na Sociedade Contemporânea, Persistências e inovações* (em colaboração com Valmiria Piccinini, Lorena Holzmann e Valeska N. Guimarães), Porto Alegre, Editora da UFSC, 2006; *As Metamorfoses do Emprego. Ilusões e Problemas da Sociedade da Informação*, Oeiras, Celta Editora, 2006.

João Peixoto é Professor Associado no Instituto Superior de Economia e Gestão da Universidade Técnica de Lisboa (ISEG/UTL) e investigador no SOCIUS – Centro de Investigação em Sociologia Económica e das Organizações, da mesma instituição. Estudou Sociologia no ISCTE, Lisboa, e obteve o doutoramento em Sociologia Económica e das Organizações no ISEG/UTL. Trabalhou ainda na Faculdade de Economia da Universidade de Coimbra e no Instituto Nacional de Estatística. Foi professor visitante na Brown University, EUA e é actualmente professor visitante na Universidade de Valência, Espanha. As suas principais áreas de investigação são as migrações internacionais, demografia e sociologia económica. Esteve envolvido em projetos de investigação, nacionais e internacionais, em vários domínios científicos, e é autor de vários livros e artigos publicados em revistas nacionais e internacionais.

Manuel Abrantes é Membro Colaborador do SOCIUS – Centro de Investigação em Sociologia Económica e das Organizações e Assistente de Investigação no CIES – Centro de Investigação e Estudos de Sociologia. Tem participado em pesquisas sobre trabalho, migrações e representação política. Desde 2010, está a conduzir a sua pesquisa de doutoramento sobre as condições e as relações de trabalho nos serviços domésticos, com

Notas biográficas | VII

particular atenção a aspetos de género e étnicos. É assistente externo no Mestrado em Estudos sobre as Mulheres da Universidade Aberta.

Margarida Chagas Lopes é Professora Auxiliar com Agregação do Instituto Superior de Economia e Gestão, da Universidade Técnica de Lisboa (ISEG-UTL) e Investigadora do SOCIUS – Centro de Investigação em Sociologia Económica e das Organizações. No âmbito da sua atividade de investigação tem vindo a dedicar-se à análise longitudinal das trajetórias de trabalho, educação e formação, aos processos de constituição dinâmica das qualificações, à correspondência entre educação/formação e oportunidades nos mercados de trabalho e, mais recentemente, às condições de hetero regulação dos mercados de trabalho no contexto da crise global. A perspetiva de género tem constituído sistematicamente um dos eixos de referência prioritários nos seus trabalhos. Entre outras funções, foi coordenadora em Portugal da rede europeia (CE-DG V) "As Mulheres e o mercado de Trabalho", entre 1989 e 1997. É membro da Associação Portuguesa de Estudos sobre as Mulheres (APEM) desde 1991 e membro da Associação Portuguesa de Mulheres Cientistas (AMONET) desde 2005. É ainda membro do Centro de Investigação em Sociologia Económica e das Organizações (SOCIUS) desde 2007 e integra o Grupo de Peritos do Observatório do Emprego e Formação Profissional (OEFP) desde 1999.

Sally Bould é Professora Emérita de Sociologia da Universidade de Delaware, Newark, EUA, e Investigadora Sénior do *Centre d'Etudes de Populations, de Pauvreté et de Politiques Socio-Economiques* (CEPS/INSTEAD), Luxemburgo. Tem várias publicações no domínio do trabalho, da família, da pobreza e das políticas orientadas para a promoção do envelhecimento ativo. Em 2006, foi-lhe atribuída a distinção Fulbright, que permitiu que se dedicasse ao estudo das condições das mulheres europeias perante o envelhecimento. De entre as suas publicações mais recentes incluem--se: "The cost of a child, mother's employment behavior and economic insecurity in Europe" (com Isabella Crespi e Gunther Schmaus), *International Review of Sociology* (2012, no prelo); "Gender Equality post--separation in Contemporary Europe: the case of income" (com Gunther Schmaus e Claire Gavray), *Home Work and Family: Gender and Well-being in Modern Europe* (coordenação de Tindara Addabbo), Ashgate Publishing (2010); e "Women's work: the measurement and the meaning" (com Claire Gavrey), revista *ExAequo*, da Associação Portuguesa de Estudos sobre as Mulheres (2008).

VIII | Mudanças Laborais e Relações de Género: Novos Vetores de (des)igualdade

Sara Falcão Casaca é Professora Auxiliar do Instituto Superior de Economia e Gestão, da Universidade Técnica de Lisboa (ISEG-UTL) e Investigadora do Centro de Investigação em Sociologia Económica e das Organizações (SOCIUS). As suas temáticas de investigação e publicações, fundamentalmente no âmbito da Sociologia do Trabalho e Relações de Género, têm incidido sobre a flexibilidade de emprego e de tempos de trabalho, as desigualdades de género na esfera laboral, e a articulação entre a esfera profissional e a vida familiar. É docente externa da Universidade Aberta, com participação no curso de Mestrado em Estudos sobre as Mulheres. Coordenou a *Research Network - Gender Relations in the Labour Market and the Welfare State*, da *European Sociological Association* (ESA), entre 2005 e 2010. Integrou o Grupo de Alto Nível em *Mainstreaming* de Género da União Europeia, o conselho de administração do *European Institute for Gender Equality* (EIGE, Vilnius) e o Conselho Económico e Social (CES), em 2010. Foi Presidente da CIG – Comissão para a Cidadania e Igualdade de Género, em 2010.

Índice

Notas Biográficas V

Listagem de acrónimos e siglas XV

Introdução 1

1. Mercado de trabalho, flexibilidade e relações de género: tendências recentes
SARA FALCÃO CASACA 9
1.1. Introdução 9
1.2. Enquadramento: a precarização do emprego e a sua feminização 11
    1.2.1. Flexibilidade de trabalho e precariedade 15
1.3. A participação das mulheres e dos homens na atividade económica 18
1.4. A flexibilidade de emprego e de tempo de trabalho 25
    1.4.1. Situações de emprego não permanentes: a precariedade contratual 28
    1.4.2. Regime de trabalho a tempo parcial 30
1.5. A condição de desemprego 35
1.6. Comentários e reflexões finais 40

Referências bibliográficas 43

Anexos 47

2. A juventude e o emprego: entre a flexibilidade e a precariedade
ILONA KOVÁCS e MARGARIDA CHAGAS LOPES 51
2.1. O debate sobre a transformação do emprego 51
2.2. A desregulação do mercado de trabalho 56
2.3. A frágil posição da juventude no mercado de trabalho 59
    2.3.1. As "razões" da educação e formação 61

2.3.2. Uma adolescência mais longa mas não mais fácil...... 65
2.3.3. O acesso dos/das jovens ao mercado de trabalho........ 67
2.3.4. As características de emprego dos/das jovens............. 74
2.4. Conclusões.. 79

Referências bibliográficas.. 82

3. Género, idade e mercado de trabalho
SARA FALCÃO CASACA e SALLY BOULD 87
3.1. Introdução.. 87
3.2. Cruzando *género* e *idade*: algumas questões teóricas............. 91
3.3. Taxas de emprego e escalões etários: os objetivos europeus 99
  3.3.1. Do Norte à Europa do Sul: observação das taxas
          de emprego... 101
  3.3.2. Acerca da situação singular de Portugal 108
  3.3.3. O papel da escolaridade.. 111
3.4. Emprego a tempo parcial.. 113
3.5. Precariedade laboral e desemprego 117
3.6. Conclusão e reflexões finais....................................... 123

Referências bibliográficas.. 127

4. Género, imigração e flexibilidade laboral: o caso dos serviços domésticos
MANUEL ABRANTES e JOÃO PEIXOTO 133
4.1. Introdução.. 133
4.2. Género, imigração e mercado de trabalho 134
4.3. O caso dos serviços domésticos.................................... 145
4.4. Conclusão 158

Referências bibliográficas.. 161

5. Trabalho, precariedade e movimentos sociolaborais
ELÍSIO ESTANQUE e HERMES AUGUSTO COSTA........................ 165
5.1. Introdução.. 165
5.2. Metamorfoses do trabalho assalariado............................ 166
5.3. Indicadores do mercado de trabalho.............................. 172
5.4. Precariedade e ação coletiva....................................... 177
5.5. Subjetividades e novos movimentos sociolaborais 180
5.6. Novos movimentos sociais... 183
  5.6.1. Os movimentos do ciberativismo transcontinental...... 189
  5.6.2. Indignados e acampadas 193
5.7. Conclusão e reflexões finais.. 197

Referências bibliográficas.. 199

Índice | XI

Índice de Quadros

QUADRO 1.1 – Do paradigma fordista-keynesiano ao paradigma da flexibilidade: relações laborais e modelo de relações de género.   13

QUADRO 1.2 – Taxas de emprego (25-49 anos) sem a presença de crianças com menos de 12 anos e taxas de emprego com crianças, por sexo, em 2009..   24

QUADRO 1.3 – Evolução das contratações não permanentes na UE-15, por sexo (%)...   29

QUADRO 1.4 – Evolução do emprego a tempo parcial na UE-15, por sexo (%)...   31

QUADRO 1.5 – Taxas de desemprego (15-64 anos), por sexo, em 1999 e 2010   37

QUADRO 3.1 – Taxas de emprego dos homens e das mulheres com idades compreendidas entre 55-64 anos, segundo o sexo, por países da UE-15 (1990; 2005 e 2010)...   100

QUADRO 3.2 – Taxas de emprego das mulheres com idades entre os 55 e os 64 anos (desagregação por escalões etários), na UE-15 em 2010...   107

QUADRO 3.3 – Emprego a tempo parcial (% no emprego total), por sexo (escalão etário 55-64), em 2010...   115

QUADRO 3.4 – Emprego a tempo parcial involuntário (% no emprego total a TP), por sexo e escalões etários, em 2010................   117

QUADRO 3.5 – Emprego temporário (% no emprego total), por sexo e escalões etários, em 2010...   119

QUADRO 3.6 – Desemprego de longa duração – superior a 12 meses (% no desemprego total), por sexo, no escalão etário 55-64 anos, em 1999 e 2010..   121

QUADRO 4.1 – População estrangeira com residência legalizada, por nacionalidade e sexo, 2010...   137

XII | Mudanças Laborais e Relações de Género: Novos Vetores de (des)igualdade

QUADRO 4.2 – População ativa e taxas de atividade, por
nacionalidade (portuguesa/estrangeira), por sexo, 2010 139

QUADRO 4.3 – Pessoas com contribuições pagas à Segurança
Social por serviço doméstico, por sexo 155

QUADRO 4.4 – Pessoas com contribuições pagas à Segurança
Social por serviço doméstico, por nacionalidade 155

Índice de Figuras

FIGURA 1.1 – Taxa de emprego feminino (15-64 anos) na UE-15,
1999 e 2010 19

FIGURA 1.2 – Evolução das taxas de emprego das mulheres e dos
homens (15-64 anos) em Portugal 21

FIGURA 1.3 – Diferença em pontos percentuais entre as taxas de
emprego com a presença de crianças com menos de 12 anos e as
taxas de emprego sem crianças, por sexo (25-49 anos), em 2009 23

FIGURA 1.4 – Percentagem de pessoas empregadas ao abrigo de
formas flexíveis de emprego, por sexo, em 2009 25

FIGURA 1.5 – Pessoas empregadas em Portugal com horários
antissociais (%), por sexo, em 2010 27

FIGURA 1.6 – Razões evocadas pelas mulheres (15-64 anos) para
trabalhar a tempo parcial, em 2010 (%) 34

FIGURA 1.7 – Taxa de desemprego por grupo etário em Portugal,
por sexo, 2010 39

FIGURA 2. 1 – Abandono precoce da educação e formação, por sexo
(2010, %) 62

FIGURA 2. 2 – Taxa de desemprego global e de jovens com menos
de 25 anos em alguns Estados-membros da União Europeia (2010).... 68

FIGURA 2. 3 – Evolução da taxa de desemprego dos jovens e das
jovens, 2006-2010 69

Índice | XIII

Figura 2. 4 – Taxa de desemprego harmonizada das pessoas jovens
(15 a 24 anos), por sexo, 2010-M12 2011-M06 71

Figura 2.5 – Taxa de desemprego harmonizada de jovens
(15-24 anos), por nível de escolaridade e sexo (2010:2), na UE27 72

Figura 2.6 – Percentagem do trabalho a tempo parcial no emprego
total, (15-39 anos), por sexos (2010:2) 76

Figura 2.7 – Incidência do trabalho temporário por grupo etário
e sexo (2011: 3) 77

Figura 2.8 – Percentagem de jovens (15-24 anos) a trabalhar
em horários antissociais: União Europeia a 27 e Portugal (2010).......... 78

Figura 3.1 – Taxas de emprego das mulheres com idades compreendidas nos intervalos 25-54 e 55-64, por país (UE-15), em 2010.......... 101

Figura 3.2 – Taxas de emprego de mulheres com o ensino superior
(ISCED 5-6, por grupos etários, em 2010.. 112

Figura 3.3 – Taxas de emprego de mulheres com um baixo nível
de escolaridade (ISCED 0-2), por grupos etários, em 2010.................... 113

Figura 3. 4 – Taxas de desemprego, por sexo, no escalão etário
55-64 anos, em 2010.. 120

Figura 4.1 – População estrangeira com residência legalizada,
por sexo, 1980-2010 (em milhares).. 135

Figura 4.2 – Taxa de desemprego, 1997-2010....................................... 142

Figura 4.3 – Taxa de desemprego, 1997-2010, homens 143

Figura 4.4 – Taxa de desemprego, 1997-2010, mulheres.................... 143

Figura 4.5 – Pessoal de Limpeza, Lavadeiras/os, Engomadoras/es
de Roupa e Similares, Portugal (em milhares).. 150

Figura 4.6 –Vigilantes, Assistentes Médicas/os e Similares, Portugal
(em milhares)... 151

Figura 4.7 – Pessoal de Limpeza, Lavadeiras, Engomadores de
Roupa e Similares, UE-15 (em %)... 152

FIGURA 4.8 – Vigilantes, Assistentes Médicos e Similares, UE-15 (em %) 153

FIGURA 4.9 – Atividades das famílias empregadoras de pessoal doméstico, Portugal (em milhares) 154

FIGURA 4.10 – Atividades das famílias empregadoras de pessoal doméstico, UE-15 (em %) 154

FIGURA 4.11 – Principais origens das pessoas estrangeiras com contribuições pagas à Segurança Social por serviço doméstico (em %) 157

FIGURA 4.12 – Idade da população com contribuições pagas à Segurança Social por serviço doméstico (em %) 157

Listagem de acrónimos e siglas

ALV Aprendizagem ao Longo da Vida
CE Comissão Europeia / EC – European Commission
CEPS/INSTEAD Centre d'Etudes de Populations, de Pauvreté et de Politiques Socio-Economiques / International Network for Studies in Technology Environment, Alternatives, Development.
CES Centro de Estudos Sociais
CIG Comissão para a Cidadania e a Igualdade de Género
CITE Comissão para a Igualdade no Trabalho e no Emprego
CNP Classificação Nacional de Profissões
DLD Desemprego de Longa Duração
EC European Commission / CE – Comissão Europeia
EEE Estratégia Europeia de Emprego
ETT Empresas de Trabalho Temporário
EU European Union / UE – União Europeia
EU-LFS European Union Labour Force Survey
EUROFOUND European Foundation for the Improvement of Living and Working Conditions / Fundação Europeia para a Melhoria das Condições de Vida e de Trabalho
EUROSTAT Statistical Office of the European Union
EWCS European Working Conditions Survey
FCT Fundação para a Ciência e Tecnologia
FMI Fundo Monetário Internacional
GRH Gestão de Recursos Humanos
H Homens
HM Homens e Mulheres
IE Inquérito ao Emprego
ILO International Labour Office / OIT – Organização Internacional do Trabalho
INE Instituto Nacional de Estatística
LFS Labour Force Survey

M	Mulheres
MCTES	Ministério da Ciência, da Tecnologia e do Ensino Superior
MS	Movimentos Sociais
NFOT	Novas Formas de Organização do Trabalho
NMS	Novos Movimentos Sociais
OCDE	Organização para a Cooperação e Desenvolvimento Económico /OECD - The Organisation for Economic Co-operation and Development
OIT	Organização Internacional do Trabalho /ILO – International Labour Office
OMC	Organização Mundial do Comércio
OMS	Organização Mundial da Saúde / WHO - World Health Organization
ONG	Organização Não Governamental / Organizações Não Governamentais
PALOP	Países Africanos de Língua Oficial Portuguesa
PISA	Program for International Student Assessment, da OCDE
P.P.	Pontos percentuais
SEF	Serviço de Estrangeiros e Fronteiras
SOCIUS	Centro de Investigação em Sociologia Económica e das Organizações
TI	Tempo inteiro
TIC	Tecnologias de Informação e Comunicação
TP	Tempo parcial
UE	União Europeia/ EU – European Union
UE-15	Conjunto dos 15 países que aderiram à União Europeia antes de 2005: Alemanha, Áustria, Bélgica, Dinamarca, Espanha, Finlândia, França, Grécia, Irlanda, Itália, Luxemburgo, Países-baixos, Portugal, Reino Unido, Suécia.
UE-27	Conjunto dos 27 países que integram presentemente a União Europeia: Alemanha, Áustria, Bélgica, Bulgária, Chipre, Dinamarca, Eslováquia, Eslovénia, Espanha, Estónia, Finlândia, França, Grécia, Hungria, Irlanda, Itália, Luxemburgo, Letónia, Lituânia, Malta, Países-baixos, Polónia, Portugal, Reino Unido, República Checa, Roménia, Suécia.
WHO	World Health Organization / OMS - Organização Mundial da Saúde

Introdução

Este livro procura retratar as atuais dinâmicas laborais e as suas implicações nas relações de género (capítulo 1), tentando também caracterizar o modo como se entrecruzam com o estatuto de pessoa jovem (capítulo 2), de trabalhador e trabalhadora de idade mais avançada (capítulo 3) e de mulher imigrante (capítulo 4). Uma vez que uma das principais alterações decorre da crescente flexibilidade e precariedade da relação salarial, importou-nos também refletir sobre o significado sociológico e sociopolítico dos novos movimentos que se debatem pela dignidade do emprego e das condições de vida (capítulo 5).

A investigação que suporta a presente publicação contou com o apoio da Fundação para a Ciência e Tecnologia (FCT), através do financiamento do projeto "Mudanças nas relações de emprego e nas relações de género: cruzando quatro eixos de análise (género, classe, idade e etnicidade)" (PTDC/SDE/66515/2006). Este estudo, que coordenei entre 2007 e 2010, reuniu a colaboração de investigadoras e investigadores do SOCIUS – Centro de Investigação em Sociologia Económica e das Organizações (ISEG-UTL) e do CES – Centro de Estudos Sociais (Faculdade de Economia da Universidade de Coimbra). Os contributos dos membros da equipa estão reunidos nesta coletânea, espelhando assim os olhares da sociologia do trabalho e das relações de género, da sociologia das migrações, da sociologia das relações laborais e dos movimentos sociais, assim como da economia da educação e dos recursos humanos.

No que diz respeito às atuais dinâmicas do mercado de trabalho, temos sustentado a tese segundo a qual coexistem hoje "velhos" e "novos" padrões segregativos no plano profissional e do emprego, em parte gerados pelas mudanças socioeconómicas associadas à terciarização, à globalização económica, ao endeusamento do mercado e à ideologia neoliberal, à difusão de novas tecnologias, às estratégias de competitividade assentes na racionalização flexível e no recurso à flexibilidade quantitativa ou numérica. Esta gestão flexível da força de trabalho é *gendered*, i.e., não é indiferente às representações simbólicas em torno do género e tem efeitos distintos nas condições de trabalho dos homens e das mulheres. Assim, a maior fragilização dos vínculos contratuais, a insegurança de emprego, o trabalho a tempo parcial involuntário, o desemprego e o desemprego de muito longa duração atingem sobretudo a população trabalhadora feminina. Tal como demonstra o capítulo 1 – *Mercado de trabalho, flexibilidade e relações de género: tendências recentes* –, o aumento da participação das mulheres no mercado de trabalho tem ocorrido num cenário de crescente fragilização da relação laboral. Assim sendo, se as mulheres desempenham hoje um papel central na atividade económica em Portugal, a verdade é que estão frequentemente privadas de condições de emprego e de trabalho dignas, de segurança económica e da estabilidade necessária ao controlo sobre as suas vidas. É expectável que a situação sociolaboral das trabalhadoras portuguesas venha a agravar-se após o intervalo temporal analisado no texto (1999--2010), na sequência do programa de austeridade em curso, das reformas laborais anunciadas em 2012, dos cortes orçamentais no domínio da administração pública, do declínio acentuado do poder de compra e da ameaça de perda de postos de trabalho em áreas de atividade ligadas aos serviços sociais e pessoais (fortemente feminizadas). O argumento central é o de que a vulnerabilidade económica e social, suscitada pela insegurança de emprego e pelo agravamento do desemprego, ameaça a independência económica e simbólica das mulheres e potencia o risco de retrocesso no percurso de modernização das relações de género.

O capítulo 2 – *A juventude e o emprego: entre a flexibilidade e a precariedade* –, de Ilona Kovács e Margarida Chagas Lopes, reflete sobre o agravamento das condições de trabalho e de vida das jovens e dos jovens nos nossos dias, com especial enfoque nos casos europeu e português. Esta realidade contraria as enunciações do discurso dominante sobre mais e melhores condições e oportunidades para todas e todos, graças à generalização das novas tecnologias e à liberalização e desregulação da economia. O aumento do desemprego e a inserção precária de uma parte substancial e crescente da população jovem no mercado de trabalho vêm fortalecer as análises críticas que têm vindo a denunciar as consequências negativas da liberalização e a desregulação da economia. Nesta fase, a financeirização da economia e sociedade, a liberalização generalizada e a desregulação dos mercados de trabalho – aspetos que a presente crise só tem vindo a acentuar – têm-se traduzido em efeitos especialmente gravosos para a população jovem. Assim, são muitos e muitas as jovens que são levadas a adiar os seus projetos de vida adulta autónoma e a manter a dependência económica da família de origem até bastante tarde. Assume ainda particular expressão em Portugal o número de rapazes e raparigas que protagonizam percursos de abandono precoce da escola, via de acesso por excelência à desqualificação generalizada e à debilidade de competências. No entanto, mesmo as trajetórias escolares mais longas e completas, nas quais as raparigas têm vindo a predominar, não têm estado a contribuir para proteger significativamente os jovens e as jovens do desemprego (por vezes de longa duração) e da morosidade do acesso ao emprego. Quanto a este, uma vez alcançado, caracteriza-se em proporções muito elevadas por ser de natureza precária, predominando o horário parcial involuntário, o trabalho temporário e os horários antissociais. Ora, em qualquer destas modalidades, o peso relativo das mulheres é ou tende a ser sempre superior ao dos homens, delimitando o duplo eixo de segmentação – *sexo* e *idade jovem* – que especialmente as penaliza.

O capítulo 3 – *Género, idade e mercado de trabalho* –, cuja autoria partilho com Sally Bould, centra-se nos propósitos consagrados em sede da Estratégia Europeia de Emprego (EEE) no sentido da retenção dos trabalhadores e das trabalhadoras no mercado de trabalho e da promoção do envelhecimento ativo. Um dos principais argumentos sustenta que as motivações subjacentes àquele conceito são instrumentais e decorrem fundamentalmente de razões de ordem financeira e orçamental. Por conseguinte, a abordagem em torno do prolongamento da vida ativa apresenta-se dissociada de um compromisso político em relação a temas tão prementes como sejam a dignidade do emprego, as novas formas de organização do trabalho, o bem-estar individual e coletivo, a melhoria da qualidade de vida e a valorização do trabalho do cuidar. É também sublinhado que as orientações políticas têm falhado na integração de uma perspetiva de género. As mulheres com mais de 55 anos enfrentam agora uma maior probabilidade de terem pessoas idosas ao seu cuidado, sobretudo naquelas sociedades onde, além de uma forte assimetria sexual no trabalho relativo ao cuidar, são escassos os equipamentos públicos e/ou as estruturas formais de apoio à população idosa. O prolongamento da vida ativa acarreta, portanto, novos desafios e tensões na vida de muitas mulheres, cujo quotidiano se reparte pelo cumprimento de responsabilidades várias, seja na esfera laboral, familiar (domínio onde são as principais prestadoras de cuidados a elementos progenitores e/ou a crianças mais pequenas – netos e netas), seja ainda na comunidade mais vasta. Recorrendo à expressão de Dominique Méda, referimo-nos ao decurso de uma revolução silenciosa; neste cenário, ao mesmo tempo que é exigido às mulheres que prolonguem o seu ciclo de vida laboral, a sociedade em torno permanece silenciosa e imobilizada perante os desafios suscitados por essa mudança. O atual contexto de retração do estado social e de austeridade incorre no risco de aprofundar esse silêncio.

Manuel Abrantes e João Peixoto são os autores do capítulo 4 – *Género, imigração e flexibilidade laboral: o caso dos serviços domésticos* – que combina dados relativos aos fluxos de imigração e à situação laboral da população imigrante em Portugal. As conclusões sugerem que o aumento da imigração registado nas últimas décadas foi acompanhado por uma incorporação laboral sob modalidades habitualmente mais desfavorecidas e precárias do que as conhecidas pela população de nacionalidade portuguesa. Destaca-se a dupla discriminação existente em relação às mulheres imigrantes, resultante do cruzamento de dois estatutos: o de *mulher* e o de *imigrante*. O capítulo desenvolve uma análise mais detalhada do ramo de atividade no qual se encontra empregada a proporção mais elevada de mulheres imigrantes, os serviços domésticos. São identificadas duas tendências concomitantes ao longo da primeira década do século. Por um lado, houve um decréscimo, moderado, do número total de pessoas empregadas neste setor; por outro, regista-se uma queda significativa da proporção de pessoas que, ali empregadas, efetuam descontos para a segurança social. Quanto ao perfil específico da população com contribuições pagas à segurança social, é destacado o seu envelhecimento e o aumento do número de imigrantes nos últimos anos. No que diz respeito à vulnerabilidade das mulheres imigrantes, os autores sublinham que a taxa de desemprego atinge valores que duplicam aqueles referentes à média nacional. Ainda assim, no atual contexto de crise, algumas das principais profissões desempenhadas pelas mulheres imigrantes, em particular as relacionadas com os serviços domésticos, parecem resistir mais (até ao momento) à dissolução da relação laboral; já a contração no setor imobiliário e nas obras públicas tem contribuído para o agravamento do desemprego no caso dos homens imigrantes.

A propósito do atual contexto de crescente flexibilidade e precariedade laboral, Elísio Estanque e Hermes Augusto Costa foram desafiados a refletir sobre os novos movimentos sociais. Neste capítulo – *Trabalho, precariedade e movimentos sociolaborais* –, é sublinhada a centralidade do trabalho remunerado enquanto espaço de construção identitária, de sociabilidades, de integração social e de expressão de cidadania. Deste modo, como é referido, quando os/as trabalhadores/as lamentam o encerramento de uma fábrica não é apenas porque se perde a sua fonte de subsistência; é também porque se sentem agredidos/as na sua dignidade humana. É neste âmbito que os riscos da insegurança laboral, da desvalorização do trabalho e da retração dos direitos dos trabalhadores e das trabalhadoras devem ser perspetivados. Mas estes tempos de precarização e fragilização da relação laboral estão também a recriar uma nova forma de luta em torno do trabalho e da sua dignidade, dinamizada por novos movimentos sociais e sociolaborais. Apesar de se caracterizarem pela dispersão, estes movimentos partilham algumas características comuns, quer porque a sua intervenção surge demarcada das estruturas políticas e sindicais tradicionais, quer porque se apoiam fundamentalmente em novas redes sociais virtuais e no *ciberativismo* da comunicação informacional, quer ainda porque – apesar de integrarem uma diversidade de setores e franjas etárias – são fundamentalmente dinamizados por segmentos jovens e qualificados. Na luta travada em torno do direito ao emprego e a um futuro digno está também refletida a expressão de vozes estudantis, ambientalistas, pacifistas e feministas. Independentemente da sua efetiva capacidade transformadora na sociedade, os movimentos estão a colocar no palco da contestação dos tempos atuais novas agendas e repertórios políticos.

Por fim, na qualidade de coordenadora do projeto acima mencionado e da presente publicação, expresso o meu reconhecimento às colegas e aos colegas do SOCIUS – Ilona Kovács (consultora), João Peixoto, Manuel Abrantes, Margarida Chagas Lopes e Tânia Cardoso (bolseira de investigação) – e do CES, Elísio Estanque e Hermes Augusto Costa. Agradeço ainda a colaboração de Sally Bould, Professora da Universidade de Delaware, EUA, e Investigadora do CEPS/INSTEAD, Luxemburgo. Institucionalmente, cabe-me reconhecer ao ISEG-UTL, ao SOCIUS e ao CES – Faculdade de Economia da Universidade de Coimbra, por, enquanto instituições parceiras, terem proporcionado as condições requeridas à boa condução do trabalho que aqui apresentamos. Estas palavras estendem-se à FCT (Fundação para a Ciência e Tecnologia) pelo financiamento do estudo e pela possibilidade de divulgação dos seus resultados tanto em Portugal como junto da comunidade científica internacional. Recupero os agradecimentos ao Manuel Abrantes pelo apoio dado na revisão do texto de alguns capítulos. Registo ainda, em nome da equipa, o nosso reconhecimento à Fundação Económicas, em particular ao seu presidente, o Prof. Doutor António Romão, e à editora Almedina por terem permitido a concretização deste livro.

Sara Falcão Casaca
Lisboa, 8 de fevereiro de 2012

1.

Mercado de trabalho, flexibilidade e relações de género: tendências recentes

SARA FALCÃO CASACA

1.1. Introdução

Este capítulo decorre de um artigo publicado em 2010[1], procurando agora observar os desenvolvimentos mais recentes no domínio do mercado de trabalho e os seus efeitos nas relações de género. Trata-se de um período particularmente crítico do ponto de vista do emprego, no quadro de uma grave crise financeira e económica, de reformas anunciadas no plano da legislação laboral e do programa de austeridade em curso no país. Uma vez que os tempos exigem a monitorização das respetivas consequências nas condições de trabalho de homens e mulheres, optou-se por resgatar parte da primeira versão do texto, atualizar a informação estatística e reequacionar o sentido das reflexões já desenvolvidas sobre o tema.

A crescente participação das mulheres no mercado de trabalho tem coexistido com o aumento das formas flexíveis e precárias de emprego (Casaca, 2005a, 2008, 2010), num contexto de transformações profundas nas relações laborais. Este capítulo pro-

---

[1] Casaca, Sara Falcão (2010), "A igualdade de género e a precarização do emprego", *in* Ferreira, Virgínia (org), *A Igualdade de Mulheres e Homens no Trabalho e no Emprego em Portugal – Políticas e Circunstâncias*, Lisboa: CITE, pp: 261-289.

10 | Mudanças Laborais e Relações de Género: Novos Vetores de (des)igualdade

cura dar conta da confluência destes fenómenos, seguindo uma perspetiva diacrónica na recolha e análise dos dados disponíveis. No entanto, as modalidades flexíveis de trabalho e de emprego são muito variadas e heterogéneas, sendo difícil a sua apreensão a partir das fontes de informação estatística (e.g. Perista, 1989; Chagas Lopes e Perista,1995; Casaca, 2005a, 2008, Kovács, org., *et. al.* 2005; Kovács e Casaca, 2007). Deste modo, a leitura e a interpretação dos dados que aqui efetuamos constituem um exercício de diagnóstico parcelar e incompleto sobre as desigualdades de género associadas à flexibilidade e à precariedade da relação de emprego. Ainda assim, a informação reunida permite identificar alguns dos principais vetores de segregação sexual gerados pelas atuais tendências laborais. A nossa atenção recai sobre a evolução dos vínculos contratuais não permanentes e a sua feminização, o crescimento do emprego a tempo parcial e a sua involuntariedade, sobretudo no caso das mulheres, e o forte incremento registado nos níveis de desemprego.

Na versão original já referida, a análise recaiu sobre o período compreendido entre 1986 e 2008; agora, são observados os últimos doze anos (1999-2010). Esta opção permite-nos examinar o cumprimento de duas metas da Estratégia Europeia de Emprego (EEE): a obtenção de uma taxa média de emprego feminino de pelo menos 60% e de uma taxa média de emprego total de 70% (objetivos definidos em 2000 e com concretização prevista até 2010). Para o efeito, recorremos aos dados do Inquérito ao Emprego (IE) fornecidos pelo INE; a perspetiva diacrónica é agora facilitada por se tratar de informação referente à última série estatística do IE. A situação de Portugal é, ainda, comparada com a de outros países da União Europeia (UE) a partir de dados disponibilizados pelo EUROSTAT-LFS. Neste caso, optou-se por evidenciar os valores referentes à União Europeia dos 15 (UE-15), por ser esta a composição que corresponde ao horizonte temporal em análise.

A flexibilidade é uma noção suscetível de se apropriar de uma diversidade de conteúdos, nem sempre homogéneos, congruentes e compatíveis entre si (Ramos dos Santos, 1989; Dal-Ré, 1999;

Kovács, org., *et al.*, 2005). Neste contexto, temos procurado questionar a ideologia em torno da flexibilidade e, simultaneamente, empreender um esforço de clarificação conceptual que evite o risco – como sugere Pollert (1994 [1991]) – de referenciar um conceito tão estéril quanto abstrato. A partir da integração da dimensão *género*, a secção seguinte procura contextualizar os principais traços que marcam o debate teórico (Casaca, 2005a,b; 2008).

1.2. Enquadramento: a precarização do emprego e a sua feminização

Os tempos decorridos entre a segunda guerra mundial e a crise petrolífera de 1973 distinguem-se pela regulação da relação salarial fordista, por intermédio da qual se procurou disciplinar e organizar o capitalismo (Lash e Urry, 1994). No quadro deste regime, a figura do Estado revestia-se de uma importância fulcral, quer pelo papel que assumia na regulação da economia (influência do keynesianismo), nas provisões sociais e na garantia de bem--estar social (consolidação do Estado-providência), quer enquanto agente regulador dos conflitos de classe e de um normativo jurídico-laboral assente no princípio da segurança de emprego e de rendimentos. No contexto de uma doutrina política que defendia a aliança entre o crescimento económico e o pleno emprego, a realização pessoal advinha não tanto da qualificação e humanização do trabalho, mas fundamentalmente dos benefícios do crescimento económico e da maior capacidade de poder aquisitivo.

O período de regulação fordista-keynesiano tem sido descrito como os "trinta anos gloriosos"[2] do ponto de vista económico, político e social, no seio do qual o enquadramento favorecia também a atuação das instâncias coletivas de representação dos trabalhadores (e.g. Grozelier, 1998; Rosa, 2000; Ferreira, 2001; Estanque, 2007). No âmbito do compromisso fordista (Boyer, 1986),

---

[2] Expressão de Jean Fourastié para descrever o período entre 1944 e 1974 (*apud* Goldfinger, 1998: 39).

as relações assalariadas, mais do que refletirem um intercâmbio mercantil, à mercê da "regulação" das forças anónimas do mercado, passaram a espelhar um intercâmbio contratual, socialmente regulado (Pascual, 2001).

Todavia, a partir de meados da década de 1970, por impulso da crise petrolífera, do abrandamento económico e do investimento, do decréscimo nos ganhos de produtividade, da queda das taxas de juro, da crise financeira do Estado, das falências das empresas e do agravamento do desemprego, o regime de acumulação fordista e a relação salarial que lhe esteve ancorada sofreram alterações substantivas (Santos, Reis e Marques, 1990). A globalização dos mercados, a competição exercida pelos novos países industrializados (onde os direitos laborais estão menos institucionalizados), a pressão para a desregulação e o endeusamento pelos princípios de orientação neoliberais acentuaram, a partir dos anos de 1980, a flexibilização da relação salarial (Quadro 1.1) (v. também o capítulo 5).

Cabe recordar que Portugal não se enquadra no conjunto de países que, na Europa, beneficiou dos designados "trinta anos gloriosos". Apenas a Revolução de Abril, em 1974, criou o contexto para um conjunto de reformas próximas do modelo de emprego anteriormente descrito, no rescaldo de um país marcado pelo atraso económico, uma longa ditadura política e um regime laboral corporativo. No entanto, depois de um enquadramento legislativo que procurou consagrar os mais elementares direitos dos/as trabalhadores/as, em 1976, os finais dos anos 1980 assinalaram já uma "retração do direito do trabalho" (Santos, Reis e Marques, 1990: 163) – processo que se reforçou a partir dos anos 1990, com o maior aligeiramento e flexibilização de algumas dimensões da relação salarial (Kovács e Casaca, 2007).

Mercado de trabalho, flexibilidade e relações de género: tendências recentes | 13

Quadro 1. 1 – Do paradigma fordista-keynesiano ao paradigma
da flexibilidade: relações laborais e modelo de relações de género

Paradigma fordista-keynesiano	Paradigma da flexibilidade
Regulação contratual; vínculo de subordinação jurídica que garante emprego estável/permanente.	Desemprego crescente e persistente, incluindo o desemprego de longa duração. Difusão de formas flexíveis de emprego, de empregos inseguros, mal pagos e com reduzida ou nenhuma proteção social.
Regulação do tempo de trabalho; regularidade, previsibilidade e sincronização (conceito de horário "normal" de trabalho); prevalência do horário a TI; regulação dos dias/tempos de descanso.	Flexibilização do tempo de trabalho. Horários, dias e tempos de repouso flexíveis, irregulares e imprevisíveis.
Regulação coletiva das relações laborais e consagração dos direitos coletivos (convenções coletivas de trabalho).	Individualização das relações laborais. Mudanças na relação entre capital e trabalho, descentralização da negociação e individualização das relações laborais.
Homogeneização das condições de trabalho e das medidas de proteção social. Concentração dos espaços produtivos.	Tendência para a diferenciação e segmentação dos trabalhadores; desconcentração dos espaços produtivos; individualização das relações de trabalho, dos percursos profissionais e das condições de trabalho em geral.
Estabilidade e linearidade das carreiras e dos percursos de vida (educação-emprego-reforma).	Ciclo de vida laboral descontínuo, com interrupções e imprevisível.
Emprego: dimensão estruturante da cidadania e enquadradora de direitos sociais.	Emprego precário: fragilização da cidadania e dos direitos sociais
Modelo masculino *provedor do sustento da família / male breadwinner model* (modelo tradicional de relações de género).	Modelo de duplo-emprego: homens e mulheres enquanto provedores do sustento da família (*dual breadwinner model*).

14 | Mudanças Laborais e Relações de Género: Novos Vetores de (des)igualdade

Como se fez referência, no âmbito da sociedade industrial, o paradigma fordista-keynesiano conviveu com um contrato tradicional no plano das relações de género (Quadro 1.1): ao homem cabia a função instrumental de prover o sustento do agregado familiar; e à mulher incumbia o papel expressivo, a realização e/ou organização das tarefas domésticas e relativas ao cuidar. No fundo, este modelo refletia a norma ideal da burguesia na sociedade do pós-II Guerra Mundial, dado que muitas mulheres das classes operárias de menores recursos eram também assalariadas e, durante a fase de escassez de força de trabalho masculina (durante o período de recrutamento militar para a guerra), a participação feminina na esfera laboral aumentou nos países visados[3] (e.g. Hirdman, 1998; Pfau-Effinger, 1999). Este facto levou várias feministas a sustentar a tese de um exército feminino industrial de reserva (e.g. Beechey, 1979; Beechey e Perkins, 1987). Outras autoras, porém, têm evocado que as instâncias representativas dos trabalhadores (sindicatos), maioritariamente dominadas por homens, foram as grandes impulsionadoras do regresso das mulheres aos lares, procurando assim desviá-las dos empregos ocupados durante os tempos da guerra. Já os empregadores, numa perspetiva de desvalorização salarial e de acumulação de mais-valia, teriam mantido de bom agrado a força de trabalho feminina ao seu serviço[4] (Walby, 1986).

---

[3] Como notam Groot e Schrover (1995), os tempos de guerra comprovam que a segregação sexual é uma construção artificial, ideológica, que nada tem de *natural*. Nesses momentos, e sem que se notassem diferenças físicas ou psicológicas determinadas pela biologia, as mulheres assumiram um papel primordial nas economias em causa.

[4] Relativamente ao papel dos sindicatos, Hartmann (1979) entende que estes adotaram uma estratégia defensiva, visando salvaguardar a posição dos homens no mercado de trabalho. Mais do que evitar a exploração exercida pelo capital sobre a força de trabalho feminina, os organismos de representação dos trabalhadores pugnaram por uma "proteção" legal que limitasse a participação das mulheres na esfera laboral. O objetivo desta estratégia era confiná-las à vida doméstica, votando-as à condição de dependência e de subjugação à exploração masculina (sobre a subrepresentação das mulheres na direção dos sindicatos, veja-se o capítulo 5.).

Em Portugal, a participação das mulheres na atividade económica formal adquiriu um estímulo particular a partir da década de 1960, numa sociedade marcada pelos elevados níveis de pobreza e pela necessidade de reforçar os magros rendimentos do agregado. De entre outros elementos propulsores do emprego feminino contam-se, nomeadamente, a intensificação dos fluxos de emigração (movimentos de feição sobretudo masculina), a mobilização de largos contingentes de jovens e adultos do sexo masculino para a guerra colonial, e as alterações ocorridas no campo das políticas económicas[5]. Nas últimas três décadas, sobretudo, há a somar os crescentes apelos ao consumo, o padrão de baixos salários e a consequente necessidade de reforçar o rendimento das famílias, além da elevação do nível de escolaridade das mulheres e da procura de realização pessoal através do exercício da atividade profissional (e.g., Silva, 1983; Ferreira, 1993; Chagas Lopes, 1999; André, 1996; Torres *et al.*, 2004; Casaca, 2005a).

1.2.1. *Flexibilidade de trabalho e precariedade*

Para os defensores da perspetiva neoliberal, a flexibilidade é a solução para os problemas de competitividade das empresas e economias, enquanto os direitos relacionados com o trabalho e a

---

[5] Em particular, o desenvolvimento da industrialização no início da década de 1960, na sequência da relativa abertura económica ao exterior (adesão à EFTA – *The European Free Trade Association*). Neste âmbito, várias empresas de capital estrangeiro instalaram-se no país, atraídas pelo clima de paz laboral e pelos baixos custos do fator trabalho. O modelo de crescimento económico procurou apoiar-se na criação e desenvolvimento de várias indústrias ligeiras, sobretudo vocacionadas para a exportação (e.g. indústria têxtil, alimentar e de componentes elétricos). Como refere Margarida Chagas Lopes (1999), o sistema económico monopolista, ao criar postos de trabalho subalternos e mal remunerados concretamente para as mulheres, exerceu uma forte influência na atividade laboral das mesmas. Acresce o facto de o processo de urbanização ter estimulado o desenvolvimento de serviços sociais tipificados como áreas de atividade femininas. Este processo foi ampliado com a expansão da administração pública após a Revolução de Abril, em particular do setor da educação e da saúde (e.g. Ferreira, 1993; Chagas Lopes e Perista, 1995; Casaca, 2005a).

proteção social são vistos como obstáculos à concretização desse fim (Casaca, 2005a,b; Kovács e Casaca, 2007). A flexibilidade é encarada como sinónimo de autonomia individual, empreendedorismo, empregabilidade, como potenciadora de mais oportunidades de emprego e de melhores condições de trabalho e de vida em geral. Num registo crítico, porém, encontram-se as vozes que a interpretam como sinónimo de insegurança, precariedade, exploração laboral (ou flex-exploração, na aceção de Bourdieu, 1998) e de vulnerabilização económica e social (para um maior desenvolvimento, veja-se também o capítulo 2).

Independentemente das visões mais ou menos apologistas da *flexibilidade de trabalho*, teoricamente o conceito procura apreender a possibilidade de ajustamento e alteração dos modos de recrutamento, de contratação e estatutos de emprego, de mobilidade interna e remuneração, de conteúdos de tarefas e qualificações, de tempos de trabalho e níveis de proteção social (cf. Aglietta e Bender, 1984; Boyer, 1986). A flexibilidade numérica ou quantitativa refere-se à possibilidade de fazer variar o número de trabalhadores/as ou de horas de trabalho em função das oscilações produtivas ou da procura. Esta dimensão está na base de um processo de segmentação laboral que decorre da diferenciação entre, por um lado, um grupo que usufrui de segurança de emprego e de oportunidades de desenvolvimento profissional e, por outro, um segmento periférico que inclui aquelas/es que se encontram a trabalhar a tempo parcial ou que têm um contrato de prestação de serviços, que prestam atividade por intermédio de empresas de subcontratação (inclusive empresas de trabalho temporário) ou que têm um contrato de duração limitada. Vários estudos têm confirmado que o mercado secundário (ou periférico) de emprego é sobretudo feminino e juvenil, não obstante uma maior fragilização laboral de alguns segmentos do sexo masculino (trabalhadores de idade mais avançada, portadores de baixas qualificações e com experiência profissional em setores industriais tradicionais, por exemplo) (André, 1996, Kovács, org. *et al.*, 2005). É devido à expansão desta dimensão da flexibilidade que se assiste, cada vez mais, ao crescimento dos vínculos contratuais temporários, aos tempos de trabalho flexíveis e irregulares e à diversificação dos estatutos de emprego (regime a tempo parcial, trabalho no domicílio e teletrabalho, emprego por conta própria, trabalho temporário, *outsourcing*/subcontratação, trabalho à chamada/*on-call*...) (Cerdeira, org. *et al.*, 2002; Kovács, org., *et al.*, 2005; Casaca, 2005a, 2008).

O aumento das formas flexíveis e precárias de emprego tem estado associado ao surgimento de novos vetores de desigualdade no trabalho (e.g. Walby, 1989; André, 1996; Grozelier, 1998; Maruani, 2003; Fitoussi e Rosenvallon, 2005; Kovács, org. *et al.*, 2005; Oliveira e Carvalho, 2010). Temos, a este respeito, optado pela designação de *modalidades flexíveis,* em detrimento de *modalidades atípicas (ou novas) de emprego.* Tal como sublinha Anna Pollert (1988), evocar uma nova era do emprego seria um mito e, ao mesmo tempo, faria transparecer uma perspetiva determinista, próxima das teses que anunciam uma era pós-industrial, pós--moderna e pós-taylorista-fordista. Além disso, também a designação de *modalidades atípicas* poderia (ilusoriamente) veicular a ideia de que, no passado, todas as pessoas trabalhadoras gozaram de um vínculo de emprego permanente, a tempo inteiro, e de todos os benefícios e garantias que lhe estão associados (Casaca, 2005b). Todavia, como nos é recordado por Harriet Bradley *et al.* (2000), apenas um grupo privilegiado de trabalhadores/as – por norma, aqueles de tez branca, do sexo masculino e com qualificações escolares e profissionais – vivenciaram essa relação de emprego.

No mesmo registo (não determinista), também não associamos linearmente as formas flexíveis de emprego a experiências de precariedade. Os estudos que realizámos apontam no sentido da elevada segmentação laboral (e de género), relevando a complexidade e a ambiguidade inerentes às mudanças em curso – as quais tanto beneficiam alguns segmentos de trabalhadores/as como penalizam outros (Kovács, org. *et al.* 2005; Casaca, 2005a, 2008; Kovács e Casaca, 2008). Ao relevarmos a pluridimensionalidade estamos ainda a admitir que as dinâmicas da realidade laboral estão ancoradas no processo histórico inerente à sociedade portuguesa, nas particularidades e nos passos do próprio desenvolvimento social e económico que aqui vêm tendo lugar, nas especificidades dos setores e das empresas, bem como nos atributos, recursos e percursos individuais (Casaca, 2005a,b).

Em síntese, a flexibilidade não é necessariamente sinónimo de *precariedade de emprego*, uma vez que esta remete para os aspetos formais e jurídicos que conferem fragilidade à relação salarial, compreendendo os vínculos não permanentes (contratos a termo certo e incerto, prestações de trabalho pontuais, com ou sem contrato, trabalho temporário, ou situações de falso trabalho independente), frequentemente associados a um nível reduzido (ou mesmo nulo) de proteção social. Já a *precariedade de trabalho* inclui a execução de tarefas de pobre conteúdo e pouco qualificadas, as condições de trabalho que comportam riscos para a saúde física e psicológica dos/as trabalhadores/as, as fracas ou nulas oportunidades de qualificação e de desenvolvimento profissional, e os baixos níveis de remuneração (e.g. Paugam, 2000; Fagnani e Letablier, 2009). Uma abordagem compreensiva da precariedade laboral requer ainda a integração da dimensão subjetiva (Barbier, 2005); neste caso, a análise abrange a (in)voluntariedade subjacente à relação de emprego, a perceção subjetiva em torno da fragilidade laboral (o vínculo contratual pode ser por tempo indeterminado, mas ser elevada a perceção de risco de desemprego), e o grau de insatisfação com as condições de trabalho em geral.

1.3. A participação das mulheres e dos homens na atividade económica

A participação das mulheres na atividade económica tem vindo a aumentar no contexto europeu, sobretudo impulsionada pelo desenvolvimento do setor dos serviços e pela crescente flexibilidade laboral (e.g. Rubery, Smith e Fagan, 1999). A Figura 1.1 permite constatar que o valor da taxa de emprego feminino em Portugal é, em 2010, superior à média da Europa dos quinze, supe-

Mercado de trabalho, flexibilidade e relações de género: tendências recentes | 19

FIGURA 1.1 – Taxa de emprego feminino (15-64 anos) na UE-15, 1999 e 2010

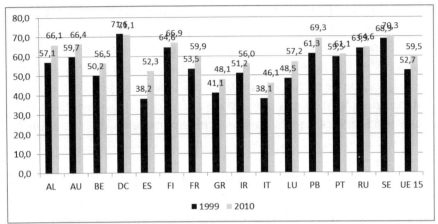

Fonte: EUROSTAT, *LSF database*; consultado em 3/10/2011
http://epp.EUROSTAT.ec.europa.eu/portal/page/portal/statistics/search_database
Legenda: AL-Alemanha; AU-Áustria; BE-Bélgica; DC-Dinamarca; ES-Espanha; FI-Finlândia; FR-França; GR-Grécia; IR-Irlanda; IT-Itália; LU-Luxemburgo; PB-Países-Baixos; PT-Portugal; RU-Reino Unido; SE-Suécia.

rando o objetivo consagrado na Estratégia Europeia de Emprego (EEE). Cerca de 61,1% das mulheres com idades compreendidas entre os 15 e os 64 anos estão registadas como empregadas no nosso país, enquanto a média na UE-15 é de 59,5%[6]. É essencialmente nos países escandinavos (Dinamarca e Suécia) e nos Países-Baixos que a taxa de emprego feminino é mais elevada (acima ou em torno de 70%). A Finlândia, a Áustria, a Alemanha e o Reino Unido exibem também valores expressivos, próximos de 65%.

Como podemos observar na mesma Figura, os números são bastante inferiores em Espanha (52,3%), Grécia (48,1%) e Itália (46,1%). Portugal apresenta, portanto, uma posição distante dos países da Europa do Sul, com os quais, por força de algumas semelhanças socioeconómicas, é frequentemente comparado (Casaca e

---

[6] E na UE27 é de 58,2%.
EUROSTAT – LFS – http://epp.EUROSTAT.ec.europa.eu/portal/page/portal/statistics/search_database
Consultado em 3/10/2011.

Damião, 2011). No entanto, no período em análise, é de assinalar o crescimento da taxa de emprego no país vizinho (14,1 pontos percentuais entre 1999 e 2010). Em 2010, a meta definida pela EEE ainda não tinha sido atingida em quase metade dos Estados-membros da UE-15; além daqueles três países, há a referir a situação da Bélgica, da França, da Irlanda e do Luxemburgo. Pese embora a quantificação de uma meta no quadro da UE, constata-se portanto uma diversidade considerável em matéria de participação das mulheres na esfera laboral, tanto no plano da UE-15 (como aqui observamos) como da UE-27 (Casaca, 2011).

Em todos os Estados-membros em análise o valor da taxa de emprego dos homens supera o da taxa de emprego das mulheres (Anexo 1.1). Os dados disponibilizados pelo EUROSTAT permitem ainda verificar que as diferenças (em pontos percentuais – p.p.) prevalecem consideráveis em 2010, sendo a média desse diferencial de 11,9 p.p. na UE-15 (Anexo 1.2). Em geral, observa-se um declínio em relação a 1999, à exceção do que sucede na Suécia – o único país que regista um aumento de 1,6 p.p. no período em análise; ainda assim, a assimetria entre os sexos mantém-se relativamente baixa (4,8 p.p.), apenas superada pelos números registados na Dinamarca (4,7 p.p.) e na Finlândia (2,5 p.p.). Ao invés, a Grécia e a Itália exibem discrepâncias muito expressivas: 22,8 p.p. e 21,6 p.p., respetivamente. A redução mais assinalável deu-se em Espanha, tendo passado de 31 p.p. em 1999 para 12,4 p.p. em 2010 (Anexo 1.2).

Detemo-nos agora nos dados referentes a Portugal; a Figura 1.2 ilustra a evolução do emprego no decurso dos últimos 12 anos. No caso das mulheres, a taxa de emprego atingiu os 60% em 2000. Ao longo do período em análise, as oscilações têm-se mantido relativamente ligeiras, com o valor mais elevado a registar-se em 2008 e a declinar a partir de então (- 1.4 p.p. em 2010). No que diz respeito aos homens, apesar de sempre mais elevada e acima do objetivo de 70% fixado pela EEE, é possível notar algumas variações e uma quebra de 3.9 p.p. entre 2008 e 2010 (retornaremos a este tema a propósito da evolução das taxas de desemprego). Não obstante a assimetria entre os sexos, é de assinalar a redução do diferencial ao longo do tempo em análise (de 16 p.p. em 1999 para 9.0 p.p. em 2010).

Figura 1. 2 – Evolução das taxas de emprego das mulheres e dos homens (15-64 anos) em Portugal

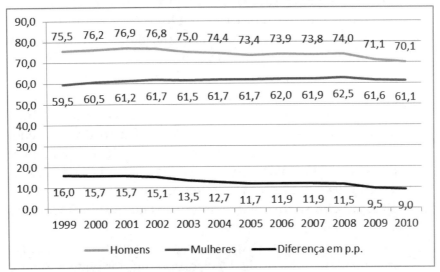

Fonte: EUROSTAT, *LSF database*; consultado em 3/10/2011
http://epp.EUROSTAT.ec.europa.eu/portal/page/portal/statistics/search_database

O setor dos serviços reúne 61,4% do total da força de trabalho portuguesa. Aproximadamente metade (51,1%) dos homens e quase três quartos (73,1%) das mulheres empregadas desenvolvem ali a sua atividade profissional (INE, 2011). No caso destas últimas, é de assinalar a sobre-representação nos serviços sociais e pessoais; as mulheres perfazem 71% das/os trabalhadoras/es registados em "outros serviços", 77% daquelas/es que se encontram a trabalhar no domínio da educação, e 83% do total de pessoas empregadas em "atividades de saúde humana e apoio social" (INE, 2011). É entre a população mais escolarizada que os números do emprego praticamente se igualizam; assim, em 2010, as taxas de emprego das mulheres e dos homens com um nível de escolaridade superior (ISCED: níveis 5 e 6) eram de 82,8% e 82,9%, respetivamente.

Já nos níveis inferiores (ISCED: níveis 0-2)[7], os valores descem para 54,9% (no caso das mulheres) e 68,3% (no que se refere aos homens) (*idem*).

Entre os 45 e os 54 anos de idade, as taxas de emprego das mulheres portuguesas e das europeias em geral (UE-15) apresentam valores muito próximos; no entanto, distanciam-se noutros escalões etários (Anexo 1.3). Deste modo, à exceção do intervalo mais jovem (15-24 anos), em que a média da UE supera a cifra registada em Portugal (veja-se o capítulo 2), é sempre no nosso país que a taxa de emprego assume valores mais elevados, sobretudo no caso da população feminina com mais de 65 anos de idade (para um maior desenvolvimento, veja-se o capítulo 3), mas, também, nos escalões "30-34" e "35-39 anos". Este padrão é menos evidente no caso dos homens; os valores na UE-15 mantêm-se superiores no escalão mais jovem e, embora a diferença seja ligeira, entre os 40 e os 64 anos a taxa de emprego é inferior em Portugal – situação que se inverte nos intervalos etários mais elevados (acima dos 65 anos).

Verifica-se que as taxas de emprego feminino mais expressivos correspondem, em Portugal, aos grupos etários onde há maior probabilidade de as mulheres serem mães de crianças pequenas. Como se pode constatar no Anexo 1.3, o valor é de 77,2% no escalão entre os 30 e 34 anos e de 78,9% na franja etária seguinte – 35-39 anos. A informação estatística mais recente (ano de 2009) sobre o efeito da parentalidade[8] demonstra que, enquanto as taxas de emprego diminuem com a maternidade, a participação laboral dos homens aumenta quando são pais (Figura 1.3 e Quadro 1.2). O declínio na participação laboral das mulheres é muito elevado na Irlanda e no Reino Unido, sendo ainda considerável na Alemanha, Finlândia e Áustria.

---

[7] Até ao 3º ciclo (9 anos de escolaridade ou equivalente).

[8] Diferença entre as taxas de emprego de homens e mulheres (25- 49 anos) sem filhos/as e as taxas de emprego de homens e mulheres (24-49 anos) com crianças menores de 12 anos.

FIGURA 1. 3 – Diferença em pontos percentuais entre as taxas de emprego com a presença de crianças com menos de 12 anos e as taxas de emprego sem crianças, por sexo (25-49 anos), em 2009

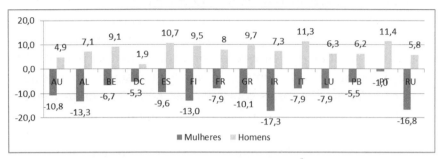

Fonte: Adaptado de EC (2010: 35; dados do EUROSTAT-LFS 2009)
Nota: Não há valores disponíveis para a Suécia.
Legenda: AL-Alemanha; AU-Áustria; BE-Bélgica; DC-Dinamarca; ES-Espanha; FI-Finlândia; FR-França; GR-Grécia; IR-Irlanda; IT-Itália; LU-Luxemburgo; PB-Países-Baixos; PT-Portugal; RU-Reino Unido

Portugal destaca-se por ser o Estado-membro da UE onde a participação das mulheres na atividade económica mais se pauta pela continuidade. A taxa de emprego passa de 77,1%, quando não têm filhos/as menores de 12 anos, para 76,1%, quando têm filhos/as naquela franja etária (Quadro 1.2.). A presença de crianças – sendo uma das razões pela qual as mulheres nos demais países europeus mais interrompem a atividade profissional – não parece influir no comportamento das trabalhadoras portuguesas (veja-se e.g. Guerreiro e Romão, 1995; Perista e Chagas Lopes, 1999; Wall, *et al.*, 2001; Torres, *et al.*, 2004).[9] A taxa de emprego das mulheres com

---

[9] Como é sublinhado por Perista e Chagas Lopes (1999: 136), por ocasião do nascimento das crianças, as mulheres sentem necessidade de trabalhar para custear o acréscimo de custos decorrentes da maior dimensão da família. Contudo, após um aumento do número de filhos/as (sobretudo a partir do nascimento do/a terceiro/a), a remuneração resultante da atividade laboral pode já não compensar o acréscimo de despesas associadas à guarda das crianças (e.g. encargos financeiros com infantários, creches...), podendo levar, em algumas situações, à interrupção ou mesmo abandono da relação de emprego. É então a partir do momento em que o rendimento passa a ser insuficiente para cobrir todas as despesas que a situação de emprego pode dar lugar à de domesticidade.

crianças é, assim, uma das mais elevadas, sendo apenas superada pelos valores da Dinamarca e dos Países-Baixos. No entanto, neste último caso, a participação laboral ocorre sobretudo em regime de tempo parcial. Em cerca de 67% dos casais com crianças, apenas um dos elementos (quase sempre o homem) está empregado a tempo inteiro e a mulher encontra-se empregada a tempo parcial. Esta situação contrasta fortemente com aquela registada em Portugal; aqui, na maioria dos casais com crianças (68%), ambos os elementos estão a trabalhar a tempo inteiro; e em apenas 6% o regime de tempo de trabalho remunerado é distinto no seio do casal, com um membro empregado a tempo inteiro e o outro a tempo parcial (nestes casos, quase sempre da mulher) (EUROSTAT, 2009: 31).[10]

QUADRO 1.2 – Taxas de emprego de homens e mulheres (25-49 anos) sem a presença de crianças e taxas de emprego de homens e mulheres com crianças, menores de 12 anos, em 2009

	Sem crianças		Com crianças	
	Homens	Mulheres	Homens	Mulheres
Áustria	88,0	84,8	92,9	74,1
Alemanha	84,1	82,3	91,2	69,1
Bélgica	83,2	78,3	92,3	71,7
Dinamarca	87,7	84,8	89,6	79,5
Espanha	73,1	69,8	83,9	60,1
Finlândia	81,4	85,6	91,0	72,6
França	84,0	80,4	91,9	72,5
Grécia	85,7	68,1	95,5	58,0
Irlanda	74,4	75,5	81,7	58,2
Itália	80,2	63,2	91,6	55,3
Luxemburgo	88,6	77,0	94,9	69,1
Países-Baixos	89,0	84,2	95,2	78,7
Portugal	80,4	77,1	91,9	76,1
Reino Unido	84,0	82,2	89,9	65,4

Fonte: Adaptado de EC (2010: 36-37; dados do EUROSTAT-LFS 2009)
Nota: Não há valores disponíveis para a Suécia.

---

[10] As restantes situações referem-se a: 24% de casais em que apenas um dos membros participa formalmente na atividade económica; e 2% de casais em que os dois elementos não exercem qualquer atividade laboral (idem).

1.4. A flexibilidade de emprego e de tempo de trabalho

Uma vez reunido o número de pessoas abrangidas por algumas formas flexíveis de emprego (tempo parcial, vínculos de duração determinada – contratos a termo ou a tempo incerto – e trabalho por conta própria), é possível constatar que, à exceção da Grécia, nos demais países da UE a flexibilidade laboral recai fundamentalmente sobre a força de trabalho feminina (Figura 1.4).

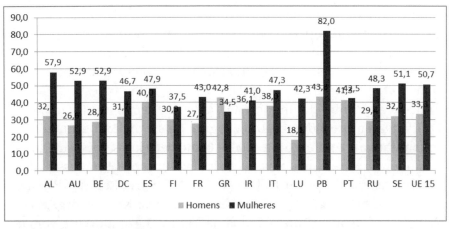

FIGURA 1.4 – Percentagem de pessoas empregadas ao abrigo de formas flexíveis de emprego, por sexo, em 2009

Fonte: Adaptado de EC (2010: 143-144; dados do EUROSTAT LFS-2009)
Nota: Inclui as modalidades: tempo parcial, vínculos contratuais a termo ou a tempo incerto e trabalho por conta própria.
Legenda: AL-Alemanha; AU-Áustria; BE-Bélgica; DC-Dinamarca; ES-Espanha; FI-Finlândia; FR-França; GR-Grécia; IR-Irlanda; IT-Itália; LU-Luxemburgo; PB-Países-Baixos; PT-Portugal; RU-Reino Unido

Os Países-Baixos destacam-se pela elevada flexibilidade laboral e pela forte assimetria entre homens e mulheres: 82% destas são trabalhadoras flexíveis, enquanto a proporção de homens na mesma condição é muito inferior – 43,3%. Na Áustria, Alemanha, Bélgica e Luxemburgo, o diferencial entre os sexos é também assinalável (superior a 20 p.p.). Estes valores decorrem, sobretudo, da feminização do trabalho a tempo parcial, como observaremos

26 | Mudanças Laborais e Relações de Género: Novos Vetores de (des)igualdade

mais à frente. Em Portugal, as percentagens estão acima da média da UE-15; no entanto, devem-se sobretudo ao peso das contratações de duração determinada ou incerta (v. secção seguinte) e do emprego por conta própria. Deste modo, se atendermos à situação na profissão (Anexo 1.4), cerca de 24,3% dos homens estão empregados por conta própria, fundamentalmente na categoria de isolados (17,2%), e cerca de 7,1% são empregadores. Esta proporção é claramente mais baixa no caso das mulheres (inferior a 3%), mas 16% trabalham por conta própria na condição de isoladas (dados de 2010; INE, 2011).

É sabido que esta situação profissional abrange grupos de trabalhadores/as muito diversificados, desde aqueles que deliberadamente optam por trabalhar autonomamente (figura de trabalho independente) até aos/às trabalhadores/as que são forçados/as a aceitar essa situação num contexto de precariedade e fraca capacidade negocial (falso "trabalho independente"). Trata-se, portanto, de uma modalidade que tem sido usada pelas entidades empregadoras numa lógica de flexibilidade numérica (quantitativa), ao abrigo da qual – como referimos previamente – o número de trabalhadores/as varia em função das necessidades produtivas ou da procura (Perista, 1989; Chagas Lopes e Perista, 1995; Cerdeira, org., et al., 2000; Casaca, 2005a; Kovács, org. et al., 2005). Aos valores contemplados na Figura 1.4 importaria somar o número de trabalhadoras/es em contexto familiar que não auferem qualquer remuneração. Do total de pessoas nesta situação no nosso país, praticamente 60% são mulheres (INE, 2011), ainda que a sua expressão (formalmente declarada) no emprego total feminino seja de 1,2% (e de 0,7% no caso dos homens) (Anexo 1.4). O trabalho por conta de outrem é a situação profissional predominante, integrando cerca de três quartos dos homens empregados e quatro quintos das mulheres; no entanto, é elevada a precariedade dos vínculos contratuais – como observamos no tópico seguinte (1.4.1).

A Figura 1.5. permite verificar que, no âmbito dos horários antissociais, o trabalho prestado ao fim de semana (sobretudo no primeiro dia) tem um peso considerável em Portugal. Assim, para

Mercado de trabalho, flexibilidade e relações de género: tendências recentes | 27

metade dos homens (51,3%) e 43,4% das mulheres empregadas, o horário de trabalho inclui o dia de sábado. Uma em cada quatro pessoas empregadas (homens e mulheres) trabalha também ao domingo (v. também capítulo 2). De acordo com o último inquérito às condições de trabalho (EWCS 2010, EUROFOUND), três quartos dos trabalhadores e das trabalhadoras portuguesas (74,5%) referem que a determinação dos horários é fixada pela entidade empregadora. Já no que diz respeito à UE-15 em geral, a mesma situação é reportada por 57,9% das pessoas respondentes. Por outro lado, num dos países com maior tradição de diálogo social em torno da organização do trabalho, a Suécia, essa unilateralidade na posição patronal é claramente inferior, sendo referida por 37,9% dos trabalhadores e 35,8% das trabalhadoras.[11]

FIGURA 1.5 – Pessoas empregadas em Portugal
com horários antissociais (%), por sexo, em 2010

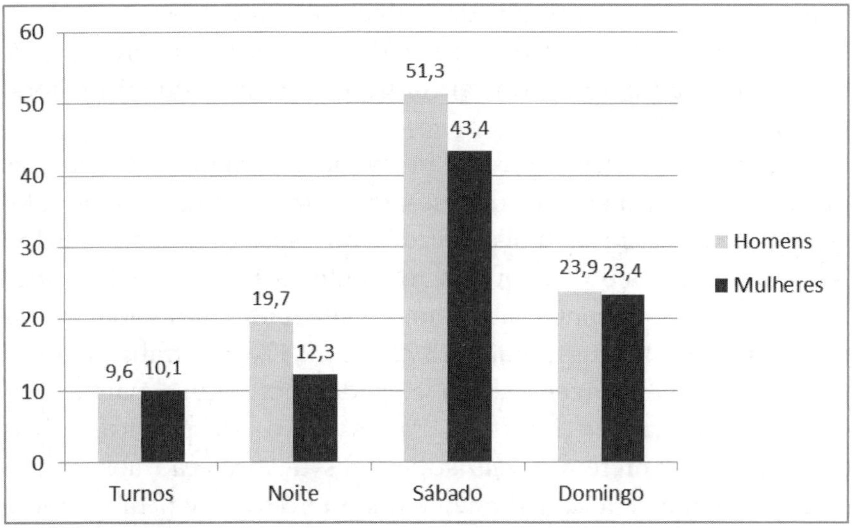

Fonte: INE (2011)

[11] http://www.eurofound.europa.eu/
European Working Conditions Survey (EWCS), Eurofound. Acedido em 29/09/2011.

1.4.1. *Situações de emprego não permanentes: a precariedade contratual*

Em praticamente todos os Estados-membros da UE-15, a precariedade contratual recai fundamentalmente sobre a população trabalhadora feminina; com efeito, em 2010 a única exceção é registada na Áustria, embora a diferença entre os valores referentes a homens e a mulheres seja residual – 0,9 p.p. (Quadro 1.3). Entre 1999 e 2010, os Países-Baixos, o Luxemburgo, a Irlanda e Portugal exibem aumentos entre os três e os quatro pontos percentuais no peso das contratações não permanentes no emprego feminino. No caso dos homens, verifica-se um incremento acima dos quatro pontos percentuais nos Países-Baixos, em Portugal e na Irlanda. É em Espanha que se regista o declínio mais acentuado na percentagem de trabalhadores e trabalhadoras com contratos precários; no entanto, tal como observaremos a propósito do desemprego, esta situação não reflete uma atenuação da vulnerabilidade laboral no país. É também de salientar que cerca de 26% das mulheres e 24% dos homens ali empregados encontram-se numa situação laboral precária em 2010.

Além do crescimento da precariedade contratual entre as mulheres e os homens portugueses, importa sublinhar que os valores se situam entre os mais elevados do espaço europeu (UE-15), imediatamente depois daqueles referentes à Espanha. As contratações não permanentes atingem, assim, quase um quarto das trabalhadoras do nosso país (23,7%) e 22,4% dos trabalhadores. Embora as percentagens sejam elevadas em alguns países nórdicos (Finlândia, Suécia) e nos Países Baixos, as políticas ativas de emprego conferem níveis superiores de proteção aos indivíduos envolvidos, designadamente quando cessa o vínculo laboral. No entanto, não deixa de ser evidente o diferencial percentual que também ali se regista, sempre em desfavor das mulheres.

Mercado de trabalho, flexibilidade e relações de género: tendências recentes | 29

Quadro 1.3 – Evolução das contratações não permanentes na UE-15, por sexo (%)

	1999		2010		Evolução em p.p.	
	Homens	Mulheres	Homens	Mulheres	Homens	Mulheres
Áustria	8,1	7,8	9,8	8,9	1,7	1,1
Bélgica	7,6	13,7	6,7	9,6	-0,9	-4,1
Dinamarca	9,2	11,2	8,3	8,8	-0,9	-2,4
Alemanha	12,8	13,5	14,5	15,0	1,7	1,5
Irlanda	4,1	6,3	8,6	10,0	4,5	3,7
Grécia	12,3	15,4	11,0	14,4	-1,3	-1,0
Espanha	31,6	34,9	23,9	26,2	-7,7	-8,7
França	13,2	14,7	14,1	16,0	0,9	1,3
Itália	8,5	11,9	11,4	14,5	2,9	2,6
Luxemburgo	2,8	4,3	6,2	8,3	3,4	4,0
Países-Baixos	9,2	15,4	16,9	19,8	7,7	4,4
Portugal	17,0	20,3	22,4	23,7	5,4	3,4
Finlândia	15,1	21,2	12,3	18,4	-2,8	-2,8
Suécia	11,0	16,6	13,5	17,3	2,5	0,7
Reino Unido	6,0	7,4	5,6	6,4	-0,4	-1,0
UE-15	12,6	14,2	13,3	14,9	0,7	0,7

Fonte: EUROSTAT, *LSF database*; consultado em 20/05/2011
http://epp.EUROSTAT.ec.europa.eu/portal/page/portal/statistics/search_database
Nota: Trata-se da percentagem do total de trabalhadores/as com idades compreendidas entre os 15 e os 64 anos, por sexo.

Quer dizer que, se tivermos presente a expressiva participação laboral das mulheres portuguesas, muito permanece por conseguir no domínio da qualidade do emprego, num cenário de crescente agravamento ao longo dos anos analisados. Do total de mulheres com contratos precários (a termo e outros) em 2010, 86,6% estão empregadas no setor dos serviços. No que diz respeito aos homens, a percentagem é bastante inferior (54,4%), sendo compensada pelo peso das contratações precárias no setor secundário (41,3% dos trabalhadores) (INE, 2011). Como referimos noutros momentos, é possível inferir que a precariedade contratual se associa sobretudo às estratégias de gestão das empresas que operam no domínio dos serviços – um setor, aliás, fortemente feminizado, pese embora a sua heterogeneidade (Casaca, 2005a).

Os valores expostos no Quadro 1.3 refletem sobretudo o peso das contratações a termo no país – as quais representam 83,6% do total de contratações precárias (2010). Esta realidade permite concluir que o recurso ao contrato de trabalho a termo está bastante generalizado e tende a extravasar as relações de trabalho pontuais e efetivamente temporárias – situações para as quais aquela figura jurídica está legalmente prevista (e.g. Rosa, org. *et al.*, 2000; Ferreira, 2001; Casaca, 2005a; Kovács, org. *et al.*, 2005).

É entre a população mais jovem (15-24 anos) que a precariedade é mais acentuada, sendo também superior a discrepância entre os sexos (7,1 p.p., em 2010). De entre os/as trabalhadores/as com idades compreendidas naquele intervalo, 59,4% das mulheres e 52,3% dos homens estão envolvidos numa relação contratual de duração limitada (2010). Em relação a 1999, é evidente o aumento muito significativo dos valores em questão, uma vez que os vínculos contratuais precários envolviam 42,6% e 37,7% da população jovem feminina e masculina, respetivamente. Retomando o último ano em análise, as médias da UE-15 são claramente inferiores: 42,8% no caso das mulheres e 43,3% no dos homens (menos 16,6 p.p. e 9 p.p., respetivamente, em relação aos valores de Portugal).[12] A elevada precariedade contratual que recai sobre a população jovem – e nos grupos etários em que se consolidam projetos de parentalidade – não é alheia às baixas taxas de natalidade, que, aliás, colocam em causa a reposição geracional (repare-se que o índice sintético de fecundidade situou-se em 1,32 no ano de 2009) (EUROSTAT, 2011: 28) (veja-se o capítulo 2 – "A juventude e o emprego: entre a flexibilidade e a precariedade").

1.4.2. *Regime de trabalho a tempo parcial*

Em todos os países, sem exceção, o emprego feminino a tempo parcial (TP) supera o masculino (Quadro 1.4). Nota-se que, entre 1999 e 2010, a expressão do mesmo no emprego total feminino

---

[12] EUROSTAT, *LSF database*; consultado em 3/10/2011.

tem vindo a aumentar, destacando-se nesta situação a Itália, o Luxemburgo e a Áustria; no entanto, constata-se uma ligeira diminuição em quatro países (no caso das mulheres): Portugal, França, Reino Unido e Suécia. Quanto à sua feminização no nosso país, a percentagem de mulheres no total de pessoas empregadas a TP era de 60% em 2010 (INE, 2011), refletindo uma tendência no sentido decrescente (em 1999, esse valor era de 68,1%).[13] O número referente à população empregada feminina (12,3%), embora muito superior ao dos homens (4,9%), está claramente abaixo da média europeia (36,9% das mulheres empregadas na UE-15).

QUADRO 1.4 – Evolução do emprego a tempo parcial na UE-15, por sexo (%)

	1999		2010		Evolução em p.p. (homens)	Evolução em p.p. (mulheres)
	Homens	Mulheres	Homens	Mulheres		
AL	4,5	36,9	8,7	45	4,2	8,1
AU	4,0	32,3	7,8	43,3	3,8	11,0
BE	4,6	39,9	8,4	42,1	3,8	2,2
DC	9,4	33,7	14,1	38,6	4,7	4,9
ES	2,9	17,5	5,2	23,1	2,3	5,6
FI	7,5	16,8	8,9	19	1,4	2,2
FR	5,4	31,6	6,4	29,8	1,0	-1,8
GR	3,4	9,9	3,4	10,2	0,0	0,3
IR	7,0	30,6	11,1	34,2	4,1	3,6
IT	3,2	15,7	5,1	29	1,9	13,3
LU	1,7	24,7	3,4	35,8	1,7	11,1
PB	17,4	68,5	24,2	76,2	6,8	7,7
PT	4,2	14,3	4,9	12,3	0,7	-2,0
RU	7,8	43,7	11,0	42,4	3,2	-1,3
SE	8,7	40,1	12,2	39,7	3,5	-0,4
UE 15	5,6	33,2	8,5	36,9	2,9	3,7

Fonte: EUROSTAT, LSF database; consultado em 22/05/2011
http://epp.EUROSTAT.ec.europa.eu/portal/page/portal/statistics/search_database
Nota: Trata-se da percentagem do total de pessoas empregadas com idades compreendidas entre os 15 e os 64 anos, por sexo.
Legenda: AL-Alemanha; AU-Áustria; BE-Bélgica; DC-Dinamarca; ES-Espanha; FI-Finlândia; FR-França; GR-Grécia; IR-Irlanda; IT-Itália; LU-Luxemburgo; PB-Países-Baixos; PT-Portugal; RU-Reino Unido

---

[13] INE, Dossiê Temático Género (consultado em 2/2/2012). www.ine.pt

32 | Mudanças Laborais e Relações de Género: Novos Vetores de (des)igualdade

Em Portugal, é na franja etária dos 50 aos 64 anos que é mais elevada a percentagem de mulheres empregadas a TP (20,4%), seguindo-se o escalão laboral mais jovem (17,9%). Já no que diz respeito ao intervalo entre os 25-49 anos, onde há uma maior probabilidade de as mulheres terem crianças pequenas, os valores são relativamente baixos (8,8%)[14] no contexto europeu – UE-15 (35,5%) (v. Anexo 1.5).

De entre os fatores que estão na base do menor desenvolvimento desta modalidade no país contam-se, designadamente: os baixos salários, que impelem para a necessidade de trabalhar a tempo inteiro; o facto de o emprego a TP não ser visto pelas entidades empregadoras como um mecanismo de redução efetiva dos custos laborais fixos; a prevalência de estratégias de competitividade assentes em regimes de trabalho intensivo e na flexibilidade contratual (recurso a contratos a termo e a "trabalho independente"); e o facto de a maioria dos empregadores/gestores não estar sensibilizada para a importância de uma organização do tempo de trabalho mais favorável à conciliação com a esfera familiar e à qualidade de vida em geral (cf. Ferreira, 1993, Chagas Lopes e Perista, 1995; Vaz, 1998; Ruivo *et al.*, 1998; Santana e Centeno, 2000; Kovács, org., *et al.*, 2005; Casaca, 2005a, 2008).

Como já se fez referência, os Países-Baixos assumem aqui a liderança, com o tempo parcial a abranger mais de três quartos das mulheres e quase um quarto dos homens empregados (Quadro 1.4.). No Reino Unido, os valores são também particularmente expressivos no caso da força de trabalho feminina – 42,4%. Cabe sublinhar que naquele primeiro país, a diferença entre os sexos é de 50 pontos percentuais; no entanto, também noutros Estados-membros onde é expressivo o horário de trabalho a tempo parcial – como é o caso da Alemanha e da Áustria – é notável o agravamento dessa assimetria entre 1999 e 2010 (36,3 p.p. e 35,5 p.p., respetivamente). Como observamos mais detalhadamente no

---

[14] Percentagem relativa ao total de mulheres empregadas com idades compreendidas naquele intervalo etário.

Mercado de trabalho, flexibilidade e relações de género: tendências recentes | 33

capítulo 3, tanto na Alemanha como nos Países-Baixos a expetativa social dominante é a de que as mães ficam em casa quando as crianças são pequenas. O modelo de relações de género (v. Quadro 1.1) apenas modificou parcialmente a versão masculina de *ganha--pão*, com as mães a articularem agora o trabalho a tempo parcial com a domesticidade/cuidados à família (e.g. Pfau-Effinger, 1999).

Vários estudos têm sublinhado que a feminização desta modalidade de emprego explica-se a partir da persistência de representações sociais tradicionais e da assimetria na divisão do trabalho não remunerado (doméstico e relativo ao cuidar) entre homens e mulheres. Assim sendo, por um lado, as entidades empregadoras tendem a associar a oferta de postos de trabalho a TP à contratação de mulheres; por outro, estas, por força de constrangimentos ideológicos e práticos, tendem a "optar" mais do que os homens por uma duração reduzida do tempo de trabalho (e.g. Ruivo *et al.*, 1998; Rubery, Smith e Fagan, 1999; Maruani, 2003; Casaca, 2005a).

O regime a tempo parcial, quando involuntário, corresponde a uma forma precária de emprego. À luz dos dados do EUROSTAT, esta dimensão apenas é apreendida se o/a respondente declarar que não conseguiu encontrar uma colocação a tempo inteiro. Deste modo, ainda que a expressão do TP seja relativamente baixa em Portugal, a involuntariedade atinge proporções elevadas – quase metade das mulheres empregadas a TP declara ser esse o motivo pelo qual trabalha ao abrigo desta modalidade – Figura 1.6. Repare-se que o valor médio referente à UE é claramente inferior – 23,8%. Aqui, em geral (UE-15), ganha preponderância a "necessidade de cuidar de crianças ou de pessoas adultas dependentes". É de reter, porém, a proporção de mulheres portuguesas (26,3%) que evoca "outras razões familiares e pessoais". Embora os valores sejam pouco expressivos, a verdade é que a percentagem de mulheres que, na UE-15, declara estar a estudar ou a frequentar cursos de formação duplica o valor referente às trabalhadoras portuguesas.

34 | Mudanças Laborais e Relações de Género: Novos Vetores de (des)igualdade

Figura 1. 6 – Razões evocadas pelas mulheres (15-64 anos) para trabalhar a tempo parcial, em 2010 (%)

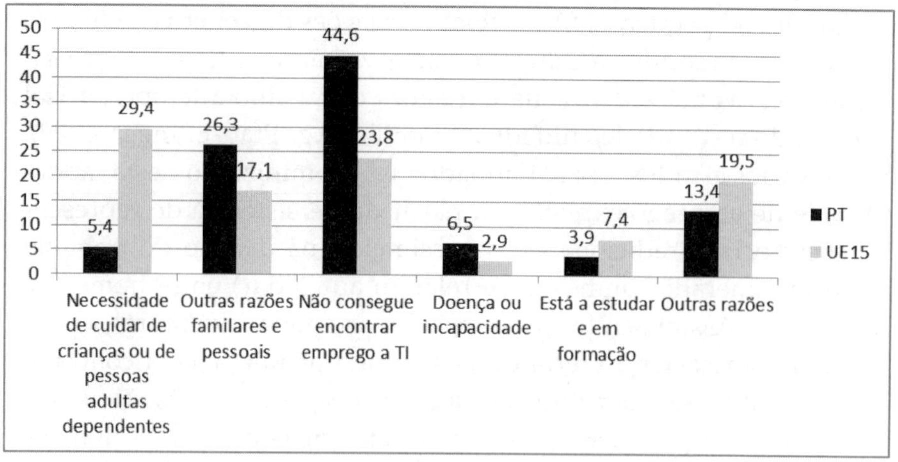

Fonte: EUROSTAT, *LSF database*; consultado em 4/10/2011
http://epp.EUROSTAT.ec.europa.eu/portal/page/portal/statistics/search_database

É também de relevar que, no caso do nosso país, praticamente três quartos das/os trabalhadoras/es a TP (15-64 anos de idade) detêm o ensino básico de escolaridade (ISCED 0-2, segundo a classificação de 1997). Os dados referentes a 2008 indicam que 78,8% das mulheres e 71,2% dos homens empregados a tempo parcial encontravam-se nessa situação. Na UE-15, porém, os valores médios eram claramente inferiores – 26,4% e 30,4%, respetivamente. Estes dados refletem os baixos níveis de escolaridade da população trabalhadora portuguesa em geral; no entanto as mulheres que trabalham a tempo inteiro (TI) são relativamente mais escolarizadas: 60,3% têm o nível de educação formal básico e 21,9% possuem um grau de nível superior (a percentagem de trabalhadoras a TP com semelhante escolaridade é apenas de 10,6%). De reter ainda que as trabalhadoras a tempo parcial em Portugal realizam essencialmente atividades na agricultura (39,2% do total), seguindo-se aquelas que estão registadas como trabalhadoras não qualificadas dos três setores de atividade (33,1%). No caso da UE-15, destaca-se a proporção de mulheres a trabalhar como vendedoras/assistentes de vendas (27,4%), seguindo-se – embora com proporções não muito distantes – aquelas que exercem funções administrativas (18,3%), que estão registadas como não qualificadas (17,5%) e que exercem profissões técnicas ou similares (17,4%).[15]

Apesar das dissemelhanças e das especificidades nacionais, a verdade é que, em geral, a prestação de trabalho a tempo inteiro está mais presente nas ocupações mais qualificadas. Cabe ainda recordar que, tal como já demonstrado noutros estudos, os/as trabalhadores/as a tempo parcial são particularmente vulneráveis à precariedade contratual. Uma vez que este regime de tempo de trabalho atinge fundamentalmente a população feminina, é então possível equacionar que se trata de uma modalidade que representa "uma forma de subemprego reservada às mulheres" (Maruani, 2003) e que, à luz das atuais dinâmicas do mercado de trabalho, se afigura como mais um vetor de segregação entre os sexos (Casaca, 2005a, 2008).

Por fim, os dados sobre o subemprego visível[16] apurados pelo INE demonstram um claro crescimento do mesmo ao longo dos últimos anos, tendo passado de uma abrangência de 52,1 mil trabalhadores/as em 2003 para 70,9 mil em 2010. De notar ainda a respetiva feminização; neste último ano, 65,4% das/os trabalhadoras/es nesta situação eram do sexo feminino (INE, 2011).

1.5. A condição de desemprego

Vários autores/as têm alertado para o facto de as taxas de desemprego figurarem subestimadas nas estatísticas oficiais

---

[15] Não dispomos de dados mais atualizados. EUROSTAT, *LSF database*; consultado em 6/11/2009.

[16] "Conjunto de indivíduos com idade mínima de 15 anos que, no período de referência, tinham um trabalho com duração habitual de trabalho inferior à duração normal do posto de trabalho e que declararam pretender trabalhar mais horas" www.ine.pt (consultado em 4/11/2009)

(e.g. Chagas Lopes e Perista, 1995; Rubery, Smith e Fagan, 1999). No que diz respeito às mulheres, esta situação deve-se à maior fluidez de fronteiras entre "inatividade" e "desemprego", pelo que muitas desempregadas podem estar estatisticamente contabilizadas como inativas. Além disso, a noção de "disponibilidade para trabalhar" é também subjetiva e pode ser usada discriminatoriamente contra as mulheres (Chagas Lopes e Perista, 1995; Rubery, Smith e Fagan, 1999; Bould e Gavray, 2009). No caso de Portugal, são visíveis os sucessivos agravamentos do desemprego, sobretudo desde 2002, representando uma viragem sombria relativamente aos finais da década 1990 – período em que o país registou uma das taxas de desemprego mais baixas do contexto europeu. A crise financeira e económica global, os sucessivos encerramentos de fábricas, empresas e estabelecimentos, o abrandamento económico e a recessão, a queda do investimento, e o processo de emagrecimento orçamental são alguns dos fatores que estão na base do forte aumento do número de pessoas desempregadas. É interessante constatar que, no caso da UE-15, os valores da taxa de desemprego total são praticamente semelhantes em 1999 e 2010 – 9,5% e 9,6%, tendo diminuído no caso das mulheres (de 11,1% para 9,6%) e aumentado ligeiramente no que diz respeito aos homens (de 8,3% para 9,6%) – Quadro 1.5. A situação inversa é diagnosticada na realidade portuguesa: aqui, a taxa de desemprego aumentou significativamente no caso dos homens (de 4,4% para 10,4%) e no das mulheres – de 5,3% para 12,5%. Como se pode observar no Quadro, o país apresenta o terceiro valor mais elevado da UE-15, tanto no caso da força de trabalho feminina como masculina. A Espanha é o país onde o desemprego é mais elevado, atingindo cerca de um/a em cada cinco trabalhadores/as.

Mercado de trabalho, flexibilidade e relações de género: tendências recentes | 37

Quadro 1.5 – Taxas de desemprego (15-64 anos), por sexo, em 1999 e 2010

	Mulheres		Homens		Evolução em p.p. (mulheres)	Evolução em p.p. (homens)
	1999	2010	1999	2010		
Alemanha	9,3	6,6	8,6	7,6	-2,7	-1,0
Áustria	4,8	4,3	4,7	4,6	-0,5	-0,1
Bélgica	10,3	8,6	7,5	8,2	-1,7	0,7
Dinamarca	5,9	6,6	4,5	8,4	0,7	3,9
Espanha	22,9	20,6	10,8	19,8	-2,3	9,0
Finlândia	12,5	7,7	11,1	9,3	-4,8	-1,8
França	13,9	9,7	10,4	9,0	-4,2	-1,4
Grécia	18,5	16,4	7,8	10,1	-2,1	2,3
Irlanda	5,7	9,6	6,1	17,1	3,9	11,0
Itália	16,4	9,7	9,0	7,7	-6,7	-1,3
Luxemburgo	3,3	5,1	1,7	3,8	1,8	2,1
Países-Baixos	4,9	4,5	2,7	4,5	-0,4	1,8
Portugal	5,3	12,5	4,4	10,4	7,2	6,0
Reino Unido	5,2	7,0	6,9	8,8	1,8	1,9
Suécia	6,9	8,4	8,4	8,7	1,5	0,3
UE-15	11,1	9,6	8,3	9,6	-1,5	1,3

Fonte: EUROSTAT, *LSF database*; consultado em 7/09/2011
http://epp.EUROSTAT.ec.europa.eu/portal/page/portal/statistics/search_database

A diferença entre homens e mulheres, sempre em prejuízo destas últimas, mantém-se ao longo dos anos (ainda que com ligeiras oscilações). Segundo dados fornecidos pelo INE, aquelas contabilizavam 52,3% do total de desempregados/as (15-64 anos) em 2010 (INE, 2011). Se observarmos o desemprego de longa duração e de muito longa duração, verifica-se a mesma sobre--representação feminina, mas ainda mais agravada no segundo caso: 52,2% e 54,9%, respetivamente (INE, 2011). O desemprego de muito longa duração (superior a 25 meses) – e que atinge quase um terço das mulheres desempregadas (30,5%) – traduz-se numa vivência que em muito contribui para a vulnerabilização laboral e para o risco de exclusão económica e social (Casaca, 2005a, 2010). Neste sentido, importa ter presente que, além do total de 602,6 mil

38 | Mudanças Laborais e Relações de Género: Novos Vetores de (des)igualdade

desempregadas/os em Portugal, em 2010, há ainda 33,3 mil "inativas/os desencorajadas/os, segundo a classificação do INE; destas, quase dois terços são do sexo feminino (64%). Trata-se de pessoas que, embora disponíveis para exercer uma atividade laboral, não realizaram diligências nesse sentido nas últimas quatro semanas (INE, 2011).

Atendendo ao nível de escolaridade, 70,3% dos/as desempregados/as registados em 2010 detinham no máximo o 3.º ciclo de escolaridade (76,1% dos homens e 65,1% das mulheres desempregadas), 19,1% possuíam o ensino secundário e pós-secundário; e 10,6% contavam com um certificado de estudos de grau superior. É de notar que, neste último caso, a percentagem de mulheres com ensino superior no total de desempregadas é de 13,3%, enquanto a percentagem de homens em situação comparável é de 7,6% (veja-se também o capítulo 2).

Em Portugal, a população feminina é mais vulnerável à condição de desemprego em praticamente todas as classes etárias; a exceção tem lugar nas franjas etárias superiores a 45 anos (embora a diferença seja mínima – 0,6 p.p.) – Figura 1.7. É no intervalo que medeia os 25 e os 34 anos de idade que o diferencial entre a taxa de desemprego das mulheres e a dos homens mais se faz notar (4,7 p.p.). A taxa de desemprego mais elevada regista-se entre as camadas mais jovens – 23,7% no caso das mulheres e 21,2% no que se refere aos homens. Em relação a 1999, o crescimento é muito acentuado; naquele ano, os valores eram de 10,8% e 7,2%, respetivamente.[17] Ao invés, na UE-15, a taxa média de desemprego é ligeiramente mais elevada no segmento laboral do sexo masculino (21%) do que no feminino (19,2%) (para uma análise mais fina com base nas taxas de desemprego harmonizadas, veja-se o capítulo 2).[18]

---

[17] INE, Dossiê Temático Género (consultado em 3/2/2012). www.ine.pt

[18] Fonte: EUROSTAT, *LSF database*; (consultado em 3/2/2012). http://epp.EUROSTAT.ec.europa.eu/portal/page/portal/statistics/search_database

Mercado de trabalho, flexibilidade e relações de género: tendências recentes | 39

Figura 1.7 – Taxa de desemprego por grupo etário em Portugal, por sexo, 2010

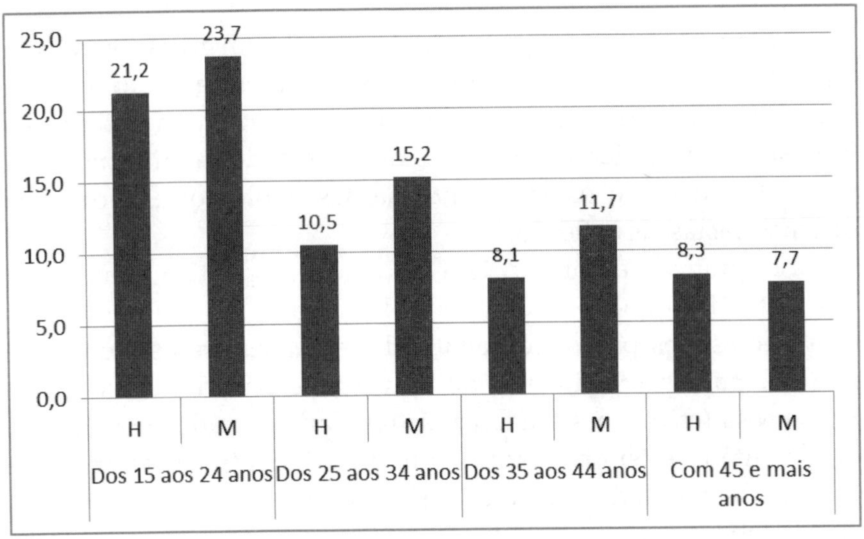

Fonte: INE (2011)

Num primeiro momento, após 2008, no rescaldo da crise financeira e económica global, o desemprego atingiu segmentos de atividade onde é mais expressiva a força de trabalho masculina – como é o caso da indústria e da construção (EUROFOUND, 2011). No entanto, é expectável um maior aumento do número de mulheres desempregadas em Portugal, na sequência do programa de austeridade em curso, das reformas laborais anunciadas em 2012, dos cortes orçamentais no domínio da administração pública, do declínio acentuado do poder de compra e da ameaça de perda de postos de trabalho em áreas de atividade ligadas aos serviços sociais e pessoais (fortemente feminizadas). A nosso ver, como desenvolvemos noutro texto, a precariedade contratual e a vulnerabilidade económica e social, suscitadas pela insegurança de emprego e pelo agravamento do desemprego, potenciam o risco de retrocesso no percurso preconizado de modernização e de igualdade nas relações de género (Casaca, 2010).

1.6. Comentários e reflexões finais

Como referimos, este capítulo decorre de um artigo publicado em 2010, numa obra coordenada por Virgínia Ferreira e publicada pela CITE (Ferreira, org., 2010). Procurámos atualizar a informação estatística e proceder à respetiva análise; os dados aqui explorados permitem sustentar os argumentos já desenvolvidos e reforçar as mesmas pistas de reflexão.

As práticas empresariais e o discurso político dominante têm defendido que a flexibilidade de trabalho é uma das condições necessárias para a competitividade das empresas e das economias, para o crescimento do emprego e para uma sociedade mais coesa (cf. Kovács e Casaca, 2007). Vários estudos notam que, desde então, se tem assistido a um entendimento quase hegemónico da flexibilidade enquanto sinónimo de "emagrecimento" dos custos laborais; neste quadro, as empresas procuram contratar e prescindir de mão-de-obra num registo *just-in-time*, ajustando o número de trabalhadores/as às necessidades produtivas ditadas pelo mercado/procura. Esta estratégia assume particular relevância no tecido empresarial português, onde predominam estratégias de competitividade fundamentalmente orientadas para a redução de custos (Kovács e Casaca, 2007). Destas práticas resulta o aumento de formas flexíveis de emprego, frequentemente precárias, como é o caso da contratação a termo, de parte considerável do trabalho por conta própria e do regime a tempo parcial involuntário.

Constata-se que o aumento da participação feminina no mercado de trabalho tem ocorrido em simultâneo com a crescente flexibilização da relação laboral. Sublinhamos, também, que este fenómeno é perpassado por uma linha de género. A maior fragilização dos vínculos contratuais, a insegurança de emprego e o trabalho a tempo parcial involuntário atingem sobretudo a população trabalhadora feminina, estando associados a uma degradação das condições de emprego (baixos salários, escassas oportunidades de desenvolvimento profissional e de acesso a benefícios sociais, fraca ou nula proteção social e inerente risco de exclusão económica e social) (Casaca, 2005a).

Em meados de 1980, Boyer (1986), embora sendo um defensor da flexibilidade, argumentava que a mesma vinha assumindo uma feição sobretudo defensiva, traduzida na precarização e na instabilidade do emprego (tendência que, mais tarde, viria a apelidar de *flexibilidade danosa*) (Boyer, 2006 *apud* Fagnani e Letablier, 2009). A sua proposta para a Europa passava, alternativamente, pela instituição de uma relação salarial apoiada numa estratégia de flexibilidade ofensiva, capaz de conjugar crescimento com coesão social (Boyer, 1986: 277-278). A orientação a que o autor se opunha tem também sido caracterizada como a "via inferior" (*low road*) da competitividade, uma vez que se apoia em baixos custos salariais e no emprego precário e inseguro. Muitos/as defendem que a flexibilidade pode ser enquadrada numa perspetiva qualitativamente diferente – numa vertente ofensiva ou à luz de uma "via superior", quando alicerçada no conceito de trabalho digno, na qualificação contínua e ampla, no enriquecimento do conteúdo funcional, em práticas de gestão participativas, no diálogo social, e no aprofundamento dos direitos laborais e sociais (Kovács, 2006; Kovács e Casaca, 2007; Casaca, 2010).

Ainda a propósito do discurso em torno da flexibilidade, a Comissão Europeia tem vindo (mais recentemente) a defender a adoção de um novo modelo de emprego ancorado nos princípios da *flexigurança*. Importa sublinhar, porém, que a dimensão *género* tem estado praticamente ausente do debate, assim como o facto de o modelo original, presente designadamente na Dinamarca, estar incrustado (*embedded*) numa sociedade com características muito específicas e distintas da realidade portuguesa. Assim sucede com a trajetória e o grau de desenvolvimento socioeconómico (incluindo o estímulo à modernização dos papéis de género e o apoio à conciliação entre a vida profissional e a esfera familiar), a elevada proteção social, assente no princípio da universalidade, o nível de habilitação escolar e de qualificação dos/as trabalhadores/as, o investimento em programas de formação ao longo da vida (apoiados pelas entidades empregadoras e pelo Estado), o sistema cooperativo de relações laborais, a conduta proactiva dos parceiros sociais, assim como com os modelos distintos de organização do trabalho – caracterizados, aliás, como os mais inovadores, participativos, qualificantes e amigos das famílias de todo o espaço europeu (e.g. Kovács, 2006; Fagnani e Letablier, 2009; Casaca, 2011).

Acresce que, quando se reclama uma maior agilização dos despedimentos, uma maior flexibilização dos horários de trabalho, das relações de emprego e dos percursos laborais, importa ter presente que os efeitos estão longe de ser neutros do ponto do género, pelo que as sociedades podem confrontar-se com a crescente vulnerabilização socioeconómica das mulheres e, concomitantemente, com um recuo no processo de modernização das relações de género. No caso de Portugal, estes são alguns dos vetores da reforma laboral anunciada em 2012. Temos também assumido uma posição crítica relativamente ao regime de trabalho a tempo parcial. Dada a escassez de equipamentos públicos de apoio às famílias em alguns países e/ou a prevalência de representações tradicionais relativamente aos papéis sociais de homens e mulheres, o emprego a TP afigura-se, em muitas situações, como a única alternativa que possibilita à população feminina a articulação entre a atividade profissional e as responsabilidades domésticas e familiares (Casaca, 2005a, 2008, 2011). Deste modo, além de não permitir a independência económica, esta modalidade contribui para a reprodução do modelo tradicional (assimétrico) de relações de género (Walby 1989; Pfau-Effinger, 1999; Rubery, Smith e Fagan, 1999).

Como sublinha Margaret Maruani (2003), vive-se hoje um momento de viragem na história do emprego das mulheres, um período de intensos contrastes e paradoxos, de claros progressos mas também de recuos, de mudanças e tendências que se manifestam em direções contraditórias. Assim, apesar das conquistas alcançadas no plano da igualdade e na modernização das relações de género, das menores assimetrias verificadas em muitas das dimensões que integram a vida social, as atuais transformações laborais não estão isentas de riscos. Este texto procurou identificar alguns dos novos mecanismos de segregação sexual associados à crescente flexibilização da relação laboral. O combate às desigualdades de género, nos próximos anos, terá certamente de ponderar (também) os efeitos negativos das mutações aqui enunciadas.

Mercado de trabalho, flexibilidade e relações de género: tendências recentes | 43

Referências bibliográficas

AGLIETTA, Michel e BENDER, Anton (1984), *Les Métamorphoses de la Société Salariale*, Paris, Calmann-Levy.

ANDRÉ, Isabel Margarida (1996), "At the centre on the periphery? Women in the Portuguese Labour Market", *in* Garcia-Ramon, Maria Dolores e Monk, Janice (orgs.), *Women of the European Union: The Politics of Work and Daily Life*, London, Routledge, pp: 141-155.

BARBIER, Jean-Claude (2005), "La precarité, une catégorie française à lépreuve de la comparaison international", *Revue Française de Sociologie*, 46, 352-371.

BEECHEY, Veronica (1979), "On patriarchy", *Feminist Review*, 3: 66-81.

BEECHEY, Veronica e Perkins, Tessa (1987), *A Matter of Hours – Women, Part-time Work and the Labour Market*, Cambridge: Polity Press.

BOULD, Sally e GAVRAY, Claire (2009), "Women's work: the measurement and the meaning", *ExAequo*, APEM, 18: 57-83.

BOURDIEU, Pierre (1998), *Contrafogos*, Oeiras, Celta.

BOYER, Robert (1986), "Rapport salarial, croissance et crise: une dialectique cachée" e "Segmentations ou solidarité, déclin ou redressement: quel modèle pour l' Europe? ", *in* Boyer, R. (orgs.) *La Flexibilité du Travail en Europe: Une Etude Comparative des Transformations du Rapport Salarial dans sept pays de 1973 A 1985*, Paris, Éditions La Découverte, pp:11-34; pp: 201-305.

BRADLEY, Harriet; ERICKSON, Mark; STEPHENSON, Carol e WILLIAMS, Steve (2000), *Myths at Work*, Cambridge, Polity Press.

CASACA, Sara Falcão (2005a), *Flexibilidade de Emprego, Novas Temporalidades de Trabalho e Relações de Género – A reconfiguração da desigualdade nos novos sectores dos serviços*, Dissertação de Doutoramento, ISEG-UTL.

CASACA, Sara Falcão (2005b), "Flexibilidade, trabalho e emprego – ensaio de conceptualização", *Working Paper SOCIUS*, n.º 10/2005, ISEG-UTL.

CASACA, Sara Falcão (2008), "Flexibilidade de emprego em Portugal e na União Europeia: colocando a dimensão *género* no centro do debate", *in* Henriques, Fernanda (coord.), *Género, Diversidade e Cidadania*, Lisboa, Colibri, pp: 131-154.

CASACA, Sara Falcão (2010), "As desigualdades de género em tempos de crise: um contributo para a reflexão sobre as implicações da vulnerabilidade laboral", *Sociedade e Trabalho*, MTSS, 41: 183-204.

CASACA, Sara Falcão (2011),"Changes in Employment, work reorganization and implications for gender relations: the debate over equality and diversity", HNU *Working Paper – Diversity Conference*, Hochschule Neu Ulm University, Germany.

CASACA, Sara Falcão e DAMIÃO, Sónia (2011), "Gender (in)equality in the labour market and the southern European welfare states", *in* Addis, Elisabetta.; Villota, Paloma; Degavre, Florence; Eriksen, John, *Gender and Well-Being*: *The Role of Institutions from Past to Present*, London: Ashgate, pp: 184-199.

CASTEL, Robert (1995), *Les Métamorphoses de la Question Sociale. Une Chronique du Salariat*, Paris: Fayard.

44 | Mudanças Laborais e Relações de Género: Novos Vetores de (des)igualdade

Cerdeira, M. Conceição (org.); Casaca, Sara Falcão; Santos, M. João; Sampaio, José. J.; Almeida e Silva, J. L.; Sousa, M. Teresa; Santos, M. Rosário (2000), *Novas Modalidades de Emprego,* Cadernos de Emprego 24, Lisboa: Ministério do Trabalho e da Solidariedade.

Chagas Lopes, Margarida (coord) e Perista, Heloísa (1995), *As Mulheres e a Taxa de Emprego na Europa – Portugal. As causas e as consequências das variações na actividade e nos padrões de emprego femininos,* Relatório Final, Rede Portuguesa de Peritos sobre a Posição das Mulheres no Mercado de Trabalho.

Chagas Lopes, Margarida (1999), "Trabalho e emprego das mulheres em Portugal – uma actualização 20 anos depois", *paper* distribuído no *Seminário de Estudos sobre Género e Igualdade de Oportunidades – Por ocasião dos 20 anos da lei da Igualdade,* Lisboa, ISEG, outubro.

Dal-Ré, Fernando Valdés, (1999), "La flexibilidad del mercado de trabajo: teoría e ideología", *in* Castillo, Juan José (org.), *El Trabajo del Futuro,* Madrid: Editorial Complutense, pp: 119-136.

EC (2009), *Report on Equality between Women and Men 2009,* Luxembourg: Publications Office of the European Union.

EC (2010), *Indicators for Monitoring the Employment Guidelines (including indicators for additional employment analysis) – 2010 Compendium,* 20/07/2010

EC (2011), *Report Progress on Equality between Women and Men in 2010 – The gender balance in business leadership,* Justice, Fundamental Rights and Citizenship, Luxembourg: Publications Office of the European Union.

Estanque, Elísio (2007), "A questão social e a democracia no início do século XXI: participação cívica, desigualdades sociais e sindicalismo", *Finisterra – Revista de Reflexão Crítica,* vol. 55/56/57: 77-99.

EUROFOUND (2011), "Job creation – where does employment come from?", *Focus,* 10, November.

EUROSTAT (2009), *Reconciliation between Work, Private and Family Life in the European Union,* Luxembourg: Publications Office of the European Union.

EUROSTAT (2011), *Demography Report – Older, More Numerous and Diverse Europeans,* European Commission, Luxembourg: Publications Office of the European Union.

Fagnani, Jeanni e Letablier, Marie-Thérèse (2009), "France: precariousness, gender and challenges for labour market policy", *Working Paper* http://www.genderwork.ca/cpdworkingpapers/fagnani-letablier.pdf

Ferreira, António Casimiro (2001), "Para uma concepção decente e democrática do trabalho e dos seus direitos: (re)pensar o direito das relações laborais", *in* Santos, Boaventura Sousa (org.), *Globalização, Fatalidade ou Utopia?,* Porto: Edições Afrontamento, pp: 255-293.

Ferreira, Virgínia (1993), "Padrões de segregação das mulheres no emprego: Uma análise do caso português", *in* Santos, Boaventura Sousa (org.), *Portugal: Um Retrato Singular,* Porto: Edições Afrontamento, pp: 232-257.

Ferreira, Virgínia (1999), "Os paradoxos da situação das mulheres em Portugal", *Revista Crítica de Ciências Sociais,* CES: 199-227.

Ferreira, Virgínia (org.) (2011), *A Igualdade de Mulheres e Homens no Trabalho e no Emprego em Portugal – Políticas e Circunstâncias*, Lisboa: CITE.

Fitoussi, Jean-Paul e Rosenvallon, Pierre (1997), *Nova Era das Desigualdades*, Celta: Oeiras.

Goldfinger, Charles (1998), *Travail et Hors-travail – Vers Une Société Fluide*, Paris, Éditions Odile Jacob.

Groot, Gertjan e Schrover, Marlou (1995) (orgs.), *Women Workers and Technological Change*, London: Taylor & Francis.

Grozelier, Anne-Marie (1998), *Pour en finir avec la fin du travail*, Paris: Les Éditions Ouvrières.

Guerreiro, Maria das Dores e Romão, Isabel (1995), "Famille et travail au Portugal. La coexistence de différentes dynamiques sociales", *in* Willemsen, Tineke; Frinking, Gerard; Vogels, Ria (orgs.), *Work and famille in Europe: The Role of Policies*, Tilburg: TUP, pp: 151-165.

Guerreiro, Maria das Dores e Abrantes, Pedro (2004), *Transições Incertas. Os Jovens perante o Trabalho e a Família*, Lisboa: DGEE/ CITE.

Hartmann, Heidi (1979), "The unhappy marriage of Marxism and feminism – Towards a more progressive union, *Capital and Class*: 1-33.

Hirdman, Yvonne (1998), "State policy and gender contracts – the swedish experience", *in* Drew, Eileen; Emerek, Ruth e Mahon, Evelyn (orgs), *Women, Work and the Family in Europe*, London: Routledge, pp: 36-46.

INE (2011), *Estatísticas do Emprego 2010*.

Kovács, Ilona (2005) (org.); Phizacklea, Annie; Castillo, José J.; Cerdeira, M. Conceição; Casaca, Sara Falcão, (2005), *Flexibilidade de Emprego: Riscos e Oportunidades*, Celta Editora.

Kovács, Ilona (2006), "As novas formas de organização do trabalho e autonomia no trabalho", *Sociologia, Problemas e Práticas*, 52:41-63.

Kovács, Ilona e Casaca, Sara Falcão (2007), "Flexibilidad y desigualdad en el trabajo: tendencias y alternativas europeas", *Sociología del Trabajo*, 61: 99-124.

Kovács, Ilona e Casaca, Sara Falcão (2008), "Labour segmentation and employment diversity in the ICT service sector in Portugal", *European Societies*, Routledge, Taylor & Francis Group, 10(3): 429-451.

Lash, Scott e Urry, John (1994), *The End of Organized Capitalism*, Oxford, Basil Blackwell.

Maruani, Margaret (2003), *Travail et Emploi des Femmes*, Paris, La Decouverte.

Oliveira, Luísa e Carvalho, Helena (2010), "Desigualdades geracionais: os jovens e a precariedade de emprego na UE", *in* Carmo, Renato Miguel (org.), *Desigualdades Sociais 2010 – Estudos e Indicadores*, Observatório das Desigualdades, pp: 191-198.

Pascual, Amparo Serrano (2001), "Novas tecnologias da informação e da comunicação e a natureza do trabalho", *in* SITESE (org.), *O Comércio e a Nova Revolução Tecnológica*, Lisboa, pp: 63-74.

Paugam, Serge (2000), *Le Salarié de la Précarité*, Paris: PUF.

Perista, Heloísa (1989), *As Mulheres em Empregos Atípicos em Portugal*, Lisboa, CISEP, ISEG-UTL.

46 | Mudanças Laborais e Relações de Género: Novos Vetores de (des)igualdade

Perista, Heloísa e Chagas Lopes, Margarida (coords.), (1999), *A Licença de Paternidade – Um Direito Novo para a Promoção da Igualdade*, Lisboa, DEPP, CIDES.

Pfau-Effinger, Birgit (1999), "The Modernization of Family and Motherhood in Western Europe", *in* Crompton, Rosemary, *Restructuring Gender Relations and Employment – The Decline of the Male Breadwinner*, Oxford, University Press, pp: 60-79.

Pollert, Anna (1988), "Dismantling flexibility", *Capital and Class*, 34: 42-75.

Pollert, Anna (1994 [1991]), *Adiós a la Flexibilidad?*, Espanha: Ministerio de Trabajo y Seguridad Social.

Ramos dos Santos, Américo (1989), "Flexibilidade do trabalho e flexibilidade da tecnologia: conceitos, tipologias e medidas", *Estudos de Economia*, IX(3): 325-336.

Rosa, Teresa (coord.) Pegado, Elsa; Saleiro, Sandra; Gonçalves, Fortunata e Duarte, Rosa (2000), *Trabalho Precário – Perspectivas de Superação*, Lisboa, CIES, OEFP.

Rubery, Jill; Smith, Mark; Fagan, Colette (1999), *Women's Employment in Europe*, London: Routledge.

Ruivo, Margarida; Gonzalez, Maria do Pilar e Varejão, José (1998), "Why is part-time work so low in Portugal and Spain", *in* O'Reilly, Jacqueline e Fagan Colette (orgs.), *Part-time Prospects – An International Comparison of Part-time Work in Europe, North America and the Pacific Rim*, London: Routledge, pp: 199-213.

Santana, Vera e Centeno, Luís (2000), "Género e trabalho a tempo parcial: a involuntariedade feminina em Portugal", *Actas das Comunicações apresentadas ao IV Encontro Nacional de Sociologia, APS*, Oeiras: Celta Editora.

Santos, Boaventura Sousa; Reis, José; e Marques, Maria Manuel (1990), "O Estado e as transformações recentes da relação salarial", *in* Santos, Boaventura Sousa (org.), *O Estado e a Sociedade em Portugal (1974-1988)*, Porto: Edições Afrontamento, pp: 151-191.

Silva, Manuela (1983), *O Emprego das Mulheres em Portugal – A 'mão invisível' na discriminação sexual no emprego*, Porto, Edições Afrontamento.

Torres, Anália (coord.); Silva, Francisco; Monteiro, Teresa; Cabrita, Miguel (2004), *Homens e Mulheres, Entre Família e Trabalho*, DEEP/CITE, Estudos 1.

Vaz, Isabel Faria (1997), *As Formas Atípicas de Emprego e a Flexibilidade do Mercado de Trabalho*, Lisboa, Ministério para a Qualificação e para o Emprego, MQE-CICT.

Walby, Sylvia (1986), *Patriarchy at Work – Patriarchal and Capitalist Relations in Employment*, Cambridge: Polity Press.

Walby, Sylvia (1989), "Flexibility and the Changing sexual division of labour", *in* Wood, Stephen (org.), *The Transformation of Work? – Skill, Flexibility and the Labour Process*, London, Routledge, pp: 127-140.

Wall, Karin; Aboim, Sofia; Cunha, Vanessa; Vasconcelos, Pedro (2001), "Families and informal support networks in Portugal: the reproduction of inequality", *Journal of European Social Policy*, 11(3): 213-233.

ANEXOS

Anexo 1.1 – Evolução das taxas de emprego femininas e masculinas (15-64 anos) na UE-15

	1999		2005		2010	
	Mulheres	Homens	Mulheres	Homens	Mulheres	Homens
Bélgica	50,2	67,5	53,8	68,3	56,5	67,4
Dinamarca	71,6	81,2	71,9	79,8	71,1	75,8
Alemanha	57,1	72,4	60,6	71,3	66,1	76,0
Irlanda	51,2	73,6	58,3	76,9	56,0	63,9
Grécia	41,1	71,3	46,1	74,2	48,1	70,9
Espanha	38,2	69,2	51,2	75,2	52,3	64,7
França	53,5	67,5	58,4	69,2	59,9	68,3
Itália	38,1	67,1	45,3	69,9	46,1	67,7
Luxemburgo	48,5	74,4	53,7	73,3	57,2	73,1
Países-Baixos	61,3	80,3	66,4	79,9	69,3	80,0
Áustria	59,7	76,7	62,0	75,4	66,4	77,1
Portugal	59,5	75,5	61,7	73,4	61,1	70,1
Finlândia	64,6	70,2	66,5	70,3	66,9	69,4
Suécia	68,9	72,1	70,4	74,4	70,3	75,1
Reino Unido	63,9	77,0	65,8	77,7	64,6	74,5
UE-15	52,7	71,7	57,8	73,0	59,5	71,4

Fonte: EUROSTAT, LSF database; consultado em 3/10/2011
http://epp.EUROSTAT.ec.europa.eu/portal/page/portal/statistics/search_database

Anexo 1.2 – Diferença (em pontos percentuais) entre a taxa de emprego masculino e a taxa de emprego feminino (15-64 anos), em 1999 e 2010

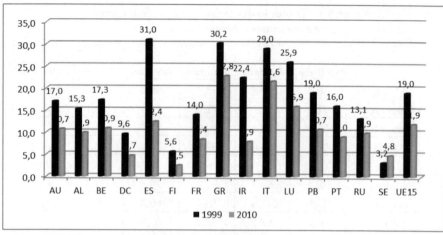

Fonte: EUROSTAT, LSF database; consultado em 3/10/2011
http://epp.EUROSTAT.ec.europa.eu/portal/page/portal/statistics/search_database
Legenda: AL-Alemanha; AU-Áustria; BE-Bélgica; DC-Dinamarca; ES-Espanha; FI-Finlândia; FR-França; GR-Grécia; IR-Irlanda; IT-Itália; LU-Luxemburgo; PB-Países-Baixos; PT-Portugal; RU-Reino Unido; SE-Suécia.

Mercado de trabalho, flexibilidade e relações de género: tendências recentes | 49

Anexo 1.3 – Taxa de emprego feminino e taxa de emprego masculino, por classe etária, em Portugal e na UE-15, em 2010

Taxa de emprego feminino

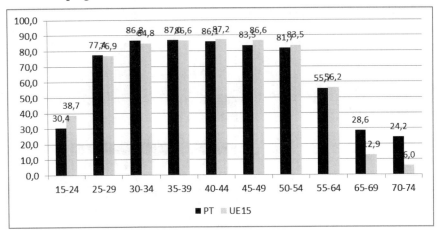

Taxa de emprego masculino

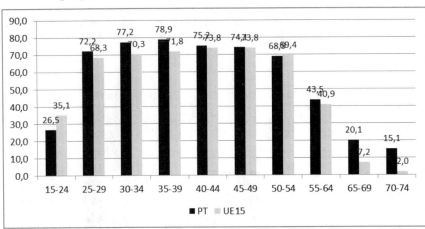

Fonte: EUROSTAT, LSF database; consultado em 2/2/2012
http://epp.EUROSTAT.ec.europa.eu/portal/page/portal/statistics/search_database

ANEXO 1. 4 – Situação na profissão, por sexo (% do emprego total), em 2010

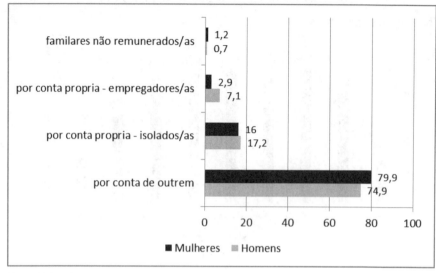

Fonte: INE (2011)

ANEXO 1. 5 – Empregados/as a tempo parcial (15-64 anos), por sexo
(% no total de cada escalão etário), em 2010

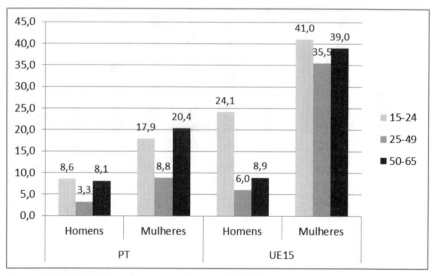

Fonte: EUROSTAT, LSF database; consultado em 3/2/2012
http://epp.EUROSTAT.ec.europa.eu/portal/page/portal/statistics/search_database

2.
A juventude e o emprego:
entre a flexibilidade e a precariedade

ILONA KOVÁCS

MARGARIDA CHAGAS LOPES

2.1. O debate sobre a transformação do emprego

Não há consenso sobre as mudanças que têm vindo a ocorrer no emprego nas últimas décadas. Confrontam-se perspetivas diferentes, nomeadamente a perspetiva tecno-liberal dominante e a perspetiva crítica. Segundo as ideias dominantes, as mudanças são originadas pelas tecnologias de informação e comunicação (TIC) e pelas regras e instituições do mercado. A competição em mercados abertos é entendida como o principal meio para uma alocação mais eficaz dos recursos e para o aumento do bem-estar geral. Nesta ótica, as TIC e a globalização ditam uma evolução universal em direção a uma sociedade de informação/conhecimento regulada pelo mercado. A liberalização dos mercados, a livre circulação dos capitais, a difusão das TIC, a internacionalização da produção, as redes criadas pelas megafusões, abrem uma nova era de prosperidade com um crescimento generalizado e benefícios para toda a gente. O predomínio do capital financeiro e dos interesses dos/ /das acionistas, segundo o discurso dominante, são fundamentais para a dinamização da economia porque, por um lado, permitem privilegiar os espaços e setores mais rendíveis, nomeadamente o setor das TIC, gerando o crescimento rápido da nova economia e, por outro lado, obrigam as empresas dos outros setores a reforma-rem-se pela aplicação das melhores práticas (Sahlman, 1999). Além disso, as TIC originam igualmente a flexibilização do trabalho, da organização e do emprego, nomeadamente "o desenvolvimento do trabalho individual independente das atividades terciárias e de novas formas de organização do trabalho conhecidas como *learning organization*, descentralização da gestão e horários flexíveis" (EC, 1995: 23). Na sociedade cognitiva, centrada na produção e intercâmbio de conhecimentos, o trabalho torna-se cada vez mais intensivo em conhecimento e requer, de cada indivíduo, o envol-vimento num processo de aprendizagem contínua. A formação constitui um dos mecanismos essenciais para permitir a adaptação dos indivíduos às exigências postas pelas TIC e melhorar a sua capacidade de emprego. Nesta perspetiva, as TIC aumentam as opções e oportunidades para todos e todas em termos de melhoria da sua empregabilidade. Anuncia-se, ao mesmo tempo, o fim do emprego. Trabalhadores e trabalhadoras deixam de ser assalaria-das e tornam-se trabalhadores e trabalhadoras empreendedoras que prestam serviços, gerem o seu trabalho, a sua formação, a sua carreira e também a sua segurança (Handy, 1984; Bridges, 1994).Segundo o discurso dominante, esta sociedade cognitiva guiada pelo mercado cria múltiplas oportunidades de trabalho com melhor qualidade e também fomenta a igualdade de opor-tunidades (EC, 1996).

Contrariamente a esta visão otimista baseada no mito das TIC, do mercado livre, da empresa privada e do indivíduo como empre-endedor, segundo as abordagens críticas a sociedade submetida à lógica do mercado e da globalização competitiva leva a elevados custos sociais, ambientais e humanos. As práticas inspiradas na ideologia dominante do livre mercado acarretam o agravamento das desigualdades sociais, desemprego maciço, precarização do emprego, degradação das condições de trabalho e alastramento da insegurança. Mesmo alguns grupos socioprofissionais até há pouco considerados como privilegiados também correm o risco da precariedade e do desemprego. As formas de emprego e as condições de trabalho prevalecentes nos países do terceiro mundo tendem a difundir-se também nos países industrialmente mais avançados em detrimento das formas de emprego e das condições de trabalho que foram consideradas como normais até aos anos 1980 (Beck, 2000, Galini, 2002) (veja-se também os capítulos 1 e 5). Outras abordagens críticas alertam para o processo de segmentação social baseado na divisão entre tipos e formas de trabalho e de emprego que pode desembocar num dualismo social que separa os e as detentoras de posições relativamente fortes no mercado de trabalho daqueles e daquelas que se encontram em situações de desemprego ou emprego precário (Reich, 1993; Castells, 1998; Castillo, 2003). Há o risco da emergência e consolidação de um *"apartheid social mundial"* baseado no conhecimento e na desigualdade entre recursos humanos, caso a utilização das tecnologias de informação e dos recursos humanos e a criação de novas formas de organização da produção sejam assentes na lógica de uma economia mundializada orientada para a competitividade (Grupo de Lisboa, 1994). A reestruturação das empresas permitida pelas TIC e estimulada pela competição global leva à difusão de uma nova organização da produção baseada na externalização e subcontratação propícias à difusão do emprego precário. Esta nova organização da produção no contexto da concorrência global condena segmentos crescentes da população ao desemprego, ao emprego instável, precariedade, e pobreza, com o risco de serem submetidos a uma espiral de fragilidade e instabilidade (Grupo de Lisboa, 1994; Harrison, 1994; Castel, 1995; Castells, 1998; Boltanski e Chiapello, 1999; Beck, 2000; Castillo, 2003, 2005; Kovács, 2002; Kovács e Chagas Lopes, 2009).

Na perspetiva crítica, a globalização na lógica da concorrência selvagem leva a um estado generalizado e permanente de insegurança que sobrecarrega a vida dos indivíduos com um grau de incerteza e ansiedade sem precedentes e tira-lhes a esperança no futuro (Bourdieu, 1998; Bauman, 2001). A insegurança não é consequência de processos inevitáveis, mas de opções políticas e estratégias de flexibilização precarizantes. A exaltação do mer-

54 | Mudanças Laborais e Relações de Género: Novos Vetores de (des)igualdade

cado, da competição, da inovação contínua e da flexibilidade como garantias para mais e melhores oportunidades para todos e todas, esconde um programa de ação que envolve a destruição e precarização de empregos, o excesso de trabalho para os/as sobreviventes das operações de *downsizing*, a degradação das condições de trabalho, a desintegração das coletividades de trabalho e o sofrimento no trabalho (Déjours, 1998; Kovács, 2002; Kovács e Casaca, 2007).

Defendemos uma perspetiva segundo a qual o agravamento das desigualdades no trabalho e nas condições de vida não resultam das TIC, mas das opções e decisões estratégicas das pessoas chave da economia global e das relações de poder entre indivíduos empenhados na defesa dos interesses ligados ao capital e aqueles/as comprometidos/as na defesa dos interesses ligados ao trabalho. As mudanças no emprego não apontam numa única direção, mas sim no sentido da heterogeneização das condições de trabalho e de emprego e da diversificação das condições e oportunidades de vida em geral. A diversidade de situações que se verifica a nível europeu no que se refere ao emprego está ligada a um conjunto de condições macroeconómicas, sociais e culturais, nomeadamente à inserção na economia global e à estrutura da atividade económica, às políticas dos governos (política económica, de emprego, de ensino e formação, entre outras), ao sistema de ensino-formação, ao tipo de estrutura institucional, de relações laborais e movimentos sociais, entre outras.

A descentralização da produção, a desagregação, a segmentação e a flexibilização do trabalho levam à crescente individualização das relações de emprego, à diversidade dos horários laborais e das condições de trabalho dentro da mesma empresa. Existe também uma grande diferenciação entre os/as trabalhadores e trabalhadoras com emprego flexível. Como os resultados de um estudo sobre as formas flexíveis de emprego (Kovács, org. *et al.*, 2005) indicam, há uma grande distância que separa trabalhadores e trabalhadoras efetivas dos/das trabalhadores e trabalhadoras com empregos instáveis. Enquanto no primeiro caso se encontram numa situação de estabilidade profissional, reforçada pela promoção e formação e têm remunerações mais elevadas, no segundo acumulam uma série de desvantagens, tais como trabalho pouco interessante e pouco adequado ao nível de escolaridade/qualificação, autonomia reduzida, remunerações baixas e incertas, falta de oportunidades de formação e de perspetivas de carreira. No entanto, estas diferenças não significam que se trate de grupos homogéneos e delimitados por fronteiras rígidas. Trabalhadores e trabalhadoras com elevada antiguidade e vínculo estável podem ter uma posição frágil no mercado de trabalho devido ao seu baixo nível de escolaridade/ /qualificação. Os trabalhadores e as trabalhadoras em situação de emprego flexível podem seguir trajetórias de flexibilidade diferentes. Podemos encontrar trabalhadores e trabalhadoras com uma forte posição no mercado de trabalho (detentoras de qualificações muito procuradas e competências muito valorizadas pelas entidades empregadoras), apesar da instabilidade e do carácter temporário das suas relações de emprego.

Os bons empregos são escassos e o aumento das oportunidades para todos/as não passa de uma ilusão da perspetiva tecno-liberal, desmentida pela realidade do mundo do trabalho. A situação no emprego, num contexto onde o bom emprego tende a tornar-se num bem escasso, tem consequências individuais e sociais múltiplas, não apenas em termos de nível de consumo e qualidade de vida, perspetivas de vida futuras, segurança social e acesso a atividades coletivas, mas igualmente em termos de capacidade de ação e intervenção individual e coletiva, nomeadamente para a defesa de interesses. As possibilidades de desenvolvimento de competências e, por conseguinte, as perspetivas de empregabilidade e de vida são muito diferenciadas, de acordo com as situações face ao emprego, cujas variáveis centrais são os níveis de formação/qualificação exigidos e o grau de estabilidade do emprego (Kovács, 2002).

2.2. A desregulação do mercado de trabalho

Existe hoje um grande consenso em torno da tese segundo a qual o regime de emprego, até há pouco dominante, está em crise. Este regime, ligado a um mercado de trabalho regulado, a relações laborais equilibradas e ao Estado-providência, é centrado no emprego seguro e regular efetuado a tempo integral numa determinada empresa com base num vínculo contratual estável e num compromisso de longo prazo entre empregador ou empregadora e empregado ou empregada. Porém, há um conjunto de mudanças que nas últimas décadas têm vindo a pressionar a desregulação do mercado de trabalho pondo em questão o respetivo modelo de emprego. Entre estas mudanças têm particular importância a crescente globalização da economia com a preponderância do capital financeiro, a intensificação da competição e a reestruturação das empresas na lógica da racionalização flexível (Grupo de Lisboa, 1994; Castel, 1995; Bourdieu, 1998; Castells, 1998; Beck, 2000; Kovács, 2002; Castillo, 2003, 2005). Estas mudanças não são inevitáveis, mas são promovidas pela política económica neoliberal e facilitadas pela difusão das TIC, pelo enfraquecimento dos sindicatos e, por conseguinte, pelo desequilíbrio da relação de forças no mercado de trabalho e nas relações laborais (veja-se o capítulo 5). Nas condições económicas atuais caracterizadas pela hegemonia e liberalização dos mercados financeiros, intensificação da circulação dos capitais financeiros e multiplicação dos comportamentos especulativos, a rendibilidade dos capitais a curto prazo torna-se preponderante. As taxas de rendibilidade máximas exigidas às empresas, os investimentos internacionais e a pressão dos investidores interessados em resultados a curto prazo pressionam a minimização dos custos do trabalho e a maximização da sua eficácia produtiva (Sennett, 2007). Ao mesmo tempo, a instabilidade do mercado requer flexibilidade por parte das empresas para se adaptarem às flutuações da procura. E é precisamente a maior liberdade na busca constante da redução dos custos ligados ao trabalho a principal razão dos processos de redução do emprego (*downsizing*), da crescente utilização de formas flexíveis e frequentemente precárias de emprego, da deslocalização de atividades e, também, da procura de mão-de-obra imigrante.

A flexibilidade dos *inputs* do trabalho é apresentada pelos/pelas defensoras da desregulação do mercado de trabalho como uma imposição do contexto económico que exige uma adaptação rápida das empresas às flutuações da procura dos produtos e serviços. Por conseguinte, a desregulação do mercado de trabalho (mudanças na legislação laboral, limitação do poder dos sindicatos, eliminação do salário mínimo, etc.) legitima-se como a via que permite a utilização do trabalho adequada às condições de competição intensa, incerteza e instabilidade dos mercados. A fragilização ou a remoção das instituições de regulação do mercado de trabalho significa que as empresas têm uma maior liberdade de ação no uso do trabalho para serem mais competitivas por via da redução de custos e do aumento da flexibilidade, tanto quantitativa como qualitativa. A flexibilidade do mercado de trabalho foi declarada como um dos principais meios para promover o crescimento da economia e do emprego. As políticas de mercado de trabalho que prevalecem nos diversos países da União Europeia inscrevem-se largamente nesta lógica neoliberal; porém, são apresentadas não como resultados de uma opção política deliberada mas como uma inevitabilidade imposta pelas TIC e pelo mercado.

Os críticos e as críticas dessa opção mostram que a liberalização, a privatização e a desregulação são as principais causas da deterioração do emprego, das condições de trabalho e dos salários. Diversos estudos denunciam as consequências negativas da flexibilização do mercado de trabalho, nomeadamente o aumento do desemprego, do emprego "atípico" ou flexível e da precariedade, bem como da desigualdade entre trabalhadores e trabalhadoras com uma relação de emprego de longa duração (trabalhadores e trabalhadoras do núcleo duro) e uma força de trabalho periférica fluida que pode ser contratada, despedida, externalizada, de acordo com as necessidades de adaptação ao mercado por parte das empresas (Castel, 1995; Castells, 1998; Boltansky e Chiapello,

1999; Castillo, 2003). Uma parte substancial das formas flexíveis de emprego é precária por se tratar de emprego inseguro, mal pago, pouco reconhecido implicando a restrição dos direitos sociais e também a falta de acesso a formação e ausência de perspetivas de evolução profissional (Boyer, 1998; Castells, 1998; Paugam, 2000; Cerdeira, org., *et al.*, 2000; Kovács, 2002, 2005; Pochic, Paugam e Selz, 2003). Ao mesmo tempo, a reestruturação do *welfare* numa orientação *workfare*[1], aumenta o risco de insegurança para aqueles e aquelas que não têm fontes de rendimento alternativas.

Contrariando as teses neoliberais, que defendem a necessidade de promover a desregulação do mercado de trabalho e o desmantelamento do *welfare state* como vias para a dinamização económica e para o pleno emprego, vários estudos mostram que os países inseridos no modelo social-democrata ou nórdico, com um regime de *welfare* de tipo universalista (países escandinavos e Países-Baixos) e com sindicatos fortes, apresentam melhores indicadores de mercado de trabalho (taxas de emprego relativamente elevadas, taxas de emprego atípico relativamente menores) proporcionando ao mesmo tempo eficiência e equidade (Madsen, 1999; Hall e Soskice, 2001; Schmid e Gazier, 2002; Sapir, 2005). Nestes países, a flexibilização do trabalho constitui objeto de negociação. Por sua vez, nos países com uma desregulação parcial ou limitada do mercado de trabalho, existem maiores taxas de desemprego e de emprego atípico, que atingem precisamente os grupos mais vulneráveis entre os quais se encontram as mulheres (v. capítulo 1) e os/as jovens, sobretudo os/as menos qualificados/as. A desregulação é parcial e limitada por deixar praticamente inalterados os direitos dos trabalhadores e trabalhadoras nucleares mais qualificadas, ao mesmo tempo que dificulta o acesso dos/das jovens a esses mesmos direitos (López, Calle e Castillo 2004: 12). Esse tipo de desregulação caracteriza os países mediterrânicos, nomeada-

---

[1] Redução da proteção social, menos regulação dos padrões de trabalho (rejeição do salário mínimo), promoção dos incentivos para trabalhar, aumento de diferenças salariais.

mente Portugal e Espanha (Esping-Andersen e Regini, 2000; Auer, 2005, 2007; Barbieri, 2007). Por sua vez, o modelo continental de *welfare* proporciona menos prestações sociais ligadas ao trabalho quando comparado com o modelo social-democrata, mas promove uma maior desmercantilização do trabalho do que os regimes liberais caracterizados por elevadas taxas de pobreza (Boeri, 2005).

Do ponto de vista da melhor *performance* do mercado de trabalho, seria desejável a difusão de práticas inseridas no modelo social-democrata ou nórdico. No entanto, enquanto alguns autores e autoras salientam a diversidade dos modelos, outros e outras apontam a convergência entre os diversos países europeus em torno do modelo neoliberal, devido à forte pressão exercida pelo contexto internacional marcado pela predominância da ideologia e práticas neoliberais. Esta tendência significa demolir o *welfare state* e apagar os traços particulares que tornaram a Europa diferente dos Estados Unidos da América, ou seja, a cidadania económica e social e um espaço público forte. A flexibilização e a desregulação como receitas para aumentar a competitividade europeia conduzem à erosão de normas e valores que sustentaram o Modelo Social Europeu e ao agravamento da crise do emprego manifesta no acréscimo do desemprego e do emprego precário (Vos, 2005; Wickham, 2005).

2.3. A frágil posição da juventude no mercado de trabalho

As situações de precariedade laboral e a desregulamentação generalizada que para elas contribui não afetam da mesma forma as classes trabalhadoras dos diferentes países ou mesmo o conjunto dos trabalhadores e das trabalhadoras de uma dada economia. A nível global, as comparações entre estatutos e condições de trabalho de trabalhadores e trabalhadoras detentoras de qualificações e competências equivalentes, intervindo em países com idênticos níveis de desenvolvimento, mostram claramente o reforçar do que temos designado por nova forma de troca desigual, bem evidente em indicadores chave como os produzidos pela Organização Internacional do Trabalho (Chagas Lopes, 2011; ILO, 2009).

Também os processos de segmentação interna dos mercados de trabalho têm vindo a ser objeto de análise e identificação como áreas prioritárias de intervenção das políticas de emprego, ainda mais coartadas agora na sua capacidade de intervenção eficaz pelos constrangimentos da atual crise.

Aliás, esta situação de dupla desigualdade – global e interna – reúne todas as condições para se autoalimentar, como de resto tem vindo a suceder: na ausência de políticas de inovação e desenvolvimento suficientemente capazes de promover o *upskilling* dos tecidos económicos em economias de mais baixa produtividade, a grande resultante tem sido a emigração dos mais qualificados e das mais qualificadas. Segundo o Banco Mundial, estima-se em 10% a percentagem de diplomados e diplomadas portuguesas com o Ensino Superior que emigram (Observatório da Emigração, 2010). A este respeito, Jorge Malheiros refere-se a uma "diversificação nos perfis [de emigração], mais jovens, mais mulheres, mais qualificados..." (Malheiros, 2011: 140).

Incapazes de encontrar um emprego correspondente ao seu nível de conhecimentos e expetativas, ou em processo de desmotivação pelo acumular de situações de *job mismatch*, os portadores e as portadoras de mais altas qualificações procuram as sociedades em que sabem poder empregar e desenvolver as suas competências e vê-las ser objeto de uma retribuição menos injusta (Baskaran e Hessami, 2010).

Ora é esta, precisamente, uma das dimensões críticas que atualmente mais marca as limitadas oportunidades dos/das jovens perante o mercado de trabalho. No entanto, em sociedades como a portuguesa um conjunto de outros fatores chave têm vindo a conjugar-se para fazer deste estrato populacional um dos principais grupos vítimas da desregulamentação e da precariedade laboral, como passaremos seguidamente em revista.

2.3.1. As "razões" da educação e formação

As abordagens clássicas da relação entre os níveis individuais de educação e aprendizagem e a sua correspondência em termos laborais remontam, como é sabido, às teorias do investimento em capital humano. Num contexto macroeconómico caracterizado pela relativa estabilidade do após Segunda Guerra eram perfeitamente plausíveis as hipóteses de fácil e imediata empregabilidade das pessoas qualificadas, de perfeita correspondência entre qualificações oferecidas e procuradas, de continuidade das trajetórias de emprego em ciclo de vida, entre outras. Quando, a partir dos anos 1970, as crises do capitalismo vieram a impor o primado do papel da procura de mão de obra, a recorrência dos processos de desemprego e mobilidade entre empregos e, desde logo, a dificuldade crescente de inserção laboral – cada vez mais reconhecida como um processo no tempo, em vez de um momento discreto – foi-se abrindo caminho para outras abordagens mais favoráveis à descontinuidade e contingência das histórias de trabalho e vida, como as teorias dos ciclos de vida.

No entanto, quer a conceção *mainstream* quer os contributos alternativos coincidem em sublinhar um aspeto fundamental: o da importância de a constituição e acumulação do "capital humano" se fazerem desde tão cedo quanto possível e abarcarem uma formação suficientemente extensa e robusta, previamente à inserção no mercado de trabalho. Com efeito, ao fazerem depender o nível salarial de referência, a par de outras condições de estatuto do trabalho, do nível de escolaridade atingido[2], uma formação inicial mais completa e bem sucedida proporcionaria, em princípio, melhores condições de entrada no mercado de trabalho, numa idade em que tanto os custos de oportunidade dos estudos ten-

---

[2] Mais recentemente tende a substituir-se o nível de escolaridade, ou mesmo o número de anos de escolaridade, por indicadores das aquisições efetivas de conhecimentos, traduzidas designadamente, pelos indicadores de desempenho do *Program for International Student Assessment* (PISA), como em Hanushek e Woessman (2010), por exemplo.

dem a ser mais baixos como mais longo se afigura o tempo "de recuperação do investimento", até à reforma.

Ora, em Portugal assistimos ainda a níveis bastante elevados de abandono e saída precoces da escola. A Figura 2.1. mostra-nos a situação do país, em 2010, no que respeita ao peso dos/das jovens de 18 a 24 anos detendo no máximo a escolaridade obrigatória (9ºano) e que não continuaram em educação ou formação:

FIGURA 2.1 – Abandono precoce da educação e formação, por sexo (2010, %)

	AL	AU	BE	BU	CH	DC	ES	EST	FI	FR	GR	HU	IR	IT	LE	LI	LU	MT	PB	PT	PO	RC	RO	RU	SE	SLA	SLE
Total	11,9	8,3	11,9	13,9	12,6	10,7	28,4	11,6	10,3	12,8	13,7	10,5	10,5	18,8	13,3	8,1	7,1	36,9	10,1	28,7	5,4	4,9	18,4	14,9	9,7	4,7	5
Homens	12,7	8,4	13,8	13,2	16,2	13,6	33,5	15,2	11,6	15,4	16,5	11,5	12,6	22	17,2	9,9	8	41	12,2	32,7	7,2	4,9	18,6	15,8	10,9	4,6	6,4
Mulheres	11	8,2	10	14,5	9,8	7,5	28,1	8	9	10,3	10,8	9,5	8,4	15,4	9,4	6,2	6	32,4	7,9	24,6	3,5	4,9	18,2	14	8,5	4,9	3,3

Fonte: OECD (2011), *Education at a Glance*; acedido em 01/02/12
http://www.oecd.org/document/2/0,3746,en_2649_37455_48634114_1_1_1_37455,00.html
Legenda: AL-Alemanha; AU-Áustria; BE-Bélgica; BU-Bulgária; CH-Chipre; DC-Dinamarca; ES-Espanha; EST-Estónia; FI-Finlândia; FR-França; GR-Grécia; HU-Hungria; IR-Irlanda; IT-Itália; LE-Letónia; LI-Lituânia; LU-Luxemburgo; MT-Malta; PO-Polónia; PB-Países-Baixos; PT-Portugal; RU-Reino Unido; RC-República Checa; RO-Roménia; SE-Suécia; SLA-Eslováquia; SLE-Eslovénia.

A leitura da Figura revela-nos dois aspetos essenciais: por um lado, e apesar dos progressos já verificados, o nosso país apenas é ultrapassado por Malta nos maus resultados e, juntamente com Espanha, integra o subconjunto de Estados-membros de pior desempenho absoluto face a este indicador, em 2010; por outro, o desempenho das raparigas é bastante melhor do que o dos seus parceiros masculinos, como sucede em praticamente todos os casos, mas verificando-se entre nós – como em Espanha e Malta – um desvio que lhes é particularmente favorável.

Este último aspeto, indiciador dos melhores resultados globais que as raparigas e mulheres jovens apresentam em termos educativos e de progressão nos estudos, precisará no entanto de ser a par e passo confrontado com os indicadores de inserção laboral e subsequentes trajetórias de trabalho e emprego. Com efeito, só assim se pode pretender dar resposta à questão sobre o papel da educação nas condições de trabalho e emprego, por sexos. Retornaremos a esta questão mais adiante.

A conclusão importante é que, em termos europeus, uma percentagem muito significativa de jovens portugueses e portuguesas se caracteriza ainda por uma grande debilidade de qualificações de base, o que não deixa de ter reflexos significativos nas condições de trabalho com que – eventualmente – se deparam.

Perante as deficiências que caracterizam a formação inicial de mais de um quarto dos jovens portugueses e das jovens portuguesas, importa analisar em que medida poderão elas ser compensadas pelas várias formas de aprendizagem ao longo da vida (ALV) que se lhes oferecem e que, tendencialmente, poderiam compensar as lacunas da formação de base. Com efeito, ao proporem a modelização dinâmica das condições de acumulação do conhecimento individual, as teorias dos ciclos de vida admitem o regresso à escola, ou a modalidades de aprendizagem não formal, como veículos fundamentais de reforço de qualificações e competências, com importância óbvia para as situações perante o trabalho e o emprego. O modelo de Willis (1986) ilustra claramente aquelas relações:

$$\frac{dK}{dt} = K_0\, h\Sigma_{i=1}^{n}\, K_i - \delta\Sigma_{j=1}^{k}\, K_j$$

em que dk/dt representa a acumulação individual de conhecimentos e competências ao longo do tempo, K_0 os resultados da escolaridade inicial, $\Sigma_{i=1}^{n}\, K_i$ a combinação das aquisições de conhecimentos através de outras formas de aprendizagem, v.g. ALV, com a experiência profissional obtida nos sucessivos i empregos, potenciadas por h ($0 \leq h \leq 1$) e $\Sigma_{j=1}^{k}\, K_j$ a depreciação do "capital humano" durante os j períodos de desemprego ou inatividade, à taxa de obsolescência δ.

Uma extensão óbvia do modelo permite desagregar $h\Sigma_{i=1}^{n} K_i$ em duas componentes:

$h_u u\Sigma_{u=1}^{k} K_u$ que representa os programas de educação e formação frequentados para além da escolaridade inicial, eventualmente associados a estágios ou outras ocupações transitórias, anteriores a um primeiro emprego

$h_v V\Sigma_{v=1}^{n} K_v$ relativa à experiência profissional adquirida nos sucessivos empregos subsequentes.

Ora, é precisamente aquela primeira componente, $h_u u\Sigma_{u=1}^{k} K_u$ que merece agora a nossa atenção. Interessa-nos, com efeito, analisar a frequência de outros programas de educação formal, não formal, aprendizagens informais e outras formas de ALV que, de alguma forma, possam contribuir para reforçar a debilidade dos conhecimentos e competências resultantes de percursos escolares precocemente interrompidos.

De acordo com a base de dados do *Inquérito à Educação e Formação de Adultos 2007* (INE, 2009), podemos constatar que a participação em ALV por parte de jovens dos 18 aos 34 anos que tinham abandonado previamente o grau de escolaridade frequentado se mantém em níveis modestos de execução: 20,6% (19,9% para as raparigas) para atividades de educação não formal, 34,6% (36,5% para as raparigas) para aprendizagens informais e 27,3% (27,1% para as raparigas) para outras atividades de ALV. De notar que, à exceção da educação não formal, a participação feminina é sempre inferior à masculina, ao contrário do que se verifica na educação inicial. Este facto encontra justificação, pelo menos parcialmente, na falta de tempo devido às responsabilidades familiares e na ausência de apoio da família, aspetos que as mulheres indicam como principais obstáculos à educação e formação, no Inquérito acima referido.

Mas consideremos outros aspetos que caracterizam a difícil situação económica e social que hoje em dia conhecem os jovens portugueses e as jovens portuguesas na transição para a vida adulta.

2.3.2. *Uma adolescência mais longa mas não mais fácil...*

Um dos traços mais característicos da vivência juvenil nos nossos dias consiste no adiar dos projetos pessoais, entre os quais o de se instalar em casa própria. Com efeito, a tendência para adiar a saída de casa da família de origem revela-se de forma generalizada no conjunto dos países da União Europeia, com exceções mais significativas na Alemanha, Estónia, França, Países-Baixos, Finlândia e Reino Unido.

É interessante notar que a saída das raparigas se faz sempre em idades mais jovens do que as dos rapazes, significando não só o facto de elas assumirem mais cedo responsabilidades familiares mas também o de que acedem mais rapidamente à capacidade de vida independente e autónoma. Muito provavelmente, também, porque são mais bem sucedidas nos estudos, sobretudo a nível superior.

Como se sabe, uma das principais razões do adiamento da saída de casa da família de origem tem a ver com as dificuldades de inserção no mercado de trabalho, em condições que consideraremos mais detalhadamente num dos pontos seguintes. A vida em economia de meios com as mães, os pais e/ou outros adultos e adultas com a situação de trabalho já organizada afigura-se, portanto, a única alternativa que se oferece frequentemente aos jovens e às jovens adultas. No entanto, a falta de um emprego não constitui a única razão para que tal se verifique, sendo frequente que a existência de um trabalho temporário conduza a um mesmo tipo de solução. Com efeito, em 2008, mais de 35% dos/das jovens da União Europeia a 27, a viver em casa da família de origem, tinha um trabalho temporário. E num conjunto de seis Estados-

-membros (Portugal, França, Polónia, Suécia, Espanha e Finlândia) aquela percentagem ultrapassava mesmo os 50%, naquele mesmo ano (Choroszewicz e Wolff, 2010). No entanto, viver em casa da família não significa necessariamente gozar de uma situação económica desafogada. Com efeito, se considerarmos a percentagem de jovens com idade entre 18 e 34 anos em risco de pobreza, encontrávamos para a UE-27, em 2008, um valor médio de 15,7%, valor que descia para 13,2% para o subconjunto dos/das que vivem em casa da família de origem. No entanto, em Estados-membros como a Espanha, a Estónia, a Letónia, a Lituânia e a Polónia, o risco de pobreza destes jovens e destas jovens aumenta quando vivem em casa dos pais, e em Portugal, assim como na Bélgica e em França, o risco é praticamente idêntico (Choroszevicz e Wolff, 2010).

Ainda segundo os dados do EUROSTAT (EC, 2009), das famílias jovens europeias cujos membros tinham no máximo 30 anos, cerca de 10% revelavam, em 2007, dificuldade em aceder a uma refeição de peixe ou carne a cada dois dias e cerca de um terço não tinha possibilidades de passar uma semana de férias, por ano, fora de casa.

As trajetórias de encaminhamento para a idade adulta que se oferecem aos jovens e às jovens europeias são múltiplas e diversificadas. No que respeita à transição da escola, ou universidade, para o mercado de trabalho, essa diversidade traduz-se em percursos lineares escola-emprego (cada vez menos frequentes), combinação de estudo com trabalho a tempo parcial e, muitas vezes, com a procura de emprego, saída do sistema de ensino para a inatividade com procura de emprego, entre outras possibilidades. Segundo o EUROSTAT, cerca de 20% dos jovens e das jovens europeias de 18 anos e 16% dos/das de 24 combinavam, em 2007, trabalho e estudo (EC, 2009).

É, com efeito, no escalão etário dos 18 aos 24 anos que as principais transições se verificam: assim, em 2007, enquanto 59% dos/das jovens de 18 anos se encontravam exclusivamente em educação ou formação e apenas 13% exerciam uma atividade económica, pelos 24 anos a situação era praticamente a inversa (EC, 2009).

Importa, então, considerar as principais dificuldades que se colocam aos jovens e às jovens na sua primeira fase de relacionamento com o mercado de trabalho.

2.3.3. *O acesso dos/das jovens ao mercado de trabalho*

Os diversos estudos que numa perspetiva crítica abordam a transformação do mercado de trabalho das últimas décadas e as suas implicações no emprego apontam para o aumento do desemprego, da precariedade e da insegurança no emprego, com uma grande incidência nos jovens e nas jovens, nas mulheres (v. capítulo 1), nas pessoas menos qualificadas e também nas pessoas mais idosas (v. capítulo 3). A criação de novos empregos na sua maioria flexíveis, tais como o emprego de duração temporária e o trabalho a tempo parcial, incide principalmente no setor dos serviços com baixa qualificação e com baixo nível de produtividade e estes empregos tendem a ser ocupados, principalmente, por mulheres, jovens e pessoas menos qualificadas. Alguns estudos têm vindo a demonstrar que os jovens e as jovens que entraram no mercado de trabalho, sobretudo desde os anos 1990, estão mais expostas às implicações negativas da flexibilização do mercado trabalho do que as gerações anteriores (Auer e Cazes, 2000). Abordagens críticas têm vindo a denunciar a degradação da situação do emprego das pessoas jovens manifesta na inserção precária no mercado de trabalho, na dificuldade em aceder ao emprego mais estável e, por conseguinte, no bloqueio da ascensão social. Este processo de degradação leva à acentuação das desigualdades entre jovens e pessoas adultas, fazendo dos primeiros vítimas das transformações do emprego (Joint-Lambert, 2000; Golsch, 2003). A segmentação do mercado de trabalho acarreta o surgimento de "mercado de trabalho jovem" e "mercado de trabalho adulto" separados ou com fronteiras pouco definidas (Ashton e Marguire, 1983; Furlong, 1990; Blanchflower e Freeman, 2000).

Passemos então à caracterização da relação dos/das jovens com o trabalho e o emprego, servindo-nos para tal da informação estatística relevante. De uma maneira geral, como se pode observar na Figura 2.2 a taxa de desemprego dos/das jovens tende a ser sempre mais elevada do que a das pessoas adultas, tendência que a presente crise só tem vindo a reforçar, como nos mostra o gráfico seguinte relativo aos Estados-membros da União Europeia com maiores taxas de desemprego para 2010:

FIGURA 2.2 – Taxa de desemprego global e de jovens com menos de 25 anos em alguns Estados-membros da União Europeia (2010)

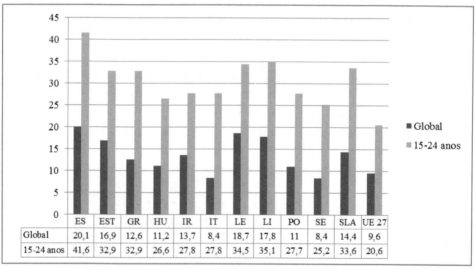

Fonte: EUROSTAT (2011), *Labor Force Survey*; acedido em 01/02/12
http://epp.eurostat.ec.europa.eu/portal/page/portal/employment_unemployment_lfs/introduction
Legenda: ES-Espanha; EST-Estónia; GR-Grécia; HU-Hungria; IR-Irlanda; IT-Itália; LE-Letónia; LI-Lituânia;; PO-Polónia; SE-Suécia; SLA-Eslováquia.

Considerando de novo apenas os Estados-membros com mais elevadas taxas de desemprego jovem (menos de 25 anos), podemos observar (Figura 2.3) mais detalhadamente a sua evolução temporal de modo a tentar identificar os impactos da crise mundial:

A juventude e o emprego: entre a flexibilidade e a precariedade | 69

FIGURA 2.3 – Evolução da taxa de desemprego dos jovens e das jovens, 2006-2010

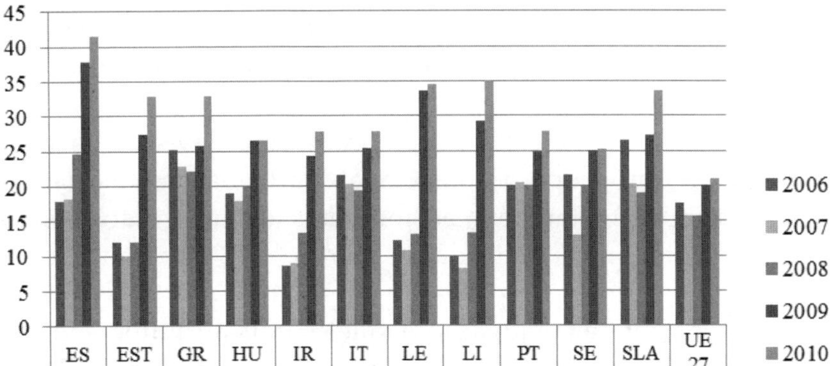

	ES	EST	GR	HU	IR	IT	LE	LI	PT	SE	SLA	UE 27
2006	17,9	12	25,2	19,1	8,6	21,6	12,2	9,8	20,1	21,5	26,6	17,5
2007	18,2	10	22,9	18	8,9	20,3	10,7	8,2	20,4	12,9	20,3	15,7
2008	24,6	12	22,1	19,9	13,3	19,3	13,1	13,4	20,2	20,2	19	15,8
2009	37,8	27,5	25,8	26,5	24,4	25,4	33,6	29,2	24,8	25	27,3	20,1
2010	41,6	32,9	32,9	26,6	27,8	27,8	34,5	35,1	27,7	25,2	33,6	21,1

Fonte: EUROSTAT (2011), *Labor Force Survey*; acedido em 01/02/12
http://epp.eurostat.ec.europa.eu/portal/page/portal/employment_unemployment_lfs/introduction
Nota: seleção de Estados-membros da União Europeia com valores da taxa de desemprego jovem acima da média.
Legenda: SLA-Eslováquia; ES-Espanha; EST-Estónia; GR-Grécia; HU-Hungria; IR-Irlanda; IT-Itália; LE-Letónia; LI- Lituânia; PT-Portugal; SE-Suécia.

Como se torna evidente a partir da Figura 2.3, os anos de 2007 e 2008 tinham sido caracterizados por uma diminuição da taxa de desemprego jovem na maioria dos Estados-membros considerados. Este facto traduzia alguma recuperação da situação deste grupo populacional relativamente ao acesso ao emprego após os esforços de ajustamento ao Euro, nalguns casos, em virtude dos programas de ajuda comunitária, nos outros. No entanto, os efeitos da crise mundial vieram a revelar-se implacáveis: a partir de 2008 para a Espanha, mercê dos efeitos da "bolha" imobiliária que ali iniciou o processo recessivo, abertamente para os restantes Estados-membros em 2009, ainda com destaque especial para a Espanha, que superou o nível dos 40%, mas também Irlanda, Eslováquia e os Estados Bálticos. Também a OCDE ilustra bem os efeitos da crise sobre a evolução do desemprego das pessoas jovens entre dois trimestres homólogos de 2008 e 2010 (v. Anexo 2.1)

Por outro lado, e como já referimos, se os jovens e as jovens constituem um grupo populacional particularmente marcado pelo desemprego, também as mulheres o têm vindo a sofrer especialmente, quer à entrada do mercado de trabalho quer em situações posteriores de perda de emprego. Importa, assim, que analisemos agora a conjugação daqueles dois atributos – idade e sexo – e estudemos de que forma a evolução recente do desemprego tem vindo a afetar estes dois subgrupos populacionais no conjunto dos Estados-membros mais marcados pelo desemprego jovem.

Os dados de que nos servimos para construir a Figura 2.4 respeitam às taxas de desemprego harmonizadas na sua evolução durante o primeiro semestre de 2011, indicadores particularmente adequados para retratar as mudanças finas de tendência que ocorrem nos pequenos períodos. A análise da Figura revela-nos que as jovens contam em geral menos para o desemprego do que os jovens. A principal razão por detrás deste facto radica na maior frequência de raparigas em estudos mais avançados e no Ensino Superior. Mas um conjunto de países nos quais o nosso se inclui apresenta, no entanto, valores mais elevados para a taxa de desemprego das mulheres jovens do que para a correspondente masculina. Ao contrário da situação portuguesa onde aquela taxa de desemprego tem estado a diminuir ao longo do período considerado, em sete dos Estados-membros considerados a taxa de desemprego das jovens tem vindo a agravar-se sistematicamente, tendo ultrapassado os 50% na Grécia em Junho de 2011.

FIGURA 2.4 – Taxa de desemprego harmonizada das pessoas jovens (15 a 24 anos), por sexo, 2010-M12 2011-M06

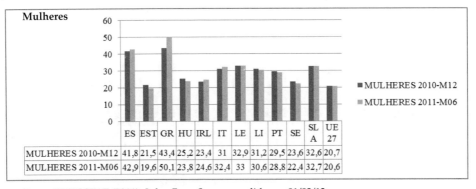

Fonte: EUROSTAT (2011), *Labor Force Survey*; acedido em 01/02/12
http://epp.eurostat.ec.europa.eu/portal/page/portal/employment_unemployment_
Nota: seleção de Estados-membros da União Europeia com valores da taxa de desemprego jovem acima da média.
Legenda: ES-Espanha; EST-Estónia; GR-Grécia; HU-Hungria; IR-Irlanda; IT-Itália; LE-Letónia; LI- Lituânia; PT-Portugal; SE-Suécia; SLA-Eslováquia.

Duas questões se impõem, entretanto, nesta fase da análise:

Até que ponto o melhor desempenho escolar que, como regra, as mulheres apresentam na educação e formação inicial, as beneficia de facto no processo de inserção laboral? De que forma uma escolaridade inicial mais completa pode contribuir para a diminuição do desemprego das pessoas jovens?

Passemos então a considerar a informação relativa aos efeitos da escolaridade inicial sobre o emprego e desemprego dos/das jovens.

FIGURA 2.5 – Taxa de desemprego harmonizada de jovens (15-24 anos), por nível de escolaridade e sexo (2010:2), na UE27

Homens

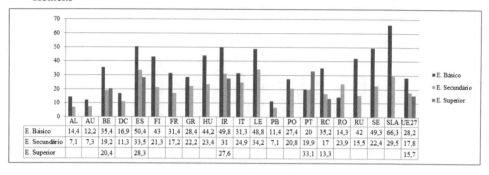

Mulheres

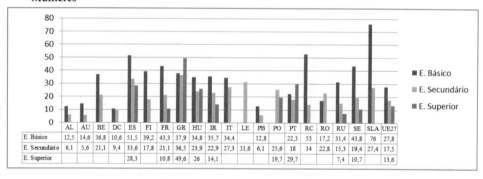

Fonte: EUROSTAT (2011), *Labor Force Survey*; acedido em 01/02/12
http://epp.eurostat.ec.europa.eu/portal/page/portal/employment_unemployment_
Nota: Não foi tratada informação considerada não fiável (*unreliable*) pela base de dados.
Legenda: AL-Alemanha; AU-Áustria; BE-Bélgica; DC-Dinamarca; ES-Espanha; FI-Finlândia; FR-França; GR-Grécia; HU-Hungria; IR-Irlanda; IT-Itália; LE-Letónia; PB-Países-Baixos; PO-Polónia; PT-Portugal; RU-Reino Unido; RC-República Checa; RO-Roménia; SE-Suécia; SLA-Eslováquia.

O EUROSTAT sublinha as limitações da informação estatística obtida por cruzamento das variáveis que integram a Figura 2.5, muito especialmente no que respeita ao Ensino Superior. Com efeito, não só não existe informação de base em vários Estados-membros como, em muitos outros casos, aquela base de dados considera-a como sendo não fiável, situações que acabámos por não considerar.

No escalão etário dos 15 aos 24 anos tende a ocorrer o processo de inserção laboral para quase todos os tipos de trajetórias de transição escola-mercado de trabalho. Mesmo os diplomados e as diplomadas pelo Ensino Superior tenderão maioritariamente a realizar aquele processo neste intervalo de idades, agora que, com a Carta de Bolonha, se encurtaram significativamente os primeiros ciclos universitários. É, portanto, a fase da inserção laboral que se encontra aqui retratada.

Ora, apesar das restrições de informação acima referidas, pode facilmente constatar-se na na Figura 2.5 que, à exceção da Roménia, em todos os Estados-membros se verifica um prémio de empregabilidade muito significativo com a passagem do Ensino Básico para o Ensino Secundário. O valor médio do prémio, que no conjunto UE-27, em 2010, se situava próximo dos 10%, era especialmente significativo na Eslováquia, mas também na Finlândia, França, República Checa, Suécia, Hungria, Irlanda e Espanha, tanto para os homens como para as mulheres. Em países como a Eslováquia, França, República Checa e, em muito menor grau, Portugal, a diminuição da probabilidade de desemprego associada àquela progressão de estudos revelava-se mais elevada para as mulheres do que para os homens. No entanto, tal não sucedia nos restantes casos.

Para o pequeno número de Estados-membros com informação válida para o desemprego dos licenciados e licenciadas constatava-se, em geral, que deter uma licenciatura fazia diminuir a probabilidade de desemprego – relativamente ao Ensino Secundário – na Espanha, Irlanda e Reino Unido, no caso dos homens, e naqueles mesmos países mas também na França, Polónia e Suécia, relativamente às mulheres. Duas situações merecem destaque pelo facto de se revelarem totalmente *a contrario* no que respeita às tendências acima descritas: tanto Portugal como a Grécia viam, naquele ano e no escalão dos 15 aos 24 anos, aumentar significativamente a taxa de desemprego com a passagem do Ensino Secundário para o Ensino Superior. Este resultado, apesar de tudo menos desfavorável para as jovens portuguesas do que para os jovens em

74 | Mudanças Laborais e Relações de Género: Novos Vetores de (des)igualdade

igualdade de circunstâncias, atesta uma vez mais a incapacidade do nosso país (e da Grécia) absorver as mais altas qualificações de que tanto necessita para o seu processo de desenvolvimento, incapacidade que a crise atual só veio ampliar.

Não pode, portanto, afirmar-se que uma mais sólida escolaridade inicial esteja a produzir efeitos significativos na melhoria da inserção laboral dos jovens e das jovens portuguesas, especialmente no que se refere aos/às que detêm uma licenciatura. De resto, segundo o Inquérito ao Emprego, os licenciados e licenciadas portuguesas contribuíam já em 2010 para cerca de 9,8% do desemprego de longa duração (INE, 2010), sabendo-se que eram os/as jovens que mais contribuíam para esta situação.

2.3.4. *As características de emprego dos/das jovens*

A taxa de participação no mercado de trabalho tende a aumentar com a idade. No entanto, não existe um padrão definido para a taxa de participação jovem: se nos países do Norte da Europa, como a Dinamarca, Reino Unido, Irlanda, Suécia e Finlândia, encontramos taxas elevadas de participação da população jovem, também Áustria, Espanha e Malta as exibem. Em qualquer dos escalões etários se verifica, entretanto, ser a taxa de participação dos homens superior à das mulheres.

A proporção da população empregada é substancialmente menor no grupo dos 15 aos 24 anos do que no da população adulta (mais de 25 anos). Este resultado não surpreende, uma vez que o primeiro grupo etário é constituído por jovens ainda em fase de formação inicial, na sua maioria, sendo particularmente difícil em alguns países a conciliação trabalho-estudo.

Verificam-se, no entanto, situações muito distintas na União Europeia, com os países do Norte e, em especial, a Dinamarca, os Países-Baixos e o Reino Unido, a revelarem comportamentos muito similares entre grupos de idades. Nestes países, taxas elevadas de conclusão do Ensino Secundário e do Ensino Superior dentro das idades de referência não permitem admitir a hipótese de que um mais elevado emprego dos jovens e das jovens corresponda a abandono de estudos; pelo contrário, o que sucede é que dispõem de mecanismos de apoio à conciliação trabalho-estudo, sobretudo para os alunos e alunas a partir do Ensino Secundário, mecanismos esses que os estados bálticos e alguns países da bacia mediterrânica e do leste europeu não conseguiram ainda implementar, ou não de forma eficaz. Estes resultados vão ao encontro das conclusões bem conhecidas sobre modelos de conciliação trabalho-estudo, mas também da discussão sobre diversidade de modelos de regulação que desenvolvemos inicialmente. Em cada grupo etário, mas especialmente no das pessoas adultas, a proporção da população empregada é sempre mais elevada entre a população masculina.

Na UE-27, em 2007, cerca de 60% dos jovens e das jovens empregadas com idades entre os 15 e os 24 anos encontravam-se a trabalhar no comércio por grosso e a retalho, na indústria, na construção e na hotelaria. Nestes dois últimos setores, muito caracterizados pelas baixas qualificações, más condições de trabalho e precariedade, o peso da população jovem (15 a 24 anos) ainda a frequentar a escolaridade assumia, ainda em 2007, as percentagens de 25% e 44%, respetivamente.

Um dos aspetos que mais caracteriza a fragilidade do emprego jovem é o trabalho a tempo parcial. Servindo-nos, uma vez mais, dos dados do EUROSTAT, podemos construir a Figura 2.6. Ora, vemos destacar-se os países nórdicos, o Reino Unido e, sobretudo, os Países-Baixos, como os que apresentam valores mais elevados do trabalho a tempo parcial dos jovens e das jovens, especialmente destas últimas. Neste intervalo de idades – dos 15 aos 39 anos – as responsabilidades familiares começam a pesar nas condições de vida dos homens e, especialmente, das mulheres. As dificuldades de conciliação entre as esferas do trabalho assalariado e da prestação de cuidados familiares explicam, em parte, o facto de encontrarmos aqui percentagens muito mais elevadas entre as mulheres.

76 | Mudanças Laborais e Relações de Género: Novos Vetores de (des)igualdade

FIGURA 2.6 – Percentagem do trabalho a tempo parcial no emprego total, (15-39 anos), por sexos (2010:2)

	AL	AU	BE	BU	CH	DC	ES	FI	FR	GR	HU	IR	IT	LE	LI	MT	PB	PO	PT	RC	RO	RU	SE	SLA	SLE	UE27
HOMENS	9,7	9	9	2,2	6,5	15,2	5,4	10	6,7	3,7	3,9	11,8	5,5	7,8	6,7	6	25,4	5,7	8,2	2,9	10,6	12,6	14	2,8	8,6	8,7
MULHERES	45,5	43,8	42,3	2,6	12,7	39	23,2	19,6	30,1	10,4	8	34,7	29	11,4	9,3	25	76,5	11,5	15,5	9,9	11,4	43,3	40,4	5,4	14,7	31,9

Fonte: EUROSTAT (2011), *Base de dados*; acedido em 01/02/12
http://appsso.eurostat.ec.europa.eu/nui/show.do
Legenda: AL-Alemanha; AU-Áustria; BE-Bélgica; DC-Dinamarca; ES-Espanha; FI-Finlândia; FR-França; GR-Grécia; HU-Hungria; IR-Irlanda; IT-Itália; LE-Letónia; PB-Países-Baixos; PO-Polónia; PT-Portugal; RU-Reino Unido; RC-República Checa; RO-Roménia; SE-Suécia; SLA-Eslováquia

No entanto, fica-nos a dúvida sobre a natureza voluntária ou imposta deste tipo de trabalho, sendo que apenas a segunda destas modalidades é significativa de uma situação de precariedade de emprego. De acordo com a OCDE, a percentagem de trabalho a tempo parcial involuntário atingia em 2009, entre as mulheres dos 15 aos 24 anos, valores da ordem dos 70% a 80% em países como a Bélgica, França, os Países-Baixos, Polónia, Áustria e Portugal. Ora, tais valores eram cerca de três a quatro vezes mais elevados para as jovens do que para os jovens em condições idênticas, o que revela a muito maior exposição daquelas a esta forma de precariedade. No nosso país, é por demais conhecida a pressão do efeito rendimento sobre a procura de emprego em horário completo por parte das mulheres, mesmo quando têm de conciliar emprego e família; no entanto, os desígnios da flexibilização laboral têm feito do tempo parcial um dos instrumentos de contenção habitual dos custos diretos do trabalho.

Também o trabalho temporário constitui uma outra marca da precariedade que afeta especialmente a população mais jovem na sua relação com o mercado de trabalho. A informação patente na base de dados do EUROSTAT sobre a incidência daquele tipo de trabalho, medida como a proporção do trabalho temporário no emprego total, mostra-nos como os jovens e, especialmente, as jovens, a ele estão particularmente sujeitas. Isso mesmo nos exprime a Figura 2.7:

FIGURA 2.7 – Incidência do trabalho temporário por grupo etário e sexo (2011: 3)

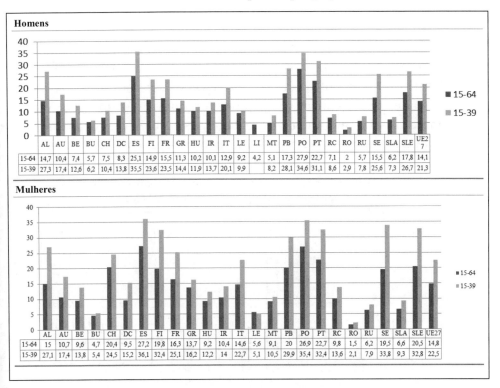

Fonte: EUROSTAT (2011), *Base de dados*; acedido em 02/02/12
http://appsso.eurostat.ec.europa.eu/nui/setupModifyTableLayout.do
Nota: Não foi tratada informação considerada não fiável (*unreliable*) pela base de dados do EUROSTAT.
Legenda: AL-Alemanha; AU-Áustria; BE-Bélgica; DC-Dinamarca; ES-Espanha; FI-Finlândia; FR-França; GR-Grécia; HU-Hungria; IR-Irlanda; IT-Itália; LE-Letónia; PB-Países-Baixos; PO-Polónia; PT-Portugal; RU-Reino Unido; RC-República Checa; RO-Roménia; SE-Suécia; SLA-Eslováquia.

Como se pode concluir pela análise da Figura 2.7, a situação dos jovens e das jovens da Europa relativamente à duração do emprego é particularmente injusta, sobretudo quando comparada com a da população adulta. Um conjunto de países, nos quais se inclui Portugal, revela taxas de incidência do trabalho temporário entre os/as jovens superiores a 30%, integrando o nosso país o conjunto dos quatro Estados-membros que detêm piores taxas de incidência entre as jovens.

O trabalho em horários antissociais constitui igualmente um recurso a que os jovens e as jovens têm de deitar mão, fundamentalmente por razões de natureza económica mas também porque a isso obriga a compatibilização entre trabalho e estudo. A forma predominante deste tipo de horários consiste em trabalho ao sábado, mas também o trabalho por turnos, ao domingo ou durante a noite, assumem percentagens significativas, como nos mostra a representação 2.8 para a União Europeia a 27 e Portugal:

Figura 2.8 – Percentagem de jovens (15-24 anos) a trabalhar em horários antissociais: União Europeia a 27 e Portugal (2010)

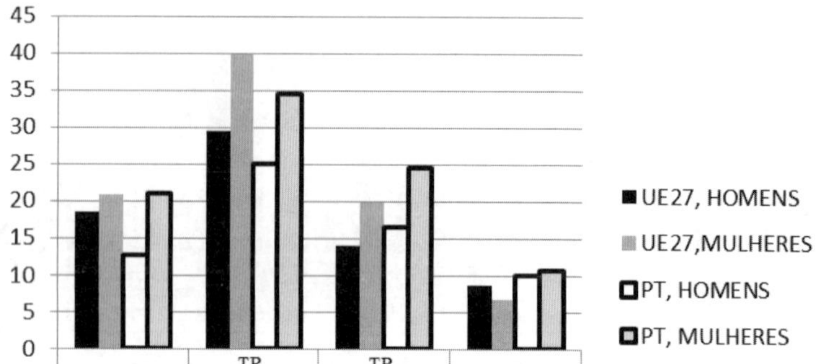

	TR. TURNOS	TR. SÁBADO	TR. DOMINGO	TR. NOITE
UE27, HOMENS	18,6	29,6	14	8,8
UE27,MULHERES	20,8	39,8	19,9	6,7
PT, HOMENS	12,8	25,1	16,6	10,1
PT, MULHERES	21,1	34,6	24,5	10,8

Fonte: EUROSTAT (2011), *Base de dados*; acedido em 23/09/11
http://appsso.eurostat.ec.europa.eu/nui/show.do

Como a Figura nos mostra, as jovens portuguesas sofrem bastante mais do que os jovens o peso dos horários antissociais, sobretudo no trabalho ao sábado e ao domingo e no trabalho por turnos.

Em suma, a par da morosidade dos processos de transição escola-emprego, do risco de desemprego e da precariedade que caracteriza a relação de trabalho dos/das jovens, estão eles – e, sobretudo, elas – sujeitos/as ainda a condições de trabalho especialmente penosas como exemplificámos através dos horários não sociais.

2.4. Conclusões

As trajetórias de transição das pessoas jovens para a vida adulta caracterizam-se hoje por grande instabilidade, incerteza e, cada vez mais, pela ausência de perspetivas suficientemente gratificantes.

As abordagens teóricas que se tomam como referência para o enquadramento daqueles processos de transição estabelecem a importância de se constituir, desde cedo, um capital de conhecimento tão robusto quanto possível. Insistem, como se viu, na importância de se combinar uma sólida formação escolar inicial com aprendizagens experienciais ricas e diversificadas, bem como com outras formas de formação e aprendizagens em ciclo de vida.

No entanto, mercê também da falta de perspetivas, muitos e muitas jovens abandonam os estudos antes de terem podido constituir as bases mínimas de qualificação indispensáveis para uma sólida inserção laboral. São estes e estas jovens que ficam até mais tarde em casa da família de origem, adiando projetos de vida autónoma, mas sem conseguir, em muitos casos, escapar assim às situações de penúria de rendimentos. Vimos como Portugal se destaca pela negativa relativamente a um qualquer destes aspetos.

E se é certo que o prosseguimento de estudos e a conclusão do Ensino Superior contribuem, a longo prazo, para dar maior proteção à população jovem face ao desemprego e emprego precário, a verdade é que, a curto e médio prazos deixaram, entretanto, de constituir um antídoto eficaz contra o desemprego, os longos períodos de acesso ao emprego, as condições de instabilidade, precariedade e desqualificação em que o emprego se exerce. A combinação das situações de estudo e trabalho, muito frequentes como referimos, tem origem essencialmente na necessidade de acesso dos/das jovens a um rendimento mensal, independentemente do contributo em aprendizagens que tais situações de trabalho proporcionem de facto.

De resto, vimos como o emprego das pessoas jovens se caracteriza tão intensamente pelo peso do trabalho temporário, do horário parcial involuntário e do exercício da atividade em horários antissociais.

Os dados estatísticos indicam, assim, que uma parte substancial dos/das jovens tem uma posição frágil no mercado de trabalho e que essa fragilidade tende a aumentar no contexto da crise. Esta tendência refuta as teses do discurso dominante sobre mais e melhores empregos e oportunidades para todos e todas, graças às mudanças geradas pelas TIC e à liberalização e desregulação da economia. O aumento do desemprego, a inserção precária de uma parte substancial e crescente das populações jovens no mercado de trabalho vem reforçar as teses das abordagens críticas. A liberalização e a desregulação da economia, em vez de promoverem mais e melhores empregos e oportunidades, aumentaram as desigualdades e a segmentação do mercado de trabalho e lançaram um número crescente de pessoas no desemprego e na precariedade, na maior parte dos países da União Europeia. Essas tendências foram ainda mais acentuadas, desde 2008, pela crise financeira e económica que agravou fortemente a vulnerabilidade dos e das jovens no mercado de trabalho, sobretudo nos países mais expostos aos efeitos negativos da especulação sobre as dívidas soberanas. E as fórmulas anticrise impostas pelas entidades reguladoras transnacionais (UE, FMI) levam a um agravamento ainda maior da crise do emprego e da situação vulnerável das pessoas jovens no mercado de trabalho.

A precariedade do primeiro contacto com o emprego e a continuidade das experiências de emprego nos mesmos moldes podem ter graves consequências, tais como a ausência de socialização profissional, desqualificação, perda de confiança no futuro, desinteresse e falta de capacidade para construir a sua qualificação.

Uma outra consequência da posição frágil dos/das jovens no mercado de trabalho são os seus baixos níveis salariais, mesmo quando licenciados e licenciadas, sobretudo nos países da Europa do Sul, o que lhes não permite levar uma vida digna, ter um espaço próprio para viver e formular projetos autónomos de vida.

A Estratégia Europeia de Emprego para 2020 centra-se na criação de percursos de emprego para jovens e na redução do desemprego por via de mais e melhor investimento em capital humano, reduzindo o abandono precoce da escola e criando uma nova oportunidade após seis meses de desemprego. Ora o confronto dos indicadores de mercado de trabalho com os objetivos anunciados (em 2000 e 2005) indica que o desemprego, em vez de diminuir, está a aumentar. Além disso, a grande incidência das formas flexíveis e precárias de emprego nas populações jovens, sobretudo nas mulheres, agrava ainda mais as desigualdades e as desvantagens dos/das jovens no mercado de trabalho. O aumento do desemprego de longa duração, mesmo entre os jovens e as jovens licenciadas, mostra que a "nova oportunidade" não passa de uma miragem para uma parte substancial da população jovem, sobretudo para as mulheres. A manutenção e o reforço das disparidades entre países e grupos de países da UE tornam clara que a coesão social passou para um plano meramente retórico.

O reforço das reformas assentes na liberalização, desregulação da economia, redução e assistencialização da proteção social e moderação salarial leva não à solução mas ao agravamento da crise. Esta orientação significa medidas antissociais e a subalternização da dimensão social ao serviço de uma economia prisioneira do capital e especulação financeira. A procura de saídas para a crise pode constituir uma oportunidade para romper com a orientação neoliberal e promover políticas capazes de desenvolver uma sociedade orientada para as necessidades humanas e equilíbrio social e também ecológico.

82 | Mudanças Laborais e Relações de Género: Novos Vetores de (des)igualdade

Referências bibliográficas

Ashton, David N. e Marguire, M. J. (1983), "Competion between young people and adults: a research note on structure of the youth labour market", *International Review of Applied Psychology*, 32: 263-269.

Auer, Peter (2005), "Protected mobility for employment and decent work: labour market security in a globalized world, *Employment Strategy Papers* 2005/1, Genebra, Organização Internacional do Trabalho.

Auer, Peter (2007), *Labour market security in between employment and social protection* (Version 27/6/2007), Genebra, Organização Internacional do Trabalho.

Auer, Peter e Cazes, Sandrine (Eds.) (2000), *Employment Stability in an Age of Flexibility*. Geneve, International Institute for Labour Studies.

Barbieri, Paolo (2007), "Atypical employment and welfare regimes", *Policy Papers*, Equalsoc, Economic Change, Quality of Life & Social Cohesion, vol. 1: 1-23.

Baskaran, Thushyanthan e Hessami, Zohal (2010), *Globalization and the Composition of Public Education Expenditures: A Dynamic Panel Analysis*, MPRA Paper nº25750 (http://mpra.ub.uni-muenchen.de/25750/, acedido em 7 de abril de 2011).

Bauman, Zygmunt (2001), *Modernidade Líquida*, Rio de Janeiro, Jorge Zahar Ed.

Beck, Ulrich (2000), *Brave new world of work*, Cambridge, Polity Press.

Blanchflower, David G. e Freeman Richard B. (2000), *Youth Employment and Joblessness in Advanced Countries*, Chicago, London, The University of Chicago Press.

Boeri, Tito (2005), *Reforming Labor and Product Markets: Some lessons from two decades of experiments in Europe*, Washington, IMF Working Paper WP/05/97.

Boltansky, Luc e Chiapello, Éve (1999), *Le Nouvel Esprit du Capitalisme*, Paris, Éditions Gallimard.

Bourdieu, Pierre (1998), *Contrafogos*, Oeiras, Celta Editora.

Boyer, Robert (1998), *La Flexibilité du Travail en Europe*, Paris, La Découverte.

Bridges, William (1994), *Jobshift*, Addison Wesley Publ.

Castel, Robert (1995) *Les Métamorphoses de la Question Sociale. Une Chronique du Salariat*, Paris, Fayard.

Castells, Manuel (1998), *La Era de la Información: Economia, Sociedad y Cultura, La Sociedade Red*, Vol. 1, Madrid, Aliança Ed.

Castillo, Juan J. (2003), *Los Estragos de la Subcontratación* (La organización del trabajo como factor de riesgo laboral), Madrid, UGT.

Castillo, Juan J. (dir.), (2005), *El trabaljo recobrado*, Buenos Aires, Myno y Dávila.

Cerdeira, Maria Conceição (org.); Casaca, Sara Falcão; Santos, M. João; Sampaio, José. J.; Almeida e Silva, J. L.; Sousa, M. Teresa; Santos, M. Rosário (2000), *Novas Modalidades de Emprego*, Cadernos de Emprego 24, Lisboa, Ministério do Trabalho e da Solidariedade.

Chagas Lopes, Margarida (2011), "Education, vocational training and R&D: towards new forms of labor market regulation", *Journal of Research in Educational Sciences,* Volume II, nº 1(3), (ISSN 2068-8407), 16-32.

Choroszewicz, Marta e Wolff, Pascal (2010), "51 million young EU adults lived with their parent(s) in 2008", EUROSTAT, *Statistics in focus,* nº 50 (http://www.eds-destatis.de/de/downloads/sif/sf_10_050.pdf, acedido em 23 de abril de 2011).

Déjours, Christophe (1998), *Soufrance en France – La Banalisation de l'Injustice Sociale,* Paris, Seuil.

EC (1995), *White Paper on Teaching and learning. Towards the learning society,* Bruxelas.

EC (1996), *Viver e Trabalhar na Sociedade da Informação,* Boletim da UE, Suplemento 3/96, Luxemburgo.

EC (2003), *Communication from the Commission to the Council, the European Parliament, the European Economic and Social Committee and Committee of Regions – Improving quality in work: a review recent progress,* Bruxelas, 26-11-2003 [COM (2003) 728 final].

EC (2009), *Youth in Europe,* (http://epp.eurostat.ec.europa.eu, acedido em 13 de junho de 2011).

EC (2011), *Labor Force Survey* (http://epp.eurostat.ec.europa.eu/statistics/, acedido em abril, março e setembro de 2011).

Esping-Anderson, Gøsta e Regini, Mario (2000), *Why Deregulate Labour Markets,* Oxford, Oxford University Press.

Furlong, Andy (1990), "Labour market segmentation and the age structuring of employment opportunities for young people", *Work, Employment and Society,* 4(2): 253-269.

Galini, Luciano, (2002) "La informalización del trabajo en los países desarrollados. Como y qué las condiciones de trabajo en el Norte se están aproximando, a la baja, a las del Sur", *Sociologia del Trabajo,* 45: 7-24.

Golsch, Katrin (2003), "Employment flexibility in Spain and its impact on transitions to adulthood", *Work, Employment and Society,* 17: 691-718.

Grupo de Lisboa (1994), *Limites à competição,* Lisboa, Publicações Europa-América.

Hall, Peter e Soskice David (2001), *"Varieties of Capitalism: The Institutional Foundations of Comparative Advantage",* Oxford, Oxford University Press.

Handy, Charles (1984), *The Future of Work,* Oxford, Blackwell.

Hanushek, Eric e Woessmann, Ludger (2010), "How much do educational outcomes matter in OECD countries?" NBER Working Papers 16515.

Harrison, Bennett (1994), *Lean and Mean,* Nova Iorque e Londres, The Guilford Press.

ILO (2009), *Key Indicators of the Labor Market,* 6ª edição, Genebra, Organização Internacional do Trabalho.

84 | Mudanças Laborais e Relações de Género: Novos Vetores de (des)igualdade

INE (2009), *Inquérito à Educação e Formação de Adultos 2007*, Lisboa, Instituto Nacional de Estatística.

INE (2010), *Inquérito ao Emprego*, Lisboa, Instituto Nacional de Estatística.

JOIN-LÁMBERT, Marie-Thérèse (2000), "Le cumul salaires/allocations représente-t-il une voie d'avenir?", *Droit Social*, Juin, 632-636.

KOVÁCS, Ilona (2002), *As Metamorfoses do Emprego. Ilusões e Problemas da Sociedade da Informação*, Oeiras, Celta Editora.

KOVÁCS, Ilona (2005) (org.); Phizacklea, Annie; Castillo, José J.; Cerdeira, M. Conceição; Casaca, Sara Falcão, (2005), *Flexibilidade de Emprego: Riscos e Oportunidades*, Celta Editora.

KOVÁCS, Ilona e Casaca, Sara Falcão (2007), "Flexibilidad y desigualdad en el trabajo: tendências y alternativas europeas", *Sociología del Trabajo*, 61: 99- 124.

KOVÁCS, Ilona e Chagas Lopes, Margarida (2009), "Alternativas à crise do emprego: desafios à educação/formação e novas formas de regulação", *Calouste Gulbenkian Foundation: "Próximo Futuro"*.

LANE, Christel (1989), "From 'welfare capitalism' to 'market capitalism'; a comparative review of trends towards employment flexibility in the labour markets of three major european societies", *Sociology*, 23 (4): 583-610.

LÓPEZ CALLE, Pablo e Castillo, Juan J. (2004), *Los hijos de las reformas laborales*, Madrid, UGT.

MADSEN, Per K. (1999), "Denmark: Flexibility, security and labour market success", *Employment and Training Papers*, nº 53, Genebra, Organização Internacional do Trabalho.

MADSEN, Per K. (2003) "Flexicurity through labour market policies and Institutions in Denmark", *in* Auer, Peter e Cazes, Sandrine (Eds.) *Employment Stability in an Age of Flexibility*, Genebra, Organização Internacional do Trabalho.

MALHEIROS, Jorge (2011), Portugal 2010: o regresso do país de emigração? *Janus. net*,Vol.2, nº1

http://observare.ual.pt/janus.net/images/stories/PDF/vol2_n1/pt/pt_vol2_n1_not3. pdf (acedido em 22 de junho de 2011).

Observatório da Emigração (2011)

http://www.observatorioemigracao.secomunidades.pt/np4/2094.html (acedido em 22 /6/ 2011).

OECD (2011), *Education at a Glance*

http://www.oecd.org/document/2/0,3746,en_2649_39263238_48634114_1_1_1_1,00. html (acedido em maio, junho, setembro e outubro de 2011).

OECD (2011), *Employment Outlook*

http://www.oecd.org/document/46/0,3746,en_2649_34747_40401454_1_1_1_1,00. html (acedido em 29/09/2011).

OLIVEIRA, Luísa e CARVALHO, Helena (2010), "Desigualdades geracionais: os jovens e a precariedade de emprego na UE", *in* Carmo, Renato Miguel

A juventude e o emprego: entre a flexibilidade e a precariedade | 85

(org.), *Desigualdades Sociais 2010 – Estudos e Indicadores*, Observatório das Desigualdades, pp: 191-198.

Paugam, Serge (2000), *Le Salarié de la Précarité: Les Nouvelles Formes de l'Integration Profissionnelle*, Paris, PUF.

Pochic, Sophie, Paugam, Serge e Selz, Marion (2003), "Job security and precarity in Europe", Actas do Workshop *"State-of-the-art"* da rede CHANGEQUAL, Berlin.

Reich, Robert (1993), *O Trabalho das Nações*, Lisboa, Quetzal.

Sahlman, William A. (1999), "The new economy is stronger than you think", *Harvard Business Review*, November-December, 99-106.

Sapir, André (2005), *Globalization and the reform of European social models*, (http://www.bruegel.org/publications/publication-detail/publication/31-globalisation-and-the-reform-of-european-social-models/, acedido em 22 de agosto de 2011).

Scarpetta, Stefano, Sonnet, Anne e Manfredi, Thomas (2010), "Rising youth unemployment during the crisis: how to prevent negative long term consequences on a generation?", OCDE *Employment and Migration Papers* nº 196, Paris.

Schmid, Gunther (2002) "Employment insurance in critical transitions during the life-course", *in* Auer, Peter e Gazier, Bernard, *The Future of Work, Employment and Social Protection*, Genebra, ILO/IILS.

Schmid, Gunther e Gazier, Bernard (2002), *The Dynamics of Full Employment. Social Integration through Transitional Labour Markets*. Cheltenham, Edward Elgar.

Sennett, Richard (2007), *O Novo Espírito do Capitalismo*, Relógio d'Água, Lisboa.

Vielle, Pascale e Walthery, Pierre, (2003), *Flexibility and Social Protection*, Dublin, European Foundation for the Improvement of Living and Working Conditions.

Vos, Kees Jan, (2005), "Americanization of the EU model?", *The International Journal of Comparative Labour and Industrial Relations*, 21(3): 355-367.

Wickham, James, (2005), *The End of the European Social Model – Before it began?* Employment Research Centre, Department of Sociology, Dublin, Trinity College.

Willis, Robert (1986), "Wage Determinants: a Survey and Reinterpretation of Human Capital Earnings Function", *in* Ashenfelter, Orley e Layard, Ricahrd (Eds.), *Handbook of Labour Economics*, Amsterdam, North Holland.

Anexo 2.1 – Efeitos da presente crise sobre o desemprego dos jovens e das jovens (2008-2010)

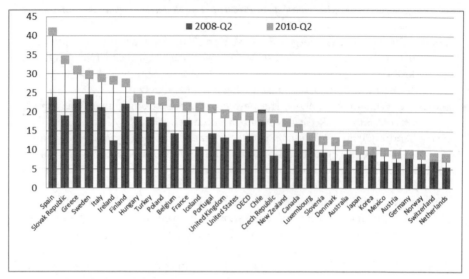

Fonte: Adaptado de OECD (2011).

3.
Género, Idade e Mercado de Trabalho

SARA FALCÃO CASACA
SALLY BOULD

3.1. Introdução

A Comissão Europeia declarou que 2012 seria o ano europeu do envelhecimento ativo e da solidariedade entre gerações. Há aproximadamente uma década que este tema vem sendo amplamente discutido no quadro da Comissão Europeia (CE), num cenário marcado pelo declínio demográfico, pelo envelhecimento acentuado da população e por preocupações em torno da sustentabilidade da segurança social (EC, 2006, 2007a, 2011). As baixas taxas de natalidade, o aumento da esperança média de vida e do número de pessoas idosas, o declínio na população ativa e nas contribuições fiscais são vistos como fatores que exercem pressão sobre os sistemas de segurança social, saúde e pensões. Uma vez que esta é a tónica dominante nos documentos de compromisso político entretanto consultados, depreende-se que o tema do envelhecimento ativo surge, no panorama europeu, como uma tentativa de resposta política a pressões de ordem orçamental. No entanto, cabe recordar que o conceito foi descrito originalmente pela Organização Mundial da Saúde (OMS) como o processo de otimização de oportunidades nos domínios da saúde, da participação e da segurança, com o objetivo de prolongar a qualidade de vida das pessoas à medida que envelhecem (formu-

88 | Mudanças Laborais e Relações de Género: Novos Vetores de (des)igualdade

lação apresentada no contexto da Segunda Assembleia Mundial das Nações Unidas sobre o Envelhecimento, em Madrid de 2002) (WHO, 2002: 12). Embora o nosso objetivo não seja problematizar o conceito em questão, importa reter esta dualidade entre uma perspetiva política de envelhecimento ativo norteada por razões de ordem financeira, por um lado, e uma abordagem centrada na qualidade de vida e na dignidade do trabalho[1], por outro.

O presente texto propõe-se seguir uma perspetiva de género quer na análise das metas definidas a nível europeu para o emprego de pessoas de idade mais avançada (55-64 anos), quer na reflexão sobre as respetivas implicações nas condições laborais e de vida das trabalhadoras e dos trabalhadores. A Estratégia Europeia de Emprego (EEE), decorrente da Cimeira de Luxemburgo (1997), traduz o acordo dos chefes de estado e de governo relativamente a um conjunto de objetivos comuns e de prioridades em matéria de políticas de emprego. Este compromisso foi amplamente reiterado em sede da Cimeira de Lisboa (2000), com a definição de linhas estratégicas e de objetivos precisos[2], e do Conselho Europeu da Primavera (2005) – *Orientações integradas para o crescimento e o emprego 2005-2008*. No que toca ao tema aqui em discussão, é ainda de referir a delineação de metas complementares, igualmente quantificadas, no âmbito do Conselho Europeu de Estocolmo (2001), posteriormente reafirmadas na reunião de Barcelona (2002) sobre o envelhecimento ativo e os esforços políticos a envidar no sentido da retenção das pessoas com mais idade no mercado de trabalho. A linha transversal a estes momentos políticos demarca-se por uma diretriz focada no crescimento económico e no reforço da competitividade europeia, na criação de emprego, no aumento da oferta de trabalho, na redução da despesa pública,

---

[1] Veja-se também ILO – International labour standards.
– http://www.ilo.org/global/standards/introduction-to-international-labour-standards/langen/index.htm
[2] Documento que ficou também conhecido como a Agenda ou a Estratégia de Lisboa.

na reforma dos sistemas de segurança social e na flexibilidade laboral – incluindo no que diz respeito às transições entre as diferentes fases do ciclo de vida (flexigurança) (EC, 2005, 2007b). Este último propósito consta, por exemplo, do relatório da Comissão Europeia e do Conselho sobre o aumento da participação da força de trabalho e a promoção do envelhecimento ativo[3] (2002), assim como das comunicações da Comissão – *Livro verde: uma nova solidariedade entre gerações face às mutações demográficas* (2005)[4] e *O futuro demográfico da Europa: transformar um desafio em oportunidade* (2006).[5] De entre outros relatórios elaborados pela CE sobre a problemática do envelhecimento nas sociedades europeias, há a recordar a decisão do parlamento europeu e do conselho (2010)[6] de declarar 2012 como o Ano Europeu do Envelhecimento Ativo.

Da EEE retemos aqui as seguintes metas (orientadoras) com cumprimento previsto[7] até 2010: a obtenção de uma taxa média de emprego feminino e de emprego total de 60% e 70%, respetivamente; e de uma taxa média de emprego da população de idade mais avançada (55-64 anos) de 50%[8] e 40% (taxa média de emprego

---

[3] Increasing Labour-force participation and promoting active ageing
http://europa.eu/epc/pdf/envir02_en.pdf
(consultado em 15 de março de 2009)

[4] Green Paper "Confronting demographic change: a new solidarity between the generations
http://eur-lex.europa.eu/LexUriServ/site/en/com/2005/com2005_0094en01.pdf
(consultado em 15 de março de 2009).

[5] The demographic future of Europe – from challenge to opportunity
http://eur-lex.europa.eu/LexUriServ/LexUriServ.do?uri=COM:2006:0571:FIN:EN:PDF
(consultado em 15 de março de 2009).

[6] http://eur-lex.europa.eu/LexUriServ/LexUriServ.do?uri=COM:2010:0462:FIN:PT:PDF
(consultado em 12 de dezembro de 2011).

[7] No que se refere às políticas de emprego, o Processo de Luxemburgo criou o método de coordenação aberta, definido no âmbito da Estratégia de Lisboa como instrumento de acompanhamento dos progressos concretizados pelos Estados-Membros.

[8] Meta definida em sede do Conselho Europeu de Estocolmo, conclusões da presidência do conselho http://consilium.europa.eu/ueDocs/cms_Data/docs/

feminino) (cf., EUROFOUND, 2009: 3). Ficou também previsto o aumento da idade média (efetiva) de passagem a reforma, de modo a aproximar-se dos 65 anos (aumento de cerca de cinco anos em relação à situação identificada em 2001 – 59,9 anos, em média).[9] Por conseguinte, praticamente todos os país da UE têm vindo a implementar reformas consideráveis nos respetivos sistemas de segurança social; além dos incentivos concedidos para o prolongamento da vida ativa, a idade de reforma tem vindo a aumentar e as situações de antecipação são penalizadas.

Procuramos, ao longo deste capítulo, relevar que os efeitos destas reformas e das políticas de emprego não são neutros do ponto de vista do *género*. Para o efeito, observamos a evolução das taxas de emprego (população com idades compreendidas entre os 55-64 anos) no contexto da União Europeia – 15 (a anterior UE-15)[10], tendo como ponto de partida um período anterior à implementação da EEE.[11] Estamos conscientes de que se trata de uma reflexão exploratória, desde logo porque as políticas e diretivas relativas ao emprego são implementadas em contextos socioeconómicos muito diversos, seja em termos demográficos, económicos, laborais, sociais, seja no que se refere a infraestruturas de apoio às famílias, a sistemas de proteção social, a políticas sociais e de género, seja ainda na organização do trabalho do cuidar na esfera privada. Ainda assim, a partir da análise aqui traçada, afigura-se-nos ser possível sustentar o argumento de que as novas políticas

---

pressData/en/ec/00100-r1.%20ann-r1.en1.html (consultado em 13 de março de 2009).

[9] Conselho Europeu de Barcelona, conclusões da presidência do conselho http://www.consilium.europa.eu/ueDocs/cms_Data/docs/pressData/en/ec/71025.pdf
(consultado em 15 de março de 2009).

[10] Esta opção decorre do facto de a análise incidir sobre um período temporal que congrega, ao longo do tempo considerado, o conjunto de países reunido na UE-15.

[11] Este capítulo resulta da comunicação "Older Women's employment and the European employment goals", apresentada ao Simpósio *Older Workers and Social Policy in the 21 Century"*, UMass, Boston, 20 de abril de 2009.

de prolongamento da vida ativa requerem uma mudança mais significativa no comportamento laboral das mulheres do que no dos homens, ao mesmo tempo que as várias instituições e práticas sociais permanecem *silenciosas*[12] perante tal desafio. Esta questão está ausente do quadro das políticas nacionais e europeias, onde a abordagem sobre o *envelhecimento ativo* persiste em alinhar-se à margem da integração da perspetiva de *género*.

3.2. Cruzando *género* e *idade*: algumas questões teóricas

Estamos habituadas/os a que o género e a idade sejam tratados como variáveis de caracterização sociodemográfica. Mesmo quando está presente uma abordagem mais compreensiva, são escassos os estudos que nos facultam uma leitura sobre a complexidade da inter-relação entre ambas as dimensões. Ainda assim, a literatura já produzida tem o mérito de sublinhar que não estamos perante meras categorias biológicas que se relacionam com traços somáticos, anatómicos e fisiológicos (associadas ao sexo masculino e feminino) ou com fases naturais de desenvolvimento e envelhecimento físico (idade cronológica). O género e a idade são categorias sociais que têm incrustadas representações simbólicas, que, por sua vez, moldam as interações, as perceções e as expetativas sociais, os papéis e as identidades, as relações de poder, as oportunidades laborais e profissionais, as condições de trabalho e de vida em geral (e.g. Arber, Davidson e Ginn, 2003; Krekula, 2007; Venn, Davidson e Arber, 2011).

---

[12] Resgatamos a expressão de Dominique Méda (2001), que, a propósito da situação no seu país (França), sublinha que as últimas décadas têm testemunhado uma *revolução silenciosa*. Enquanto o papel desempenhado pelas mulheres tem vindo a alterar-se profundamente na sociedade (facto que é visível no prolongamento da escolaridade e na participação maciça no mercado de trabalho), a sociedade tem permanecido silenciosa, imobilizada e inerte perante essa mudança.

Vincent (2000) sublinha que essas representações sociais podem variar em função dos diferentes contextos históricos e realidades socioculturais; como aqui nos importa observar, também não são alheias aos valores dominantes nas estruturas económicas e organizacionais. A este propósito, Taylor sugere que presentemente "(...) a pessoa empregada é vista como uma mercadoria que pode ser comprada e consumida (...). No contexto de uma cultura dominante e amoral de juventude, as pessoas mais velhas são descartadas por se entender que são manifestamente menos capazes de aprender e de produzir que a população mais jovem (Taylor, 2001, *apud* Collin, 2005: 10, tradução livre). No que diz respeito às sociedades e economias contemporâneas, importa considerar a apoteose dos valores do mercado, do consumo e a crescente ênfase empresarial no aproveitamento de atributos pessoais para fins comerciais e de reforço da competitividade. A economia, o mercado de trabalho e as organizações são cada vez mais regidas por códigos estéticos que estão imbuídos de representações simbólicas sobre o género e a idade. Daqui decorrem práticas diversas de discriminação indireta e direta (os anúncios de emprego, por exemplo, determinam frequentemente o escalão etário preferencial para recrutamento). Em muitos dos segmentos de atividade onde o emprego feminino tem mais expressão (serviços sociais e pessoais), é requerida uma imagem jovem, não raras vezes associada à sexualização e erotização dos corpos (Casaca, 2012, no prelo).

Dada a situação de desvantagem das mulheres no domínio laboral e profissional, a segregação sexual que perpassa os setores de atividade, as profissões, os níveis de qualificação e os escalões remuneratórios, é de equacionar que as mulheres mais velhas se defrontam com uma situação de maior vulnerabilidade no mercado de trabalho. Alguns autores e autoras veem as questões da discriminação em razão do género e da idade como resultantes de uma "dupla penalização" (*double jeopardy*) – fenómeno que decorre da acumulação, no quadro da hierarquia de valores da sociedade contemporânea, de duas condições de inferioridade: ser-se mulher e ser-se uma pessoa envelhecida. A discriminação resulta, assim, da combinação dos estereótipos e preconceitos que sustentam o sexismo e o idadismo (*sexism* e *ageism*) (Sontag, 1978). Com efeito, há estudos que dão conta de como as estereotipias estão presentes no mundo organizacional/empresarial e condicionam a visão dos/as gestores/as sobre as pessoas trabalhadoras mais velhas. Um inquérito realizado em Portugal, por exemplo, demonstrou que as entidades empregadoras tendiam a associar os trabalhadores e as trabalhadoras de idade mais avançada a uma menor capacidade de adaptação e a uma maior desadequação das qualificações face às exigências funcionais; ao invés, a população mais jovem era associada a uma maior criatividade, flexibilidade, adaptabilidade e resistência a situações de stresse (cf., Pestana, 2004). Acresce que, além dos estereótipos de género que sustentam práticas de discriminação laboral, as mulheres tendem a ser percecionadas como mais velhas do que os homens, mesmo quando registam a mesma idade cronológica (cf., Duncan e Loretto, 2004: 101).

No entanto, o argumento da "dupla penalização" não é consensual. Duncan e Loretto (2004) sugerem que a vivência de uma situação de discriminação não resulta de uma lógica aditiva, mas sim de um processo interativo e complexo que cruza dimensões coletivas e individuais. Partindo da observação de que a população jovem tem também sido alvo de discriminação no mercado de trabalho, estes/as autores/as concluem a favor da existência de uma distribuição bipolar de discriminação etária (*idem*: 104). É de sublinhar, porém que as mulheres tendem (mais do que os homens) a ser discriminadas em função da idade ao longo do seu ciclo de vida, ora sendo consideradas muito novas ora muito velhas, como se nunca tivessem a idade certa. Esta evidência reflete a dimensão estruturante das desigualdades de género, pelo que o facto de se ser mulher potencia a discriminação em razão da idade (*idem*: 110). É ainda de ponderar que as experiências individuais se cruzam com outras dimensões, como sejam a etnicidade e a classe social (e.g. West e Fenstermaker, 1995; Gibson, 1996; Calasanti, e Slevin,

2001; Krekula, 2007), sendo também moldadas pela diversidade de enquadramentos institucionais e circunstâncias socioeconómicas (Arber, Davidson e Ginn, 2003). Esta questão conduz-nos à reflexão sobre o papel dos Estados europeus, dado que as orientações em termos de políticas de família e de género, de proteção social e de infraestruturas públicas influem nas relações de género e nas condições de vida das mulheres em particular (e.g. Guerreiro e Romão, 1995; O'Reilly e Spee, 1997; Perista e Chagas Lopes, 1999; Bold, 1986; Barrère-Maurisson, 2003 ; Torres, *et al.*, 2004; Wall, *et al.*, 2001, 2010; Casaca e Damião, 2011).

Neste âmbito, procurando apreender o papel dos Estados no estímulo (ou desencorajamento) à participação das mulheres na esfera laboral e na vida pública em geral, as análises feministas têm desenvolvido uma reflexão crítica relativamente à tipologia de Estados-providência elaborada por Esping-Andersen (1990)[13]. Não obstante a popularidade e a utilidade analítica da mesma, a verdade é que não atende às relações de género e ao papel das mulheres na provisão do bem-estar na família e na comunidade em geral (e.g., Lewis, 1992, 1998; Orloff, 1993; Hirdman, 1998; Drew, 1998; Mahon, 1998; Sainsbury, 1999; Daly e Lewis, 2000; Wall *et al.*, 2001; Torres, *et al.*, 2004; Addis, 2006; Crompton, 2006). Para o autor, os regimes de providência têm um papel fundamental no incentivo ao processo de desmercadorização do trabalho, o qual é visto como um pré-requisito da independência dos indivíduos e da consagração da cidadania social. Todavia, como sublinha Jane Lewis (1992:161), o trabalhador que o autor tem em mente é

---

[13] A tipologia identifica três *tipos ideais* de Estados-providência: o liberal ou anglo-saxónico, o continental ou corporativo, e o social-democrata. Segundo o raciocínio de Esping-Andersen (1990), os Estados inspirados na filosofia política da social-democracia intervêm no sentido de regular o mercado de trabalho, tendem a desenvolver amplas políticas sociais, além de promoverem a solidariedade e a cidadania social por via da igualdade e da universalidade de direitos. As políticas sociais têm uma abrangência universal e não se limitam à vinculação laboral e contributiva (elemento fundamental da *desmercadorização),* ao invés do que sucede com os Estados-providência continental e liberal.

do sexo masculino; as mulheres que não participam na atividade económica estão, por sua vez, ausentes da tipologia proposta. No mesmo timbre, Evelyn Mahon ressalta que o processo de desmercadorização difere entre os homens e as mulheres. Em muitos países, a mercadorização dos primeiros assentou num processo de desmercadorização das segundas; todavia, o resultado foi uma relação de dependência das mulheres relativamente às políticas públicas de bem-estar – situação que esteve longe de as tornar "mais independentes ou cidadãs" (1998:153).

A tipologia de Esping-Andersen não contempla a relação entre o Estado-providência e o trabalho não pago – domínio onde se incluem vários serviços sociais que não têm lugar na esfera formal e são providenciados pelas famílias, i.e., preponderantemente pelas mulheres (Orloff, 1993). McLaughlin e Glendinning (1994) referem que, para além da desmercadorização, é fundamental o conceito de desfamiliarização na análise da dicotomia entre "dependência" e "independência" (*apud* Mahon, 1998: 158). Nesta ótica, as mulheres só serão independentes quando o peso das responsabilidades familiares não condicionar as opções e o controlo sobre as suas vidas (Addis, 2006).

Jane Lewis (1992, 1998) propõe uma tipologia alternativa à de Esping-Andersen, procurando integrar a forma como os papéis sociais de homens e mulheres são perspetivados pelos diferentes Estados-providência. À luz do raciocínio da autora, todos os Estados modernos subscreveram de algum modo o modelo de ganha-pão masculino (*the breadwinner model*), ainda que com cambiantes e evoluções relativamente diferenciadas. É então possível identificar três tipos de Estados-providência: o Estado-providência assente no modelo de ganha-pão masculino (*strong male-breadwinner state*); o Estado-providência parcialmente assente no modelo de ganha-pão masculino (*modified male breadwinner countries*); e o Estado-providência pouco assente no modelo de ganha-pão masculino (*weak male breadwinner countries*). Birgitt Pfau-Effinger (1998) sublinha que o desenho das políticas públicas está imbuído das representações dominantes acerca do papel social dos homens e das mulheres. A partir do conceito de *gender arrangement*, que integra a dimensão estrutural e a relacional, a autora identifica seis modelos culturais que oscilam entre o tradicionalismo (assimetria nas relações de género: o homem é o provedor da subsistência económica e a mulher a prestadora de cuidados), passando pelo modelo intermédio (o homem é provedor da subsistência económica e a mulher acumula um emprego a tempo parcial com a provisão de cuidados à família), até ao modelo assente na divisão simétrica do trabalho pago e não pago, traduzindo-se na partilha equitativa de responsabilidades, deveres e direitos entre homens e mulheres.

O modelo assimétrico de relações de género assenta numa hierarquia de valores que apenas reconhece o trabalho remunerado enquanto trabalho e somente o tempo nele investido é tido como produtivo. Por outro lado, o trabalho não pago permanece desprovido de visibilidade, de valor material e de reconhecimento social (e.g. Silva, 1999; Perista e Chagas Lopes, 1999; Folbre, 2001; Addis, 2006; Duran, 2007; Bould e Gavray, 2009). Neste contexto, o desempenho económico, o progresso social e o bem-estar continuam a ser mensurados de uma forma enviesada, descurando-se que a produtividade económica é subsidiada pela produtividade social do trabalho realizado pelas mulheres (e.g. Silva, 1999; ILO, 2009). Diane Perrons (2000: 37) defende, a este propósito, uma estratégia imaginativa que seja capaz de valorizar o trabalho reprodutivo, redesenhar e redistribuir o trabalho remunerado e todas as tarefas necessárias à reprodução social; para esta autora, só assim todos os indivíduos, homens e mulheres, podem contribuir e beneficiar de economias produtivas. Manuela Silva (1999) refere--se, num registo próximo, à necessidade de nova contratualização social das relações entre a esfera privada e pública, que possa promover uma melhor qualidade de vida e uma efetiva igualdade de género. Atendendo a este enquadramento, e numa perspetiva de cidadania plena (Rego, 2006), sublinhámos (noutro momento) os benefícios de uma sociedade de trabalho remunerado renovada e de multiactividades,[14] na qual os homens e as mulheres dispõem de iguais oportunidades na esfera laboral/profissional, partilham equitativamente os afazeres e responsabilidades domésticas e familiares, e beneficiam da mesma disponibilidade para desenvolver atividades políticas, cívicas e comunitárias, culturais, formativas e de aprendizagem (Casaca, 2009).

Como temos vindo a referir, são várias as perspetivas que, no âmbito dos estudos feministas e sobre as relações de género, têm refletido sobre o papel dos Estados europeus na modernização das relações de género. Além das orientações dos Estados-providência, a literatura tem, portanto, relevado o papel dos regimes-providência – isto é, a configuração de práticas que produzem bem-estar, seja no domínio familiar/doméstico, seja no âmbito da provisão pública (estatal), ou por via de atuação dos mercados (serviços privados) (Addis, 2006). Mary Daly e Jane Lewis (2000), nomeadamente, analisam o conceito de "prestação de cuidados sociais" (*social care*) para dar conta do conjunto de atividades resultantes da interação entre Estado, mercado, família e redes informais. Ainda, segundo as autoras, assiste-se a uma crise da prestação de cuidados no espaço europeu, decorrente do envelhecimento demográfico, da crise financeira dos Estados e do modelo de duplo emprego. Mesmo nos países escandinavos, a tendência tem sido para uma contração da rede pública de provisão de apoio às famílias, em benefício da crescente mercantilização dos serviços e da individualização do bem-estar (transferência de responsabilidade do Estado para as famílias e indivíduos). No entanto, em virtude

---

[14] Entendemos que o princípio da renovação da sociedade do trabalho prestado na esfera mercantil (atividade económica), tal como defendido por Ilona Kovács (2002), pode compreender a valorização do desempenho de outras atividades socialmente úteis. A partir da integração da dimensão "relações de género" na tipologia de cenários definida pela autora, equacionámos um outro cenário – a *sociedade de trabalho renovada,* que incluiria a centralidade do trabalho remunerado e das multiactividades (dignidade do trabalho remunerado e não remunerado) (Casaca, 2009).

do aumento da esperança média de vida, as mulheres com mais de 55 anos enfrentam agora uma maior probabilidade de terem pessoas idosas ao seu cuidado e, não raras vezes, também os netos e as netas (fenómeno que lhes tem valido a designação de "geração sanduiche") (cf. Settersten e Angel, 2011: 8; veja-se também Bould, 1997). Acresce que este segmento da população feminina beneficia de menos oportunidades de qualificação e de formação profissional – facto que pode degradar as condições de empregabilidade (e.g. Gallie, 2002, Pestana, 2004).

A saída mais precoce das mulheres do mercado de trabalho, os percursos laborais irregulares e interrompidos por força das responsabilidades familiares, a discrepância (*gap*) salarial, a concentração em setores de atividade, profissões e funções menos valorizadas e remuneradas, são fatores que podem contribuir para uma maior situação de vulnerabilidade após a reforma. Como o valor das pensões tende a refletir os rendimentos auferidos no decurso da carreira contributiva e a longevidade da mesma, as mulheres mais velhas tendem a se penalizadas pelo tempo dedicado ao trabalho de cuidar (cf., Folbre, 2001); por conseguinte, estão mais sujeitas a uma degradação das condições de vida e ao risco de pobreza (e.g. Addis, 2006; Bastos *et al.*, 2009). No entanto, o enquadramento político que determina o prolongamento da vida ativa ocorre em simultâneo com o processo de envelhecimento demográfico e a inerente necessidade de prestação de cuidados, com programas de disciplina e austeridade orçamental que contraem as funções sociais dos Estados, com políticas de inspiração neoliberal e com um mercado de trabalho cada vez menos regulado (Addis, 2006). Considerando o tema que nos propomos abordar neste capítulo, importa refletir sobre as eventuais tensões entre os objetivos em matéria de emprego, emanados da Estratégia Europeia, e o prolongamento da vida ativa em condições de dignidade e igualdade.

3.3. Taxas de emprego e escalões etários: os objetivos europeus

Tal como referido previamente, o aumento do emprego feminino e o incremento do emprego da população com idades acima dos 55 anos são dois objetivos centrais da Estratégia Europeia de Emprego. No primeiro caso, em sede da Cimeira de Lisboa, em 2000, consensualizou-se alcançar uma taxa de emprego de 60% (a meta para o emprego total ficou fixada em 70%), num espaço temporal de dez anos. Relativamente ao segundo, o Conselho Europeu de Estocolmo, em 2001, definiu a meta de 50% e de 40% no que se refere à taxa média de emprego total e à taxa média de emprego feminino (população 55-64 anos), respetivamente (valores a atingir até 2010).

Esta seção observa o cumprimento destes objetivos, procurando identificar as principais semelhanças e diferenças entre alguns países europeus. Para o efeito, são analisados os dados disponibilizados pelo EUROSTAT – LFS relativos a 2010. Em alguns momentos, a análise recua até 1999 (ano que precede as Cimeiras de Lisboa e de Estocolmo) para uma melhor interpretação da evolução percorrida em cada país. Este propósito justifica que apenas os dados referentes à UE-15 sejam aqui examinados (composição que integra o conjunto de Estados que já eram membros da UE naquele ano).

O Quadro 3.1 reúne as taxas de emprego feminino no escalão etário dos 55 aos 64 anos. Verifica-se que o objetivo de alcançar um valor mínimo de 40% encontra-se atingido ou mesmo superado em mais de metade dos Estados-membros da UE-15. As exceções verificam-se na Áustria, Bélgica, Espanha, França, Grécia, Itália e Luxemburgo – países onde a taxa de emprego estava abaixo dos 20% ou 30% em 1999. É de notar que, em alguns casos, os valores superam a meta estabelecida para a taxa de emprego total – 50%; assim sucede na Alemanha (país com o aumento mais acentuado no intervalo temporal em análise – + 21,7 p.p.), Dinamarca, Finlândia e Suécia. Note-se que, neste último país, o valor está acima daquele previsto para a população feminina em geral (15-64 anos) – 60% (a taxa de emprego registada é de 66,7%).

100 | Mudanças Laborais e Relações de Género: Novos Vetores de (des)igualdade

QUADRO 3.1 – Taxas de emprego dos homens e das mulheres
com idades compreendidas entre 55-64 anos, segundo o sexo,
por países da UE-15 (1999; 2005 e 2010)

	Homens			Mulheres		
	55-64					
	1999	2005	2010	1999	2005	2010
AL – Alemanha	46,8	53,5(a)	65,0	28,8	37,5(a)	50,5
AU – Áustria	42,6	41,3	51,6	17,6	22,9	33,7
BE – Bélgica	33,8	41,7	45,6	15,7	22,1	29,2
DC – Dinamarca	62,6	65,6	62,7	45,8	53,5	52,5
ES – Espanha	52,2	59,7	54,7	18,9	27,4	33,2
FI – Finlândia	40,1	52,8	55,6	38,0	52,7	56,9
FR – França	32,3	41,5	42,1	25,4	35,7	37,5
GR – Grécia	55,7	58,8	56,5	24,4	25,8	28,9
IR – Irlanda	61,7	65,7	58,1	25,6	37,3	42,0
IT – Itália	41,2	42,7	47,6	15,0	20,8	26,2
LU – Luxemburgo	35,8	38,3	47,7	17,2	24,9	31,3
PB – Países Baixos	49,6	56,9	64,5	23,1	35,2	42,8 (a)
PT – Portugal	61,4	58,1	55,7	40,3	43,7	43,5
RU – Reino Unido	59,7	65,9	65,0	39,9	48,0	49,5
SE – Suécia	67,3	72,0	74,2	60,7	66,7	66,7
UE 15	47,5	53,2	56,2	27,1	33,2	40,9

Fonte: EC (2010: 166-193) – dados do EUROSTAT – LFS: 1999 e 2005; EUROSTAT (2011a: 3): LFS 2000.
Nota: (a) quebra de série

No que se refere aos homens, o objetivo não está cumprido em quatro países: Bélgica, Franca, Itália e Luxemburgo. No conjunto da UE-15, a diferença entre as taxas de emprego masculino e feminino diminuiu de 20,4 p.p. para 15,3 p.p. entre 1999 e 2010. Neste último ano, o diferencial é ainda expressivo (superior a 20 p.p.) na Grécia (27,6 p.p.), nos Países-Baixos (21,7 p.p.), em Espanha (21,5 p.p.) e Itália (21,4 p.p.). Esta situação contrasta com a da Suécia (7,5 p.p.) e da França (4,6 p.p.) – embora, neste caso, os valores estejam distantes dos objetivos políticos europeus. É de notar que na Finlândia a taxa de emprego das mulheres (neste escalão etário) ultrapassou a dos homens no último ano em análise.

3.3.1. Do Norte à Europa do Sul: observação das taxas de emprego

Num momento anterior (veja-se capítulo 1) abordámos o objetivo da EEE de obter uma taxa média de emprego feminino de, pelo menos, 60%, até 2010. Comparamos agora os diferentes países no que diz respeito às taxas de emprego das mulheres com "25-54 anos" e no escalão etário mais avançado (55-64).[15]

FIGURA 3.1 – Taxas de emprego das mulheres com idades compreendidas nos intervalos 25-54 e 55-64, por país (UE-15), em 2010

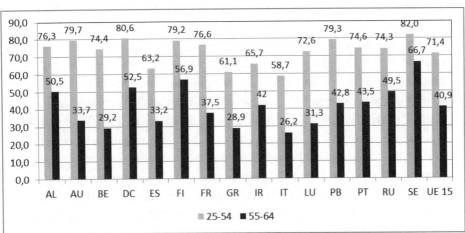

Fonte: EUROSTAT, LSF database; consultado em 18/01/2012: dados referentes ao escalão 25-54 anos
http://epp.EUROSTAT.ec.europa.eu/portal/page/portal/statistics/search_database
Nota: Quebra de série no caso dos dados referentes aos Países Baixos
Legenda: AL-Alemanha; AU-Áustria; BE-Bélgica; DC-Dinamarca; ES-Espanha; FI-Finlândia; FR-França; GR-Grécia; IR-Irlanda; IT-Itália; LU-Luxemburgo; PB-Países Baixos; PT-Portugal; RU-Reino Unido; SE-Suécia.

---

[15] Excluímos também da análise a população mais jovem (v. capítulo 2).

102 | Mudanças Laborais e Relações de Género: Novos Vetores de (des)igualdade

A partir da figura apresentada, é possível identificar três grupos de países:

- O primeiro exibe taxas de emprego feminino no primeiro escalão (25-54 anos) e no segundo intervalo (55-64) superiores a 70% e a 40%, respetivamente.
- O segundo apresenta taxas de emprego feminino relativamente elevadas (superiores a 70%) no primeiro escalão (25-54 anos), mas os valores estão aquém da meta estabelecida para a classe seguinte (55-64) – 40%.
- O terceiro regista taxas de emprego feminino no primeiro escalão (25-54 anos) e no segundo intervalo (55-64) inferiores a 70% e a 40%.

Os países nórdicos integram o primeiro grupo. No caso das mulheres situadas na primeira faixa etária, os valores aproximam-se ou são superiores a 80% (Suécia, Dinamarca e Finlândia); no que se refere às trabalhadoras com mais idade (55-64 anos), as taxas ultrapassam os 50%. Depois, a heterogeneidade de contextos socioeconómicos é significativa: juntam-se a estes valores países com diversas orientações em termos de políticas públicas, de características dos estados de bem-estar e de sistemas de género[16] – Alemanha, Países Baixos, Reino Unido e Portugal. Esta constatação estimula-nos a pensar que o estrito cumprimento das metas – aqui observado através da observação de dados estatísticos (taxas de emprego) – escamoteia realidades socioculturais, políticas, históricas, económicas e laborais distintas. Há ainda a considerar as divergências em termos de regimes de tempo de trabalho (v. Capítulo 1); com efeito, tanto na Alemanha (exceto a

---

16 Por sistema de género entende-se as representações sociais sobre aquilo que é permitido, esperado e valorizado nas mulheres e nos homens nos diferentes contextos socioculturais. Este sistema encontra-se institucionalizado nos sistemas educativo, político, económico, nos enquadramentos legais e normativos a nível societal e organizacional. É recriado, reproduzido ou alterado por via das práticas que têm lugar nos vários domínios da vida social (cf., CIG, 2010; ver também Pfau-Effinger, 1998, 1999; Connell, 2000).

ex-Alemanha de Leste) como nos Países Baixos a expetativa social dominante incrustada nas respetivas políticas públicas é a de que as mães ficam em casa quando as crianças são pequenas (modelo familialista e maternalista). Mantendo a assimetria nas relações de género (Addis, 2006), o modelo apenas modificou parcialmente a versão masculina de *ganha-pão*, com as mães a articularem agora o trabalho a tempo parcial com a domesticidade/cuidados à família (e.g. Pfau-Effinger, 1999; Fagan *et al.*, 2000).

Enquanto o segundo agrupamento congrega a Áustria, a Bélgica, a França e o Luxemburgo, o último reúne os países associados à Europa do Sul (à exceção de Portugal). A Itália apresenta a taxa de emprego feminino mais baixa de toda a UE-15 – seja relativamente ao escalão etário "25-54 anos" (58,7%) ou em relação ao intervalo mais avançado – "55-64" (26,2%) –, seguindo-se a Grécia e a Espanha. Na linha das perspetivas que têm procurado integrar a dimensão *género* na análise dos Estados e regimes de providência, poderíamos ponderar que estes dados estatísticos refletem as representações sociais e as expetativas dominantes em torno dos papéis desempenhados pelos homens e pelas mulheres em sociedade.

Nos países nórdicos, as políticas públicas têm favorecido a participação das mulheres na atividade laboral e a permanência relativamente prolongada no mercado de trabalho, a que se associa a provisão de uma rede extensa de apoio às famílias (tanto no domínio das infraestruturas socioeducativas para crianças, como no que diz respeito a estruturas de acolhimento e de prestação de cuidados a pessoas idosas) (e.g. Lewis, 1992; Hirdman, 1998; Pfau-Effinger, 1998; Plantenga e Siegel, 2004). É também nestes países que se regista o menor diferencial (em pontos percentuais) entre as taxas de emprego masculino e feminino no caso do intervalo etário mais avançado (55-64 anos) – como já mencionado (v. Quadro 3.1.). Não obstante todas as transformações recentes, mais liberalizantes, a regulação estatal sobre o mercado de trabalho tem permitido alguma proteção relativamente aos riscos de prolongamento da vida ativa no atual contexto de "mercado de trabalho *turbulento*"

(Taylor, 2009); a segmentação laboral é relativamente baixa no contexto europeu (EC, 2011), ao mesmo tempo que as políticas ativas de emprego têm apostado na qualificação ao longo da vida.

Acresce que, apesar de a partilha de tarefas domésticas e relativas ao cuidar estar longe de ser igualitária nos países nórdicos, a desigualdade de género é moderada (a mulher trabalha mais 2 a 6 horas por semana que os homens). Esta situação contrasta com aquela vivida na Europa do Sul, designadamente em Espanha e Portugal – sociedades onde essa desigualdade tem sido avaliada como forte (as mulheres, em média, trabalham mais 10 horas semanais que os homens) (Wall *et al.*, 2010). Como foi anteriormente mencionado, são escassas as infraestruturas de apoio às famílias, a que se alia o peso do tradicionalismo das ideologias de género e da norma familialista (e.g. Trifiletti, 1999; Cousins, 2000; González, *et al.*, 2000; Saraceno, 2004; Addabbo, 2006; Addis, 2006). Trata-se de constrangimentos que limitam a participação das mulheres no mercado de trabalho, ainda que os valores tenham vindo a aumentar consideravelmente em Espanha no decurso dos últimos anos, e Portugal configure uma situação singular (tema a que retornaremos; veja-se também o capítulo 1).

É conhecido o facto de, no espaço europeu, a esperança média de vida à nascença ser superior entre a população feminina. No entanto, quando observamos a esperança média de uma vida saudável, Portugal regista o valor mais baixo da UE-15 no que diz respeito às mulheres – 55,9 anos (contra o valor médio de 69,5 anos na Suécia). No caso dos homens, a esperança é superior – 58 anos; a Suécia apresenta também um valor superior para o segmento masculino (70,5), mantendo-se o mais elevado da UE (dados de 2009; EUROSTAT, 2011c: 38). Estes dados sugerem que as metas europeias em torno do envelhecimento ativo descuram a diversidade existente entre os vários países também nesta matéria, não obstante a relevância que assume no quadro do aprofundamento da qualidade de vida nas sociedades europeias (Bould e Casaca, 2011).

Cabe notar que nos países da Europa do Sul em geral, a prestação de cuidados é frequentemente assegurada por redes de entreajuda familiar, de cariz informal, quase sempre dinamizadas pelas mulheres. Estas são as principais cuidadoras de pessoas idosas dependentes – desde ascendentes diretos a elementos progenitores do cônjuge/companheiro, passando pelo apoio prestado no contexto da comunidade familiar ou social mais alargada. São também elas que frequentemente cuidam das crianças (netos e netas), possibilitando que as gerações mais jovens (designadamente as respetivas filhas) exerçam uma atividade laboral a tempo inteiro (e.g. Trifiletti, 1999; Cousins, 2000; Saraceno, 2004; Albuquerque e Passos, 2010). Assim sendo, para este segmento, a questão do envelhecimento da população e a ausência de respostas públicas constitui um constrangimento importante ao prolongamento da vida ativa. Recorde-se que o diferencial entre as taxas de emprego masculino e feminino, no intervalo que compreende pessoas entre os 55 e os 64 anos, é superior a 20 p.p. em Espanha, na Grécia e Itália (v. Quadro 3.1.). Nestes últimos dois países, a idade média (efetiva) com que as mulheres se reformam é inferior a 60 anos (valor médio referente ao período entre 2004 e 2009) (OCDE[17]). Ainda, de acordo com os últimos dados disponíveis[18], só em Portugal e em Espanha a idade legal de reforma estava fixada de modo igual para homens e mulheres (65 anos); naqueles primeiros países, a idade estava fixada em 60 anos para a população feminina (valores referentes a 2008; EUROSTAT, 2011b: 58). Em termos de cuidados prestados a pessoas idosas, estes países tendem a enfrentar dificuldades crescentes no futuro, num contexto económico e financeiro pontuado por políticas e programas de austeridade, reduções drásticas na provisão de bem-estar e baixas taxas de fertilidade (e.g. Addis, 2006).

---

[17] OCDE – http://www.oecd.org/document/47/0,3343,en_2649_34747_39371887_1_1_1_1,00.html (consultado em 23 de janeiro de 2012)

[18] Estes dados não refletem, portanto, as reformas mais recentes verificadas nestes países.

106 | Mudanças Laborais e Relações de Género: Novos Vetores de (des)igualdade

Em face deste cenário, as ambições plasmadas no domínio do Conselho Europeu de Barcelona – ainda que mais objetivas no que diz respeito às estruturas de acolhimento e socioeducativas[19] do que no plano dos equipamentos e serviços destinados a pessoas idosas – estão bastante aquém das necessidades despoletadas pelo cumprimento dos objetivos em matéria de emprego, designadamente das necessidades das famílias – e, portanto, das necessidades fundamentalmente sentidas pelas mulheres.

No resto da Europa, as taxas de emprego feminino no escalão "25-54" anos são mais baixas do que nos países nórdicos, mas mais elevadas que nos países da Europa do Sul (à exceção de Portugal, como se referiu). O mesmo padrão repete-se no caso das taxas de emprego para mulheres mais velhas (55-64 anos), ainda que no caso da Áustria, Bélgica e Luxemburgo os valores estejam próximos daqueles registados em Espanha, por exemplo. Uma análise mais fina da informação estatística disponível (v. Quadro 3.2) leva-nos a notar algumas dissemelhanças entre os escalões etários "55-59" e "60-64". Em França, nomeadamente, o valor da taxa diminui drasticamente do primeiro para o segundo intervalo (cerca de 40 p.p.). A quebra é também considerável no caso da Áustria, do Luxemburgo e da Bélgica – países onde a taxa de emprego das mulheres com idades entre os 60 e os 64 anos se situa abaixo de 15%.

Trata-se de países onde a idade média (efetiva) de reforma das mulheres foi inferior a 60 anos no período entre 2004 e 2009. A diferença em relação à situação na Grécia e Itália é que, naqueles casos, a idade média (efetiva) dos homens também se manteve nos mesmos limites, oscilando entre os 57 e os 59 anos (OCDE)[20]. Um dos fatores que contribui para que a taxa de emprego das mulheres com idades compreendidas entre os 60 e os 64 anos

---

[19] Estabeleceu-se como objetivo uma cobertura de 33% para crianças com idades compreendidas entre os 0 e os 3 anos, e de 90% para a faixa etária entre os 3 anos e a idade estabelecida para início da escolaridade obrigatória.

[20] OCDE – http://www.oecd.org/document/47/0,3343,en_2649_34747_3937 1887_1_1_1_1,00.html (consultado em 23 de janeiro de 2012)

Quadro 3.2 – Taxas de emprego das mulheres com idades entre os 55 e os 64 anos (desagregação por escalões etários), na UE-15 em 2010

	55-64	(55-59)	(60-64)
Alemanha	50,5	65,1	33,0
Áustria	33,7	51,3	14,7
Bélgica	29,2	43,1	14,4
Dinamarca	52,5	73,6	31,6
Espanha	33,2	41,7	24,2
Finlândia	56,9	75,0	39,9
França	37,5	57,2	16,7
Grécia	28,9	38,0	20,3
Irlanda	42	51,4	31,4
Itália	26,2	40,5	11,9
Luxemburgo	31,3	45,5	14,1
Países-Baixos	42,8(a)	59,0(a)	26,7(a)
Portugal	43,5	51,1	35,7
Reino Unido	49,5	66,0	33,8
Suécia	66,7	78,5	55,9

Fonte: EUROSTAT, *LSF database*; consultado em 26/01/2012
http://epp.EUROSTAT.ec.europa.eu/portal/page/portal/statistics/search_database
Nota: (a) quebra de série

seja relativamente baixa prende-se também com a idade legal de reforma; até há pouco tempo, em França, aquela estava fixada em 60 anos para homens e mulheres. No caso da Áustria, esta é a idade legal prevista para as mulheres, ascendendo a 65 anos no caso dos homens (dados de 2008) (EUROSTAT, 2011b: 58). No Reino Unido, encontramos também este requisito legal diferenciado – facto que pode ajudar a explicar o declínio acentuado nas taxas de emprego do segundo para o terceiro escalão etário (-32,2 p.p.). No entanto, neste caso, é também de considerar a restrita provisão de equipamentos públicos de apoio às famílias, ao abrigo de um estado de bem-estar caracterizado por uma orientação liberal. A prestação de cuidados é vista como uma matéria do foro privado dos indivíduos e respetivas famílias, e a rede de serviços existente é essencialmente dinamizada pelo setor privado

108 | Mudanças Laborais e Relações de Género: Novos Vetores de (des)igualdade

(e.g. Lewis, 1992; Pfau-Effinger, 1998; Plantenga e Siegel, 2004; Torres *et al.*, 2004; Crompton, 2006).

O Quadro 3.2. revela ainda declínios acentuados do segundo para o terceiro escalão na Dinamarca (país que apresenta a quebra mais expressiva – 42 p.p.), Finlândia, Países-Baixos e Alemanha. Nestes casos, a idade média legal de reforma está fixada nos 65 anos tanto para homens como para mulheres (EUROSTAT, 2011b: 58). Este salto descendente ocorre, porém, a partir de um valor de partida muito elevado; considerando o último intervalo (60-64 anos), é de notar que as taxas de emprego mantêm-se relativamente expressivas no quadro da UE-15. Já na Suécia, mais de metade (55,9%) das mulheres com idades compreendidas entre os 60-64 anos estão empregadas. No que se refere a este escalão etário, Portugal ocupa a terceira posição mais elevada, apresentando uma taxa de emprego feminino de 35,7% .

A situação na Irlanda é particular, uma vez que não se enquadra em nenhuma das três categorias que definimos previamente: no primeiro caso (25-54 anos), a taxa de emprego é inferior a 70%, embora seja superior a 40% no segundo intervalo (55-64 anos) – Figura 3.1. Quando esta última faixa etária é desagregada, o país apresenta um declínio do segundo para o terceiro escalão próximo daquele registado nos países da Europa do Sul; a taxa de emprego feminino é de 31,4% no último intervalo. Tal como nos países da Europa do Sul, as ideologias tradicionais relativamente às relações de género têm sustentado uma orientação estatal familialista, ao abrigo da qual é esperado que as famílias (as mulheres) desempenhem o papel de provedoras de cuidados e de bem-estar (e.g. Plantenga e Siegel, 2004; Crompton, 2006).

3.3.2. *Acerca da situação singular de Portugal*

O que é notável na observação destes dados estatísticos é o facto de Portugal se identificar mais com o grupo nórdico do que com os países da Europa do Sul, relativamente aos quais partilha várias características socioeconómicas (Ferrera, 1996). No contexto de um processo de *modernidade inacabada* (Machado *et al.*, 1998) e dos vários traços que o aproximam de um *país dual* (Cardoso *et al.*, 2005), importa recordar a posição ambivalente do Estado no domínio da modernização das relações de género: por um lado, a sociedade portuguesa conta com políticas de igualdade de género e de conciliação entre a esfera profissional e a vida familiar que se alinham no enquadramento mais progressista do espaço europeu; mas, por outro, são muitos os entraves à *desfamiliarização*, em resultado das fortes debilidades na provisão pública do bem--estar e na oferta de equipamentos de apoio às famílias (Casaca e Damião, 2011). É ainda o país que combina um modelo de duplo emprego a tempo inteiro com uma forte assimetria na distribuição do trabalho doméstico e do cuidar (e.g. Perista e Chagas Lopes, 1999; Perista, 2002; Torres *et al.*, 2004; Wall *et al.*, 2010).

Alguns estudos permitem concluir que a realidade portuguesa contemporânea em matéria de entreajudas informais é complexa, pelo que não é líquido que o processo de individualização e de nuclearização das famílias conduza a uma quebra da parentela e dos apoios familiares alargados, assentes em laços de progenitura ou de colateralidade. Contudo, também não se constata – ao invés do que é frequentemente evocado a propósito das sociedades do Sul da Europa – que avultem práticas de solidariedade primária, emanadas da família alargada, estruturadas e sistemáticas (Torres *et al.*, 2004). Nas grandes malhas urbanas, as redes informais de entreajuda – quando existentes – advêm sobretudo dos laços de progenitura do casal e assumem uma feição esporádica e pontual (e.g. Wall *et al.*, 2001; Vasconcelos, 2002; Torres *et al.*, 2004). Nestes casos, importa sublinhar que a entreajuda familiar referente ao trabalho de criar e cuidar de crianças é predominantemente assegurada pelas mães das mulheres das famílias estudadas (*idem*). Esta evidência é muito pertinente no quadro da reflexão que aqui traçamos sobre o prolongamento da vida ativa, pois, em geral, pode dizer-se que a rede de cuidados informal é essencialmente feminina e frequentemente centrada na figura da avó materna, que é quem quotidianamente *embala o berço* (Portugal, 1995).

No que respeita aos cuidados prestados a pessoas idosas, as expetativas sociais alinham-se no mesmo sentido: homens e mulheres esperam que, uma vez chegada a sua velhice, a filha (mais do que o filho) providencie o apoio necessário (cf. Torres, *et al.*, 2004). Neste registo, não raras vezes, as mulheres com idades acima dos 55 anos têm a seu cuidado os netas e/ou os netos, bem como as pessoas progenitoras do casal. Os estudos são unânimes na constatação de que é particularmente difícil o quotidiano das mulheres portuguesas ao longo das diferentes fases do seu ciclo de vida, dada a multiplicidade de responsabilidades e afazeres que compõem o dia a dia, seja no domínio laboral, doméstico, familiar ou mesmo comunitário (e.g. Portugal, 1995; Guerreiro e Romão, 1995; Perista e Chagas Lopes, 1999; Wall *et al.*, 2001; Aboim e Wall, 2002; Perista, 2002; Vasconcelos, 2002; Torres *et al.*, 2004). Todavia, o debate político em torno do prolongamento da vida ativa tende a menosprezar os constrangimentos institucionais e sociais aqui brevemente enunciados.

Ainda no caso de Portugal, importa ter presente que a reforma introduzida em 2007[21], designadamente por via da nova fórmula de cálculo das pensões, é particularmente penalizadora para as mulheres. O valor da pensão de reforma passou a ser calculado em função das remunerações auferidas ao longo de toda a carreira contributiva, perdendo-se o critério do valor médio dos 10 anos com remunerações mais elevadas dos últimos 15 anos. Ora, consi-derando o padrão de subremuneração das mulheres ao longo da sua trajetória laboral, esta medida veio empobrecer (ainda mais) os montantes auferidos na condição de reformadas. É de equacionar que esta situação pode estar na base do prolongamento da vida ativa, por via do qual muitas mulheres procuram adiar a fase

---

[21] Lei nº4/2007 de 16 de janeiro e Decreto-Lei nº 187/2007 de 10 de maio. De entre outras medidas, a idade média de reforma de homens e mulheres foi fixada em 65 anos (no caso das mulheres era de 62 anos). Numa perspetiva de promoção do "envelhecimento ativo", agrava-se a penalização financeira para os casos de reforma antecipada e atribuem-se incentivos para o prolongamento da vida ativa (entre outras medidas).

de maior empobrecimento e degradação das condições de vida. A questão das baixas remunerações (e das magras reformas) permite também compreender a razão pela qual Portugal apresenta a taxa de emprego de mulheres com idades acima dos 65 anos (65-74 anos) mais elevada do espaço europeu – 17,6% versus 5% (valor médio da UE-15, em 2010).[22]

3.3.3. O papel da escolaridade

Verifica-se que o grau de habilitações escolares influi positivamente na participação laboral das mulheres. Assim, uma vez filtrada a informação relativa ao emprego feminino em função de um nível superior de escolaridade (ISCED 5-6), é evidente a menor discrepância nos valores exibidos pelos diferentes países da UE-15. Como se pode constatar na Figura 3.2., as taxas de emprego das mulheres com idades compreendidas entre os 25 e os 54 anos são superiores a 80% em praticamente todos (doze) os Estados- -membros da UE-15. É de notar que mesmo naqueles países da Europa do Sul (Itália, Espanha e Grécia) onde os valores tendem a ser relativamente baixos, a taxa de emprego feminino é agora superior a 75%.

Entre as idades mais avançadas (55-64 anos), há uma maior amplitude na variação dos valores registados, oscilando entre 43% na Bélgica e 81% na Suécia. Ainda assim, em todos os países, encontra-se superada a meta consagrada na EEE relativa a uma taxa de emprego feminino (55-64 anos) de pelo menos 40%.

Já a Figura 3.3. exibe uma grande diversidade nas taxas de emprego feminino, mesmo no escalão "25-54" anos – onde a taxa média é inferior a 60% na UE-15 (52,1%). Neste caso, os dados referem-se a mulheres com um baixo nível de escolaridade (até

---

[22] EUROSTAT, *LSF database*; consultado em 26/01/2012
http://epp.eurostat.ec.europa.eu/portal/page/portal/statistics/search_database
Veja-se também o anexo 1.3. do capítulo 1.

112 | Mudanças Laborais e Relações de Género: Novos Vetores de (des)igualdade

Figura 3.2 – Taxas de emprego de mulheres com o ensino superior (ISCED 5-6, por grupos etários, em 2010

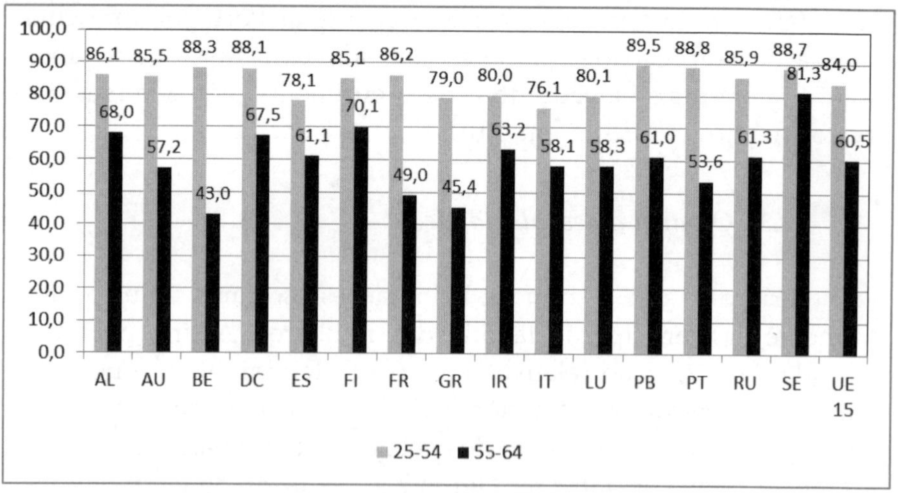

Fonte: EUROSTAT, *LSF database*; consultado em 26/01/2012
http://epp.EUROSTAT.ec.europa.eu/portal/page/portal/statistics/search_database
Nota: quebra de série nos dados referentes aos Países-baixos
Legenda: AL-Alemanha; AU-Áustria; BE-Bélgica; DC-Dinamarca; ES-Espanha; FI-Finlândia; FR-França; GR-Grécia; IR-Irlanda; IT-Itália; LU-Luxemburgo; PB-Países-Baixos; PT-Portugal; RU-Reino Unido; SE-Suécia.

ao grau secundário inferior[23] – ISCED 0-2). O valor mais baixo é registado na Irlanda (39,6%) e os mais elevados em Portugal (67,9%) e na Dinamarca (65,8%), não obstante as dissemelhanças institucionais e políticas já mencionadas.

Nas idades mais avançadas (55-64), os valores diferem ainda mais do que no caso das mulheres com escolaridade de nível superior (Figura 3.2.), variando entre 15,2% em Itália e 54% na Suécia. Mais uma vez, Portugal apresenta taxas idênticas às da Dinamarca e da Finlândia.

É verdade que as realidades entre os países europeus são muito distintas do ponto de vista da escolarização da população em geral e empregada; no entanto, é evidente uma maior har-

---

[23] Até ao secundário inferior (9 anos de escolaridade ou equivalente).

FIGURA 3.3 – Taxas de emprego de mulheres com um baixo nível de escolaridade (ISCED 0-2), por grupos etários, em 2010

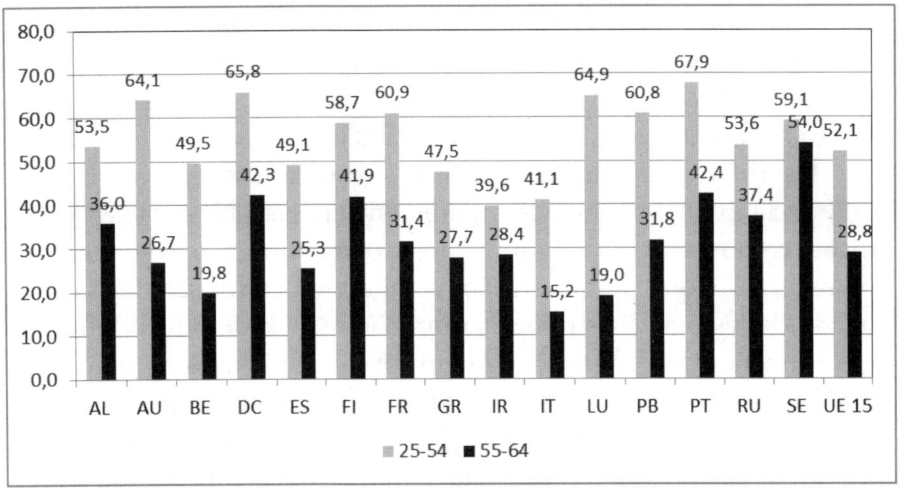

Fonte: EUROSTAT, *LSF database*; consultado em 26/01/2012
http://epp.EUROSTAT.ec.europa.eu/portal/page/portal/statistics/search_database
Nota: quebra de série nos dados referentes aos Países-baixos
Legenda: AL-Alemanha; AU-Áustria; BE-Bélgica; DC-Dinamarca; ES-Espanha; FI-Finlândia; FR-França; GR-Grécia; IR-Irlanda; IT-Itália; LU-Luxemburgo; PB-Países-Baixos; PT-Portugal; RU-Reino Unido; SE-Suécia.

monização nas taxas de emprego quando o nível de escolaridade das mulheres é elevado, enquanto as disparidades se acentuam quando o nível de educação escolar é baixo.

3.4. Emprego a tempo parcial

No espaço político europeu, o emprego a tempo parcial tende a ser visto como uma modalidade flexível que tem o mérito de possibilitar uma transição gradual para a fase da reforma. Contudo, os estudos têm mostrado que este regime de tempo de trabalho está associado a empregos pouco qualificados, precários e mal remunerados (v. capítulo 1). Embora não se trate de um grupo homogéneo, os países da Europa do Sul têm em comum o desenvolvimento mais tardio do setor dos serviços, o maior peso de modelos de produção assentes em mão de obra intensiva e o predomínio de baixos salários. Estes fatores ajudam a explicar a fraca expressão do regime de trabalho a tempo parcial, especialmente na Grécia e em Portugal – Quadro 3.3. (e.g. Ferreira, 1993; Ruivo *et al.*, 1998; Casaca e Damião, 2011).

Os diferentes enquadramentos institucionais exercem uma influência considerável nos valores em análise. Nos países nórdicos, como na Suécia e Dinamarca, o trabalho a tempo parcial pode proporcionar remunerações compatíveis com a satisfação das necessidades materiais básicas, num contexto onde o Estado assegura funções de bem-estar que em muito aliviam os orçamentos familiares. Ao invés, nos países da Europa do Sul (como a Grécia e Portugal), mesmo as remunerações equivalentes a uma prestação laboral a tempo inteiro não são garantia de condições de vida isentas da marca da pobreza (e.g. Ruivo *et al.*, 1998; Addis, 2006; Torres *et al.*, 2004; Crompton, 2006; Bastos *et al.*, 2009).

Na maioria dos países da UE-15, o trabalho a tempo parcial tem uma expressão relativamente elevada no emprego das mulheres com idades situadas no escalão "55-64 anos". Em nove países, a proporção do TP no emprego total feminino é igual ou superior a 40%; a França apresenta um valor ligeiramente inferior (33,5%); e a Finlândia aproxima-se dos países da Europa do Sul (incluindo agora também Portugal), apresentando uma das cifras mais baixas. A amplitude de valores é muito elevada: cerca de 82% das mulheres empregadas nos Países Baixos encontram-se abrangidas por este regime, ao invés de apenas 11,5% das mulheres empregadas na Grécia.

Em todos os países em análise, o peso desta modalidade de tempo de trabalho é claramente superior no caso do emprego feminino – tanto no primeiro intervalo (25-59) como no segundo (55-64). As diferenças em relação ao emprego masculino são assinaláveis (diferencial que chega a ser superior a 40 p.p.) nos Países Baixos, Alemanha e Áustria.

QUADRO 3.3 – Emprego a tempo parcial (% no emprego total), por sexo (escalão etário 55-64), em 2010

	Homens	Mulheres	Homens	Mulheres
	25-59(b)		55-64	
Alemanha	7,6	47,3	9,9	50,0
Áustria	6,4	45,2	12,5	48,7
Bélgica	7,6	42,4	17,2	52,9
Dinamarca	7,1	31,3	12,1	40,0
Espanha	4,0	21,9	3,9	21,7
Finlândia	5,3	13,5	15,0	23,1
França	5,1	29,3	11,3	33,5
Grécia	2,8	9,4	3,3	11,5
Irlanda	8,2	31,7	13,4	47,4
Itália	4,3	28,5	6,4	20,8
Luxemburgo	2,6	36,6	a)	40,2
Países-Baixos	15,5c)	74,2c)	29,0c)	81,8c)
Portugal	3,9	10,5	11,2	25,7
Reino Unido	6,8	40,4	16,3	51,3
Suécia	8,2	35,5	15,7	41,4
UE 15	6,2	36,0	11,6	41,3

Fonte: EUROSTAT, *LSF database*; consultado em 26/01/2012
http://epp.EUROSTAT.ec.europa.eu/portal/page/portal/statistics/search_database
Notas:
a) informação não disponível;
b) informação não disponível para o escalão previamente analisado (25-54 anos)
c) quebra de série

É de notar que o trabalho remunerado realizado pelas mulheres europeias (55-64 anos) em regime de TP tende a diminuir cerca de 5 horas semanais por cada pessoa idosa que vive no mesmo agregado familiar, enquanto esta situação praticamente não influi no comportamento laboral dos homens (EC, 2011: 215-216). Os dados observados comprovam que, em ambas as franjas etárias, as motivações que mais pesam na opção por esta modalidade de tempo de trabalho são a dificuldade em encontrar uma ocupação a tempo inteiro e a necessidade de atender a responsabilidades familiares e pessoais (19,8% e 29,2% em média – UE-15).[24] Só o primeiro motivo, porém, é que é tratado pelo EUROSTAT como trabalho a tempo parcial involuntário[25] (v. Quadro 3.4). No primeiro escalão (25-59), é nos países da Europa do Sul (Itália, Portugal, Espanha e Grécia) que a involuntariedade assume uma maior expressão, abrangendo mais de 45% das mulheres empregadas a tempo parcial. No caso dos homens, mantém-se este padrão de involuntariedade, ainda que com uma *nuance* que merece registo: tanto no contexto da Europa do Sul como no espaço europeu em geral (UE-15), Portugal é o único país em que a situação de trabalho a tempo parcial é mais involuntária para as trabalhadoras do sexo feminino (apesar de a diferença em relação aos homens ser ténue, a verdade é que assume relevo no contexto europeu em análise).

No segundo intervalo (55-64), a disponibilidade de informação estatística fiável é ainda mais escassa; ainda assim, a involuntariedade mantém um peso importante no caso das mulheres italianas e espanholas – situação que contrasta sobretudo com aquela registada nos Países-baixos, Bélgica, Reino Unido e Áustria. Aquele primeiro país destaca-se, assim, pela baixa involuntariedade associada ao trabalho a TP. Estes resultados são consistentes com o modelo de ganha-pão masculino parcialmente modificado, sugerindo que o emprego a tempo parcial é socialmente percecionado como uma forma feminina de emprego, que permite às mulheres associar o exercício de uma atividade laboral ao papel de *cuidadoras* no espaço familiar (Lewis, 1992; Pfau-Effinger, 1998; Fagan, O'Reilly e Rubery, 2000).

Ao invés do escalão etário precedente – onde Portugal configurava uma situação de exceção –, neste caso, a involuntarie-

---

[24] EUROSTAT, *LSF database*; consultado em 26/01/2012
http://epp.eurostat.ec.europa.eu/portal/page/portal/statistics/search_database
[25] Corresponde à situação em que as pessoas inquiridas declararam trabalhar a tempo parcial por não ter conseguido encontrar uma colocação a tempo inteiro.

Género, Idade e Mercado de Trabalho | 117

**QUADRO 3.4 – Emprego a tempo parcial involuntário
(% no emprego total a TP), por sexo e escalões etários, em 2010**

	Homens	Mulheres	Homens	Mulheres
	25-59(b)		55-64	
Alemanha	44,1c)	18,7	39,2 c)	21,5
Áustria	20,0	9,5	a)	9,2
Bélgica	15,3	9,3	a)	5,1
Dinamarca	22,5	18,5	15,1	14,4
Espanha	64,6	48,1	32,9	40,4
Finlândia	40,9	34,1	14,1	15,9
França	38,4 c)	29,7	19,5 c)	27,7
Grécia	72,6	51,2	38,7	18,5
Irlanda	66,2 c)	28,3 c)	49,4 c)	22,4 c)
Itália	68,8	45,5	36,3	40,4
Luxemburgo	a)	7,8 c)	a)	a)
Países-Baixos	12,5 d)	4,6 d)	5,4 d)	3,9 d)
Portugal	45,5	46,9	a)	21,1
Reino Unido	40,7 c)	10,3 c)	19,5 c)	6,6 c)
Suécia	30,5	25,3	12,1	17,5
UE 15	42,7 c)	23,6 c)	22,4 c)	19,8 c)

Fonte: EUROSTAT, *LSF database*; consultado em 27/01/2012
http://epp.EUROSTAT.ec.europa.eu/portal/page/portal/statistics/search_database
Notas:
a) informação não disponível; b) informação não disponível para o escalão previamente analisado (25-54 anos); c) dados pouco fiáveis; d) quebra de série

dade tem maior incidência na população trabalhadora feminina em mais países europeus – França (apesar da reserva suscitada pelos dados), Espanha, Suécia, Itália e Finlândia.

3.5. Precariedade laboral e desemprego

A precariedade laboral tem vindo a aumentar no espaço europeu (veja-se os capítulos 1 e 2). Os Estados-membros da Europa do Sul são conhecidos pelos défices na provisão pública do bem-estar

118 | Mudanças Laborais e Relações de Género: Novos Vetores de (des)igualdade

e no domínio da proteção social, pelas fragilidades das políticas ativas de emprego, os défices em termos de qualificação, as especificidades do tecido económico e empresarial, o peso da informalidade na economia e a segmentação do mercado de trabalho (Ferrera, 1996; EC, 2011). Estes são alguns dos fatores que estão na base de elevadas desigualdades laborais e sociais, designadamente no contexto Português (e.g. Kovács, 2002; Cardoso *et al.*, 2005). Já nos países nórdicos, além de uma orientação política centrada em políticas ativas de emprego, os Estados tendem a conferir níveis superiores de proteção social em situações de maior vulnerabilidade laboral (Taylor, 2009). A experiência inerente a uma relação de trabalho temporária difere portanto entre os países europeus, em função da diversidade de enquadramentos institucionais.

Uma vez observados os dados estatísticos sobre o trabalho temporário na UE-15 (modalidade que reúne todas as formas contratuais de duração determinada ou incerta), verifica-se que os valores médios se mantêm estáveis entre 1999 e 2010 tanto para os homens como para as mulheres trabalhadoras com idades compreendidas entre os 55 e os 64 anos (6% e 6,4%, respetivamente). No escalão precedente (25-59), a incidência do trabalho temporário aumentou ligeiramente no caso das mulheres (de 10,7% em 1999 para 11,6% em 2010) e dos homens (de 8,7% para 9,8%),[26] apesar da diversidade assinalável que se verifica entre os vários países – como demonstra o Quadro 3.5. Esta constatação remete para o facto de o aumento da precariedade laboral ter incidido fundamentalmente sobre a população mais jovem – e, muito em particular, sobre a população jovem feminina (veja-se os capítulos 1 e 2).

Retomando a questão dos contrastes no contexto europeu, é de notar que a percentagem de trabalhadores/as com vínculos temporários é elevada em Espanha e em Portugal, sobretudo no intervalo "25-59 anos". A incidência da precariedade diminui na faixa etária entre os 55 e os 64, mantendo-se os valores mais ele-

---

[26] EUROSTAT, *LSF database*; consultado em 27/01/2012
http://epp.eurostat.ec.europa.eu/portal/page/portal/statistics/search_database

Género, Idade e Mercado de Trabalho | 119

vados também naqueles dois países e na Grécia (Quadro 3.5.). Em todos os Estados-membros, o peso das contratações temporárias diminui do primeiro para o segundo grupo; no entanto, registam-se duas exceções: Reino Unido (sobretudo no caso das mulheres, embora também se verifique um aumento no segmento masculino) e Irlanda (acréscimo ligeiro no caso dos homens de idade mais avançada).

QUADRO 3.5 – Emprego temporário (% no emprego total),
por sexo e escalões etários, em 2010

	Homens	Mulheres	Homens	Mulheres
	25-59b)		55-64	
Alemanha	8,7	9,7	4,7	4,5
Áustria	4,4 c)	4,9	3,0	a)
Bélgica	4,9c)	7,5	1,9	4,2
Dinamarca	5,2 c)	7,3 c)	3,7	3,6 c)
Espanha	21,8	23,9	9,3	11,4
Finlândia	8,9	15,5	7,0	7,9
França	9,4	11,8	8,2	8,7
Grécia	10,0	13,1	5,9	11,0
Irlanda	6,2	7,3	6,6	6,4
Itália	9,0	12,5	6,7	5,4
Luxemburgo	4,5	6,2	a)	a)
Países-Baixos	11,1d)	13,7 d)	6,3 d)	7,5 d)
Portugal	20,0	20,9	9,1	10,2
Reino Unido	4,0	5,1	4,7	7,9
Suécia	8,8	11,6	5,4	5,6
UE 15	9,8	11,6	6,0	6,4

Fonte: EUROSTAT, *LSF database*; consultado em 27/01/2012
http://epp.EUROSTAT.ec.europa.eu/portal/page/portal/statistics/search_database
Notas: a) informação não disponível; b) informação não disponível para o escalão previamente analisado (25-54 anos); c) dados pouco fiáveis; d) quebra de série

No primeiro grupo, a precariedade contratual tem maior incidência junto das mulheres por comparação com os homens. No segundo (55-64 anos), o diferencial entre os sexos é menor em praticamente todos os países da UE-15 (à parte da Grécia e do Reino Unido), invertendo-se mesmo em desfavor (ligeiro) dos homens na Itália, Irlanda, Alemanha e Dinamarca.

Ao invés do que sucedia em 1999[27], o desemprego na população ativa com idades compreendidas entre os 55 e os 64 anos atinge mais os homens do que as mulheres em 2010 (taxa de desemprego de 7,3% e de 6,1%, respetivamente). Ainda assim, a Figura 3.4. ilustra que os valores são particularmente elevados em Espanha, Portugal e na Irlanda (aqui, sobretudo no caso dos homens). Estes dados sugerem que os efeitos da crise financeira e económica, incidiram num primeiro momento, após 2008, nos seg

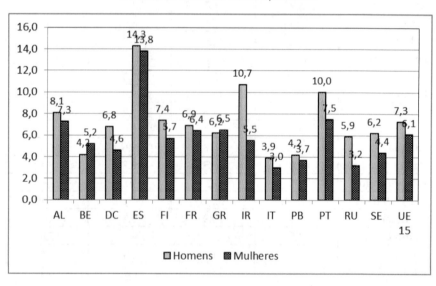

FIGURA 3.4 – Taxas de desemprego, por sexo, no escalão etário 55-64 anos, em 2010

Fonte: EUROSTAT, *LSF database*; consultado em 27/01/2012
http://epp.EUROSTAT.ec.europa.eu/portal/page/portal/statistics/search_database
Nota: informação não disponível para a Áustria e Luxemburgo. Quebra de série nos dados relativos aos Países-Baixos.
Legenda: AL-Alemanha; AU-Áustria; BE-Bélgica; DC-Dinamarca; ES-Espanha; FI-Finlândia; FR-França; GR-Grécia; IR-Irlanda; IT-Itália; LU-Luxemburgo; PB-Países-Baixos; PT-Portugal; RU-Reino Unido; SE-Suécia.

---

[27] EUROSTAT, *LSF database*; consultado em 27/01/2012
http://epp.eurostat.ec.europa.eu/portal/page/portal/statistics/search_database

mentos de atividade onde é mais expressivo o emprego masculino – como é o caso de indústria e da construção (EUROFOUND, 2011).

Embora os contratos temporários e o desemprego tenham uma menor incidência entre as pessoas trabalhadoras de idade mais avançada (EUROFOUND, 2011; veja-se também os capítulos 1 e 2), cabe-nos sublinhar que a precariedade e a perda de emprego são situações particularmente graves no caso deste segmento laboral. Esta gravidade decorre da maior dificuldade em encontrar um novo emprego, após o termo da relação contratual, e do risco de marginalização e de exclusão do mercado de trabalho (e.g. Bould, 1986; Taylor, 2009). Com efeito, o desemprego de longa duração é aqui particularmente preocupante (Quadro 3.6.), atingindo o seu valor máximo na Bélgica e em Portugal. Repare-se que, nestes dois países, cerca de três quartos (ou mais) das mulheres e dos homens desempregados nesta franja etária estavam nesta condição há mais de doze meses (dados referentes a 2010).

QUADRO 3.6 – Desemprego de longa duração – superior a 12 meses (% no desemprego total), por sexo, no escalão etário 55-64 anos, em 1999 e 2010

	Homens		Mulheres	
	1999	2010	1999	2010
Alemanha	63,2	61,7	69,5	63,4
Bélgica	78,7	83,2	96,0	76,1
Dinamarca	a)	37,0	a)	a)
Espanha	58,3	51,9	59,9	58,5
Finlândia	63,2	45,3	69,1	41,1
França	61,7	55,5	61,8	58,2
Grécia	49,5	47,7	46,8	59,9
Irlanda	66,4	58,5	a)	a)
Itália	64,3	57,6	a)	a)
Países-Baixos	78,5	51,8b)	a)	52,7b)
Portugal	65,1	72,6	a)	73,1
Reino Unido	54,2	45,5	37,4	36,5
Suécia	49,4	32,6	a)	30,9
UE 15	60,9	54,8	62,6	57,1

Fonte: EUROSTAT, *LSF database*; consultado em 27/01/2012
http://epp.EUROSTAT.ec.europa.eu/portal/page/portal/statistics/search_database
Notas: dados não disponíveis para a Áustria e Luxemburgo.
a) informação não disponível; b) quebra de série

122 | Mudanças Laborais e Relações de Género: Novos Vetores de (des)igualdade

Esta questão assume particular relevância à luz dos programas de austeridade, das reformas nos sistemas laborais e de segurança social em curso nos vários países europeus – e designadamente naqueles onde o DLD assume uma maior expressão (como Portugal). Cabe notar que é também este grupo de trabalhadores/as (acima dos 55 anos) que menos beneficia de oportunidades de qualificação, dadas as escassas iniciativas de formação em contexto empresarial ou dinamizadas pelas instâncias públicas. Os estudos indicam que estas tendem a deixar de fora trabalhadores/as mais velhos/as (Gallie, 2002), sobretudo as mulheres de idade mais avançada[28] e pessoas com baixas qualificações (Pestana, 2004). As investigações já realizadas mostram também que este segmento tende a revelar menor motivação para participar em atividades de formação e de desenvolvimento de novas competências, devido à ausência de perspetivas de melhoria nas oportunidades futuras de emprego (Gallie, 2002).[29] Em relação às mulheres, acresce a escassez de tempo para o efeito, dada a sobrecarga de responsabilidades inerentes à esfera familiar e doméstica – sobretudo, como temos referido, nos países onde mais pesa a assimetria na organização do trabalho não pago e a escassez de infraestruturas públicas de apoio às famílias.

---

[28] No caso de Portugal, um estudo comprovou que 80% das pessoas beneficiárias de formação profissional com mais de 55 anos de idade são homens (Pestana, 2004: 82).

[29] O relatório a nível europeu elaborado por Brunello, Garibaldi e Wasmer (2007) conclui que a formação profissional em idade adulta, procurada quer por iniciativa própria, quer por iniciativa da entidade empregadora, ocorre com muito menor probabilidade a pessoas com características identificáveis: aquelas com qualificações mais baixas, em empregos de reduzida especialização, com contratos temporários ou a curto prazo, com mais de 40 anos, que trabalham em empresas pequenas, ou que vivem em áreas rurais. Este estudo sublinha também as menores taxas de formação profissional nos países do sul: Grécia, Itália, Espanha e Portugal.

3.6. Conclusão e reflexões finais

O tema do envelhecimento ativo é hoje tido como central nos países da UE, onde, além de um discurso político que releva as vantagens do prolongamento da trajetória laboral, se têm empreendido várias reformas nos sistemas laborais, de pensões e de segurança social. Como observámos, as motivações inerentes são instrumentais e decorrem fundamentalmente de razões de ordem financeira e orçamental. A retenção no mercado de trabalho aparece, assim, dissociada de outros temas que consideramos fundamentais, como sejam a dignidade do emprego, as novas formas de organização do trabalho, o bem-estar individual e coletivo, a melhoria da qualidade de vida e a valorização do trabalho de cuidar (veja-se também Silva, 1999; Folbre, 2001; Taylor, 2006; Duran, 2007; Bould e Gavray, 2009; Casaca, 2009; ILO, 2009; Bould e Casaca, 2011). Trata-se de questões que muito importaria integrar de modo transversal nas prioridades políticas de todos os Estados-membros, mas que assumem ainda maior relevância naqueles países onde os modelos produtivos e de organização do trabalho permanecem apegados aos princípios clássicos, tayloristas (como sucede em Portugal), assentando em trabalho intensivo, pouco qualificado e remunerado, a braços com tarefas monótonas, simples, repetitivas e desprovidas de conteúdo e de interesse intrínseco. Nestas situações, envelhecer no ativo pode ser percecionado como sinónimo de prolongamento de uma vida pautada pelo sacrifício e por condições de trabalho degradadas. Simultaneamente, para muitas trabalhadoras e trabalhadores, afigura-se como a única alternativa possível, dado que, sem a dilatação do ciclo de vida ativa, as pensões de reforma tenderão a ser (ainda mais) baixas.

Temos também assistido à defesa de uma transição gradual para a reforma e de mecanismos flexíveis que o possibilitem. No entanto, se esta via pode ser encarada como uma alternativa menos abruta e favorável para muitas pessoas, a verdade é que há países (sobretudo no quadro da Europa do Sul) onde o regime de trabalho a tempo parcial, por exemplo, não é compatível com a subsistência material e com a garantia de uma vida condigna. Sublinhámos igualmente que esta modalidade apresenta-se feminizada em todos os países europeus, reforçando a segregação sexual no mercado de trabalho e as desigualdades de género. Uma vez que as mulheres auferem menos que os homens ao longo de toda a trajetória laboral e, em algumas sociedades, tendem a ter uma participação menos intensiva ou mesmo descontínua (com interrupção após o nascimento dos/as filhos/as), importa alertar para o facto de algumas reformas introduzidas nos sistemas de pensões serem particularmente penalizadoras para a população feminina.

Apesar de a Comissão Europeia ter declarado 2012 como o ano europeu do envelhecimento ativo e da solidariedade entre gerações, é de equacionar que esta última aspiração está longe de garantida; aliás, o aumento exponencial do desemprego entre as pessoas mais jovens sugere um enquadramento que lhe é mesmo particularmente adverso. Como compatibilizar o encorajamento à retenção laboral das pessoas de mais idade com a integração da população mais jovem no mercado de trabalho? Esta é uma questão política e social de extrema importância e que remete para a urgência de estratégias e políticas de emprego e de coesão social coerentes no espaço europeu.

Se é verdade que a geração jovem está mais sujeita à precariedade laboral e ao desemprego (veja-se o capítulo 2), é entre as pessoas de idade mais avançada que estas condições se revelam particularmente graves, dadas as dificuldades em encontrar um novo emprego. Como tivemos oportunidade de observar, o desemprego de longa duração atinge valores muito elevados em vários países europeus, envolvendo mais de metade das trabalhadoras e dos trabalhadores desempregados com idades entre os 55 e os 64 anos (UE-15). É de notar que Portugal surge em segundo lugar nesta hierarquia de valores, com o DLD a abranger praticamente três quartos das mulheres e dos homens desempregados neste escalão etário. Importa ponderar que esta questão, já por si particularmente preocupante, pode estar sujeita a um maior agravamento em resultado dos programas de austeridade, das reformas nos sistemas laborais e de segurança social. Em Portugal, por exemplo, a maior facilidade no despedimento pode levar as entidades empregadoras a porem fim a relações contratuais estáveis, substituindo pessoas de mais idade por trabalhadores e trabalhadoras com vínculos precários e salários mais baixos. Concomitantemente, os cortes nas compensações por despedimento, as reduções nas prestações sociais e no período coberto pelo subsídio de desemprego poderão contribuir para um agravamento da vulnerabilidade económica e social das pessoas desempregadas, empurrando-as para situações de pobreza persistente.

Ainda que a diretiva europeia vise estimular a adoção de dispositivos legais que protejam a população trabalhadora de práticas laborais discriminatórias, incluindo em razão da *idade* (Diretiva 2000/78/CE)[30], é ainda muito cedo para observar os efeitos da legislação e das medidas implementadas nos vários países europeus. No atual contexto, a verdade é que tanto os homens como as mulheres com mais de 50 anos são frequentemente consideradas como "demasiado velhas" pelas empresas ou organizações em geral. Referimos que o prolongamento da vida ativa incorre no risco de potenciar a discriminação laboral em razão do género e da idade. Torna-se, por conseguinte, fundamental a realização de estudos que adotem uma metodologia qualitativa de modo a apreender, no plano *micro*, como é que estas dimensões se cruzam e que efeitos produzem nas experiências de vida das mulheres e dos homens.

Procurámos sublinhar que as orientações políticas e as medidas associadas ao prolongamento da vida ativa não têm integrado a dimensão de *género*. O aumento da esperança média de vida tem tido um impacto diferenciado nas experiências das trabalhadoras e dos trabalhadores com mais de 55 anos de idade. As mulheres enfrentam agora uma maior probabilidade de terem pessoas

---

[30] A Diretiva 2000/78/CE, de 20 de novembro de 2000, estabelece um quadro geral de igualdade de tratamento no emprego e na atividade profissional.

idosas ao seu cuidado, sobretudo naqueles contextos onde escasseiam os equipamentos públicos e/ou estruturas formais de apoio à população idosa. A discriminação laboral de pessoas com responsabilidades familiares (fundamentalmente, mulheres) tem sido identificada e explorada em vários estudos, embora persista como um dos maiores obstáculos à igualdade de género em contexto profissional. Sucede que o debate em torno desta questão, embora imprescindível, tem estado focado na população mais jovem com crianças a cargo. Simultaneamente, as políticas e as medidas destinadas a promover a conciliação entre a esfera profissional e a vida familiar tendem a não incluir as pessoas – quase sempre as mulheres – que procurar assegurar o bem-estar de familiares idosos/as. Neste sentido, muito importaria alargar a esfera de reflexão (e intervenção) de modo a contemplar todas as pessoas prestadoras de cuidados.

Ponderámos, a este respeito, que o envelhecimento ativo acarreta novos desafios e tensões na vida de muitas mulheres, cujo quotidiano se reparte pelo cumprimento de responsabilidades várias, seja na esfera laboral, familiar (domínio onde são as principais prestadoras de cuidados a elementos progenitores e/ou a crianças mais pequenas – netos e netas), seja ainda na comunidade mais vasta. Em todos os Estados-membros da UE, as funções inerentes ao cuidar estão sobretudo a cargo das mulheres, mesmo nos países nórdicos que surgem comummente associados a uma cultura mais igualitária. O respaldo dos valores familialistas e do modelo normativo assente na mulher como cuidadora reflete-se em países como os Países Baixos, a Alemanha e a Áustria, por exemplo, assim como nas sociedades da Europa do Sul – facto a que associam, nestes casos um maior tradicionalismo na divisão do trabalho não pago e a insuficiência de infraestruturas públicas de apoio às famílias.

Aludimos, deste modo, à expressão utilizada por Dominique Méda (1999) acerca da presente *revolução silenciosa*. Ao mesmo tempo que é exigido às mulheres que prolonguem o seu ciclo de vida laboral, a sociedade em torno permanece silenciosa e imobilizada perante os desafios suscitados por essa mudança. O atual contexto de retração do estado social e de austeridade, em que vários países europeus estão mergulhados, incorre no risco de aprofundar esse *silêncio*. À exceção de um conjunto de boas práticas isoladas e de algumas orientações seguidas nos países nórdicos (Dinamarca e Suécia), em geral as políticas promotoras do envelhecimento ativo têm negligenciado áreas relevantes de apoio – desde a criação e disponibilização de equipamentos e serviços de assistência às famílias (tanto destinados a crianças como a pessoas dependentes) até às oportunidades de aprendizagem durante toda a vida ativa. Acresce que, no que diz respeito às relações de género na esfera privada, pouco se tem empreendido na monitorização sistemática das assimetrias de género na repartição dos tempos, do trabalho doméstico e do cuidar, na avaliação dos custos económicos e sociais dessa desigualdade, e em medidas concretas no sentido da respetiva superação e da melhoria das condições de vida das mulheres.

Referências bibliográficas

Aboim, Sofia e Wall, Karin (2002), "Tipos de família em Portugal: interacções, valores, contextos", *Análise Social*, 163: 475-506.

Addabbo, Tamara (2006), "Unpaid work by gender in Italy", *in* Picchio, Antonella (org.), *Unpaid Work and the Economy, A Gender Analysis of the Standard of Living*, London: Routledge, pp: 29-58.

Addis, Elisabetta (2006), "Unpaid and paid caring work in the reform of welfare states", *in* Picchio, Antonella (org.), *Unpaid Work and the Economy, A Gender Analysis of the Standard of Living*, London: Routledge, pp: 189-223.

Albuquerque, Paula e Passos, José (2010), "Grandparents and women's participation in the labour market", WP 16/2010/DE/SOCIUS/CEMAPRE.

Arber, Sara; Davidson, Kate; Ginn, Jay (2003), *Gender and Ageing – Changing Roles and Relationships*. Maidenhead, UK: Open University Press/McGraw Hill.

Barrère-Maurisson, Marie-Agnès (2003), *Travail, Famille: Le Nouveau Contrat*, Paris: Gallimard.

Bastos, Amélia, Casaca, Sara Falcão; Nunes, Francisco; Pereirinha, José A. (2009), "Women and poverty: a gender sensitive approach", *Journal of Socio-Economics*, Elsevier, 38(5): 764-778.

128 | Mudanças Laborais e Relações de Género: Novos Vetores de (des)igualdade

BOULD, Sally (1986), "Factors Influencing the Choice of Social Security Early Retirement Benefits: The Case for Unemployment," *Population Research and Policy Review*, 5: 217-235.

BOULD, Sally (1997), "Women and caregivers for the elderly", *in* Coyle, Jean M. (org.) *Handbook on Women and Aging*, Westport Conn: Praeger, pp: 430-442.

BOULD, Sally e Gavray, Claire (2009), "Women's work: the measurement and the meaning", *ExAequo*, APEM, 18: 57-83.

BOULD, Sally e Casaca, Sara Falcão (2011), "Aging populations, chronic diseases, gender and the risk of disability", *Working Paper SOCIUS*, 02/2011.

BRUNELLO, Giorgio; Garibaldi, Pietro; Wasmer, Etienne (2007), *Education and Training in Europe. A Report for the Fondazione Rodolfo Debenedetti*, Oxford: Oxford University Press.

CALASANTI, Tony M. e Slevin, Kathleen F. (2001), *Gender, Social Inequalities and Aging*, Walnut Creek, California: Altamira Press.

CARDOSO, Gustavo; Costa, A. Firmino; Conceição, Cristina P.; Gomes, Maria C. (2005), *A Sociedade em Rede em Portugal*, Lisboa: Campo das Letras.

CASACA, Sara Falcão (2009), "Reflexões em torno de um novo contrato de género e de uma sociedade mais inclusiva", *Sociedade e Trabalho*, MTSS, 38: 71-87

CASACA, Sara Falcão e Damião, Sónia (2011), "Gender (in)equality in the labour market and the southern European welfare states", *in* Addis, Elisabetta.; Villota, Paloma; Degavre, Florence; Eriksen, John, *Gender and Well-Being: The Role of Institutions from Past to Present*, London: Ashgate, pp: 184-199.

CASACA, Sara Falcão (2012, no prelo), *Trabalho Emocional e Trabalho Estético na Economia dos Serviços*, Fundação Económicas/Almedina.

CIG (2010), *Guião de Educação Género e Cidadania – 3º Ciclo* (por Pinto, Teresa, coord., Nogueira, Conceição; Vieira, Cristina; Silva, Isabel; Saavedra, Luísa; Silva, Maria João; Silva, Paula; Tavares, Teresa-Cláudia; Prazeres, Vasco)

COLLIN, Aurélie (2005), "Age discrimination and social partners: a comparative study of France and the United Kingdom", *Warwick Papers in Industrial Relations*, nº 75.

CONNELL, R.W. (2000), *Gender*, Cambridge: Polity Press.

COUSINS, Christine (2000), "Women and employment in Southern Europe: the implications of recent policy and labour market directions", *South European Society and Politics*, 5 (1): 97-122.

CROMPTON, Rosemary (2006), *Employment and the Family: The Reconfiguration of Work and Family Life in Contemporary Societies*, Cambridge: Cambridge University Press.

DALY, Mary e LEWIS, Jane (2000), "The concept of social care and the analysis of contemporary welfare states", *The British Journal of Sociology*: 51(2): 281-298.

DALY, Mary e RAKE, Katherine (2003), *Gender and the Welfare State*, Cambridge: Polity Press.

DREW, Eileen (1998), "Re-conpetualising families" e "Changing family forms and the allocation of caring", *in* Drew, Eileen; Emerek, Ruth e Mahon, Evelyn (orgs), *Women, Work and the Family in Europe,* London: Routeledge, pp: 11-26; pp: 27-35.

DUNCAN, Colin e LORETTO, Wendy (2004),"Never the right age? Gender and age-based discrimination in employment", *Gender, Work and Organization,* 11(1): 95-115.

DURÁN, María Ángeles (2007), *El Valor del Tiempo,* Madrid: Espasa Calpe.

EC (2005), *Working Together for Growth and Jobs. Integrated Guidelines for Growth and Jobs (2005–08),* Communication to the Spring European Council.

EC (2006), *The Demographic Future of Europe – From Challenge to Opportunity.* Directorate-General for Employment, Social Affairs and Equal Opportunities Unit E.1.

EC (2007a), *Promoting Solidarity between the Generations.* Communication from the Commission to the European Parliament, The Council, The European Economic and Social Committee and the Committee of the Regions.

EC (2007b), *Integrated Guidelines for Growth and Jobs (2008–10).* Communication to the Spring European Council, Luxembourg: Publications Office of the European Union

EC (2010), *Employment in Europe 2010,* Luxembourg: Publications Office of the European Union.

EC (2011), *Employment and Social Developments in Europe 2011,* Luxembourg: Publications Office of the European Union.

ESPING-ANDERSEN, Gøsta (1990), *The Three Worlds of Welfare Capitalism,* Cambridge: Polity Press.

EUROFOUND (2009), *Drawing on experience – Older women workers in Europe.* Dublin.

EUROFOUND (2011), "Job creation – where does employment come from?", *Focus,* 10, November.

EUROSTAT (2011a), "European Union labour Force Survey – Annual Results 2010", *Statistics in Focus,* 30/2011 (por Monika Wokowczyk e Nicola Massarelli).

EUROSTAT (2011b), *Active Ageing and Solidarity between Generations – A Statistical portrait of the European Union 2012,* European Commission, Luxembourg: Publications Office of the European Union.

EUROSTAT (2011c), *Demography Report – Older, More Numerous and Diverse Europeans,* European Commission, Luxembourg: Publications Office of the European Union.

FAGAN, Colette; O'Reilly, Jacqueline e Rubery, Jill (2000), "Part-time work: Challenging the 'breadwinner' gender contract", *in* Jenson, Jane; Laufer, Jacqueline e Maruani, Margaret (orgs.), *The Gendering of Inequalities: Women, Men and Work.* Aldershot: Ashgate Publishing Limited, pp: 174-186.

130 | Mudanças Laborais e Relações de Género: Novos Vetores de (des)igualdade

FERRERA, Maurizio (1996), "The 'Southern Model' of Welfare in Social Europe", *Journal of European Social Policy*, 6 (1): 17-37.

FERREIRA, Virgínia (1993), "Padrões de Segregação das Mulheres no Emprego: Uma análise do caso português", *in* Santos, Boaventura Sousa (org.), *Portugal: Um Retrato Singular*, Porto, Edições Afrontamento, pp: 232-257.

FOLBRE, Nancy (2001), *The Invisible Heart – Economics and Family Values*, New York: The New Press.

GALLIE, Duncan (2002), "The quality of working like in welfare strategy", *in* Esping-Andersen, Gøsta, *Why We Need a New Welfare State*. Oxford: Oxford University Press, pp: 96-129.

GIBSON, D. (1996). "Broken down by gender: 'the problem of old women' redefined", *Gender and Society*, 10(4): 433-448.

GONZÁLEZ, Maria José, Teresa Jurado e Manuela Naldini (2000), "Introduction: interpreting the transformation of gender inequalities in southern Europe", *in* González, Maria José; Jurado, Teresa; Naldini, Manuela (orgs.), *Gender Inequalities in Southern Europe: Women, Work and Welfare in the 1990's*, Londres: Frank Cass, pp. 4-34.

GUERREIRO, Maria das Dores e Romão, Isabel (1995), "Famille et travail au Portugal. La coexistence de différentes dynamiques sociales", *in* Willemsen, Tineke; Frinking, G.A.; Vogels, Ria (orgs.), *Work and famille in Europe: The Role of Policies*, Tilburg: TUP, pp: 151-165.

HIRDMAN, Yvonne (1998), "State policy and gender contracts – the swedish experience", *in* Drew, Eileen; Emerek, Ruth e Mahon, Evelyn (orgs), *Women, Work and the Family in Europe*, London: Routledge, pp: 36-46.

ILO (2009), *Gender Equality at the Heart of Decent Work. Report IV*, Geneva: International Labour Conference, 98th Session.

KOVÁCS, Ilona (2002), *As Metamorfoses do Emprego – Ilusões e Problemas da Sociedade de Informação*, Oeiras: Celta Editora.

KREKULA, Clary (2007). "The intersection of work and gender: Reworking gender theory and social gerontology", *Current Sociology*, 55(2): 155-171.

LEWIS, Jane (1992). "Gender and the development of welfare regimes", *Journal of European Policy*, 2(3): 159-173.

LEWIS, Jane (1998), "Politique familiale et marché du travail: les cas de la Grande-Bretagne dans une perspective européenne", *in* Maruani, Margaret (org.), *Les Nouvelles Frontières de L'Inégalité – Hommes et Femmes sur le Marché du Travail*, Paris: La Découvert, pp: 139-151.

MACHADO, Fernando L. e COSTA, António Firmino (1998), "Processos de uma modernidade inacabada. Mudanças estruturais e mobilidade social", Viegas, José Manuel e Costa, António Firmino (orgs.), *Portugal, Que Modernidade?*, Oeiras: Celta Editora, pp: 17-44.

MAHON, Evelyn (1998), "Changing gender roles, state, work and family lives", *in* Drew, Eileen; Emerek, Ruth e Mahon, Evelyn (orgs.), *Women, Work and the Family in Europe*, London: Routledge, pp: 153-158.

Méda, Dominique (2001), "New perspectives on work as value", *in* Loutfi, Martha F. (org.), *Women, Gender and Work – What is equality and how do we get there?*, Géneve, ILO, pp: 21-32.

OECD (2006), *Live longer, Work Longer* (direção científica de Mark Keese).

O'Reilly, Jacqueline e Spee, Claudia (1997), "Regulation work and welfare of the future: towards a new social contract or a new gender contract?", Discussion Paper, Social Science Research Center Berlin.

Orloff, Ann (1993), ''Gender and the social rights of citizenship: the comparative analysis of gender relations and welfare states'', *American Sociological Review*, 48: 303-328.

Perista, Heloísa e Chagas Lopes, Margarida (coord.) (1999), *A Licença de Paternidade – Um Direito Novo para a Promoção da Igualdade*, Lisboa, DEPP, CIDES.

Perista, Heloísa (2002), "Género e Trabalho não pago: os tempos das mulheres e os tempos dos homens", *Análise Social*, 163: 447-474.

Perrons, Diane (2000), "Living with risk: labour market transformation, employment policies and social reproduction in the UK", *Economic and Industrial Democracy*, 21: 283-310.

Pestana, Nuno N. (2004), "Os desafios do envelhecimento activo", *Sociedade e Trabalho*, 21: 71-87.

Pfau-Effinger, Birgit (1998), "Culture or structure as explanations for differences in part-time work in Germany, Finland and the Netherlands?", *in* O'Reilly, Jacqueline e Fagan, Colette (orgs.), *Part-time Prospects – An International Comparison of Part-time Work in Europe, North America and the Pacific Rim*, London: Routledge, pp: 177-198.

Pfau-Effinger, Birgit (1999), "The Modernization of family and motherhood in western Europe", *in* Crompton, Rosemary (org.), *Restructuring Gender Relations and Employment – The Decline of the Male Breadwinner*, Oxford: University Press, pp: 60-79.

Picchio, Antonella (2006), *Unpaid Work and the Economy, A Gender Analysis of the Standard of Living*, London: Routledge.

Plantenga, Janekke e Siegel, Melissa (2004), ''European Childcare Strategies'', Comunicação apresentada à conferência *Childcare in a Changing World*, Groningen, the Netherlands.

Portugal, Sílvia (1995), "As mãos que embalam o berço. Um estudo sobre redes informais de apoio à maternidade", *Revista Crítica de Ciências Sociais*, 42: 155-178.

Rêgo, Maria do Céu (2006), "Gender, equality and citizenship", Comunicação apresentada à conferência *Gender (In)equality in the European labour market*, Research Network "Gender Relations in the Labour Market and the Welfare State" European Sociological Association (ESA), SOCIUS/ISEG, Lisboa, 6-8 de Setembro.

132 | Mudanças Laborais e Relações de Género: Novos Vetores de (des)igualdade

Ruivo, Margarida; Gonzalez, Maria do Pilar; Varejão, José (1998), "Why is part-time work so low in Portugal and Spain", *in* O'Reilly, Jacqueline e Fagan Colette (orgs.), *Part-time Prospects – An International Comparison of Part-time Work in Europe, North America and the Pacific Rim*, London: Routledge, pp: 199-213.

Sainsbury, Diane (1999) (org), *Gender and Welfare State Regimes*, Oxford University Press.

Saraceno, Chiara (2004), "A igualdade difícil: mulheres no mercado de trabalho em Itália e a questão não resolvida da conciliação", *Sociologia – Problemas e Práticas*, 44: 27-45.

Settersten Jr. Richard A. e Angel, Jacqueline (orgs.) (2011), *Handbook of the Sociology of Aging* Springer: New York.

Silva, Manuela (1999), *A Igualdade de Género, Caminhos para uma Sociedade Inclusiva*, Lisboa: CIDM, Cadernos Condição Feminina, 53.

Sontag, Susan (1978), "The double standard of ageing", *in* Carver, Vida e Liddiard, Penny (orgs.), *An Ageing Population – A Reader and Sourcebook*, Suffolk: Hodder and Stoughton, pp: 72-80.

Taylor, Philip (2006), *Employment Initiatives for an Ageing Workforce in the EU-15*, Office for Official Publications of the European Communities, Luxembourg.

Taylor, Philip (2009), "Older Workers and the Growing Spectre of Uselessness: Working Later in a Turbulent Labour Market", Comunicação apresentada ao Simpósio *Older Workers and Social Policy in the 21st Century*, UMass, Boston, April 2009.

Torres, Anália (coord.); Silva, Francisco; Monteiro, Teresa; Cabrita, Miguel (2004), *Homens e Mulheres, Entre Família e Trabalho*, DEEP/CITE, Estudos 1.

Trifiletti, Rossana (1999), "Southern European welfare regimes and the worsening position of women", *Journal of European Social Policy*: 9:49-64.

Vasconcelos, Pedro (2002), "Redes de apoio familiar e desigualdade social: estratégias de classe, *Análise Social*, 163: 507-544.

Venn, Susan; Davidson, Kate; Arber, Sara (2011), "Gender and Aging", *in* Settersten Jr. Richard A. e Angel, Jacqueline (orgs.), *Handbook of the Sociology of Aging* Springer: New York.

Vincent, John A. (2000), "Age and old age", *in* Payne, Geoff (org.), *Social Divisions*, London. Macmillan, pp: 133-151.

Wall, Karin; Aboim, Sofia; Cunha, Vanessa; Vasconcelos, Pedro (2001), "Families and informal support networks in Portugal: the reproduction of inequality", *Journal of European Social Policy*, 11(3): 213-233.

Wall, Karen; Aboim, Sofia; Leitão, Mafalda. (2010), *Observatório das Famílias e das Políticas de Família – Relatório 2010*, OFAP, CIES-ICS.

West, Candace e Fenstermaker, Sarah (1995), "Doing difference", *Gender & Society*, 9: 8-37.

WHO (2002), *Active Ageing – A Policy Framework*. A contribution of the WHO to the Second United Nations World Assembly on Ageing, Madrid, Spain, April, 2002.

4.

Género, imigração e flexibilidade laboral: o caso dos serviços domésticos

MANUEL ABRANTES

JOÃO PEIXOTO

4.1. Introdução

O crescimento recente da imigração e o papel da população imigrante no mercado de trabalho têm sido objeto de abundante investigação em Portugal (para um maior desenvolvimento, ver Peixoto, 2008; Machado, Azevedo e Matias, 2009). O conhecimento do peso e das características da população imigrante no mercado de trabalho é complexo, dadas as limitações das fontes estatísticas e a importância da economia informal. Apesar disso, existe consenso sobre o seu carácter crucial para a viabilização de muitas atividades económicas, bem como a sua sujeição a modos de incorporação laboral mais desfavoráveis do que a média nacional, incluindo maiores níveis de flexibilidade e precariedade.

As mulheres imigrantes têm desempenhado um papel fundamental neste processo. As suas taxas de atividade são elevadas – ainda mais do que as registadas entre a população de nacionalidade portuguesa –, o que demonstra o carácter maioritariamente económico da imigração feminina para o país. A sua entrada no mercado de trabalho tem permitido satisfazer a procura em alguns setores e nichos ocupacionais específicos, sobretudo na área dos serviços. Entre estes, os serviços domésticos possuem particularidades que serão exploradas adiante.

134 | Mudanças Laborais e Relações de Género: Novos Vetores de (des)igualdade

Apesar da importância do tema, a investigação sobre a diferenciação por género na imigração é escassa (ver, entre outros//as, Machado e Perista, 1997; Perista, 1998; Wall e José, 2004; Wall, Nunes e Matias, 2006; Peixoto *et al.*, 2006; Padilla, 2007; Miranda, 2009; Casaca e Peixoto, 2010; Ramalho e Trovão, 2010). São conhecidas, genericamente, as principais diferenças entre homens e mulheres imigrantes face às principais variáveis socioeconómicas, bem como alguns percursos e estratégias da imigração feminina. A relação entre os padrões mais amplos de diferenciação por género e as trajetórias de imigrantes, bem como o caso de alguns nichos ocupacionais, como os serviços domésticos, encontram-se ainda por aprofundar.

Neste capítulo serão revistas, em primeiro lugar, algumas das principais tendências da imigração e sua incorporação no mercado de trabalho em Portugal. Será tida em conta a diferenciação por género, o que irá permitir concluir pela dupla discriminação existente, neste contexto, em relação às mulheres imigrantes – resultante do cruzamento entre o género e o estatuto migratório. Será aprofundado, em segundo lugar, o caso dos serviços domésticos, um segmento profissional com uma expressão quantitativa assinalável em Portugal e onde a proporção de trabalho feminino imigrante é elevada. Dados relativos a outros Estados-membros da União Europeia enquadrarão algumas tendências identificadas a nível nacional.

4.2. Género, imigração e mercado de trabalho

A imigração de origem estrangeira em Portugal conheceu uma evolução rápida nas últimas décadas (ver Figura 4.1).[1] Desde os anos 1980 que a entrada de imigrantes é numerosa, tendo a maior aceleração datado da viragem do século. Foi entre o final dos anos

---

[1] Como sucede na maior parte dos textos sobre este tema, o tratamento da imigração será efetuado com base nas estatísticas disponíveis sobre a população estrangeira residente de forma legal em Portugal. Por esta razão, os termos "imigrante" e "estrangeiro" serão usados de forma indistinta.

1990 e meados da primeira década do novo século que se registaram os fluxos mais abundantes. A proporção de mulheres entre os imigrantes – ou, neste caso, entre a população estrangeira com um estatuto legal – foi sempre elevada, aumentando ligeiramente ao longo do tempo: no início dos anos 1980 pouco ultrapassava os 40%, tendo passado para perto de 50% em 2010. Esse aumento ocorreu mesmo em face de novos ciclos migratórios de trabalho, o que sugere que em todos os ciclos a proporção de mulheres trabalhadoras foi elevada. Noutros termos, os percursos femininos não funcionaram maioritariamente numa lógica passiva de reunificação familiar, antes tendo procurado uma inserção rápida no mercado de trabalho.

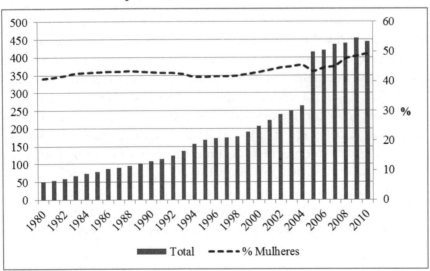

FIGURA 4.1 – População estrangeira com residência legalizada, por sexo, 1980-2010 (em milhares)

Fonte: INE/SEF
Nota: Os valores incluem autorizações de residência, autorizações de permanência prorrogadas (entre 2005 e 2007) e vistos de longa duração prorrogados (a partir de 2005).

O crescimento da imigração em Portugal não foi uma novidade à escala europeia. No mesmo período, todos os maiores países da Europa do Sul registaram uma viragem do anterior estatuto de emigração líquida para uma nova posição de recetores. A partir dos anos 1980, Espanha, Itália e Grécia e Portugal registaram abundantes fluxos de imigração. Apesar da heterogeneidade existente entre os países, muitos dos padrões de inserção laboral e de reação política à imigração foram semelhantes (Baganha, 1997; King, Lazaridis e Tsardanidis, 2000; Ribas-Mateos, 2004; Arango *et al.*, 2009). Alguns dos elementos comuns foram a ocupação por parte de imigrantes de segmentos desfavorecidos do mercado de trabalho, a grande procura de trabalho pouco qualificado, a ocupação de setores tradicionais intensivos em mão de obra, a prevalência da economia informal, a importância dos serviços domésticos, a instabilidade das políticas e vários momentos de regularização.

Os dados sobre o perfil da população imigrante em Portugal em 2010, por principais nacionalidades, indicam que a proporção de mulheres é elevada, em certos casos ultrapassando claramente a média (Quadro 4.1). Entre os principais grupos de imigrantes, aquele onde o valor é mais elevado é o brasileiro, onde as mulheres representam 56% da população residente. Tendo em conta que a imigração brasileira conheceu o seu auge entre o final da década de 1990 e finais da primeira década do novo século – num processo que ficou conhecido pela "segunda" e "terceira" vaga desta imigração (Góis *et al.*, 2009) –, os dados sugerem que uma parcela grande do movimento mais recente foi constituída por mulheres e que a sua presença no mercado de trabalho foi intensa. Em contrapartida, outros grupos de imigração mais recente, como as nacionalidades da Europa de Leste, a Guiné e algumas nacionalidades asiáticas, apresentam uma preponderância masculina.

Género, imigração e flexibilidade laboral: o caso dos serviços domésticos | 137

QUADRO 4.1 – População estrangeira com residência legalizada,
por nacionalidade e sexo, 2010

		HM	H	M	%M
Total		**445262**	**225564**	**219698**	*49,3*
UE-27		**103224**	**55629**	**47595**	*46,1*
dos quais:	Roménia	36830	20924	15906	*43,2*
	Reino Unido	17196	8869	8327	*48,4*
Outros Europa		**73687**	**39220**	**34467**	*46,8*
dos quais:	Ucrânia	49505	27165	22340	*45,1*
	Moldávia	15641	8310	7331	*46,9*
África		**108671**	**55282**	**53389**	*49,1*
dos quais:	Cabo Verde	43979	20773	23206	*52,8*
	Angola	23494	11534	11960	*50,9*
	Guiné-Bissau	19817	11636	8181	*41,3*
	São Tomé Príncipe	10495	4751	5744	*54,7*
América		**128117**	**56564**	**71553**	*55,8*
dos quais:	Brasil	119363	52478	66885	*56,0*
Ásia		**31252**	**18709**	**12543**	*40,1*
dos quais:	China	15699	8161	7538	*48,0*
Oceânia		**255**	**128**	**127**	*49,8*
Apátridas / Desconhecidos		**56**	**32**	**24**	*42,9*

Fonte: SEF
Nota: Inclui autorizações de residência e vistos de longa duração prorrogados.

As taxas de atividade da população imigrante, tanto de homens como de mulheres, são elevadas. Os valores apresentados no Quadro 4.2. permitem uma aproximação a essa realidade (embora se trate de taxas brutas de atividade, não corrigidas do peso da população sem idade ativa). Em 2010, a população estrangeira apresentava taxas de atividade masculinas e femininas superiores às da população portuguesa: no caso dos homens, os valores atingiam 72,6% (contra 56,4% da população nativa), enquanto no caso das mulheres chegavam aos 64,1% (contra 47,7% da população nativa). Estudos anteriores, corrigindo o enviesamento da estrutura etária, confirmam que a proporção de ativos entre as pessoas adultas continua a ser mais elevada entre homens e mulheres imigrantes do que entre homens e mulheres nativas (OECD, 2008). Estes números são particularmente relevantes face às elevadas taxas de atividade femininas já existentes em Portugal (Crompton, Lewis e Lyonette, 2007; Casaca, 2008). A proporção ainda mais elevada de mulheres imigrantes no mercado de trabalho confirma a sua motivação para o trabalho mas, também, as oportunidades laborais disponíveis para as mulheres.

Sabe-se ainda que, entre homens e mulheres estrangeiras, as mais altas taxas de participação na atividade económica podem ser encontradas entre a população oriunda da Europa de Leste, particularmente da Ucrânia, e do Brasil, enquanto a população oriunda de outros países da União Europeia (UE) detém os valores mais baixos (OECD, 2008). Esta variação está relacionada com diferentes propensões para trabalhar mas, também, com o perfil demográfico e a posição no ciclo migratório. A imigração leste europeia e a "segunda e terceira vagas" brasileiras são as mais recentes. Por isso são compostas por adultos e adultas jovens, cujas estratégias de imigração económica têm encontrado grande recetividade no mercado de trabalho. Em contrapartida, os cidadãos e as cidadãs da UE, em particular de países ocidentais, e a população originária dos PALOP estão há mais tempo no país e possuem maior diversidade etária, o que explica uma relação mais ténue com o mercado de trabalho.

Género, imigração e flexibilidade laboral: o caso dos serviços domésticos | 139

QUADRO 4.2 – **População ativa e taxas de atividade, por nacionalidade (portuguesa/estrangeira), por sexo, 2010**

	Sexo	Total	Portuguesa	Estrangeira
População ativa (milhares)	HM	5.580,7	5.337,9	242,8
	H	2.931,8	2.813,2	118,6
	M	2.648,9	2.524,8	124,2
Taxa de atividade (%)	HM	52,5	51,9	68,0
	H	57,0	56,4	72,6
	M	48,3	47,7	64,1

Fonte: INE, Estatísticas do Emprego

O perfil profissional da população trabalhadora estrangeira é muito diverso do da portuguesa. Por sua vez, em ambos os casos a inserção laboral dos homens é diferente da das mulheres. Algumas estatísticas e estudos recentes permitem efetuar um retrato genérico desta realidade, acentuando o carácter diferenciado da imigração feminina.

Segundo dados do Instituto Nacional de Estatística (INE), a população estrangeira está concentrada nas profissões menos qualificadas da indústria e dos serviços.[2] Comparando os perfis profissionais da população empregada em 2009, as estrangeiras e os estrangeiros estão sobre-representados (isto é, apresentam valores superiores à média) entre o pessoal dos serviços e vendedoras/es (20,2%), operárias/os, artífices e trabalhadoras/es similares (25,5%) e, sobretudo, trabalhadoras/es não qualificadas/os de todos os setores (26,1%). Nestes grupos profissionais, a presença de mulheres e homens estrangeiros é assimétrica. A presença feminina é largamente maioritária no pessoal dos serviços e vendedoras/es (33,3% de todas as mulheres estrangeiras) e trabalhadoras//es não qualificadas/os de todos os setores (43% das mulheres). Por seu lado, a presença dos homens estrangeiros é maioritária entre operárias/os, artífices e trabalhadoras/es similares (46,8% dos

---

[2] INE, *Estatísticas do Emprego*, dados não publicados.

homens estrangeiros). Noutros termos, se a inserção profissional da população imigrante é em geral pouco qualificada, o perfil das mulheres distingue-se por uma mais baixa qualificação relativa e por uma grande concentração nos serviços.

Ainda segundo a mesma fonte, a distribuição por ramos de atividade, em 2009, indica que a população estrangeira está sobretudo concentrada na construção (19,2%), alojamento, restauração e similares (12,4%), indústrias transformadoras (12%), comércio por grosso e a retalho, reparação de veículos automóveis e motociclos (11,7%) e atividades das famílias empregadoras de pessoal doméstico (10,4%). Nalguns destes casos a sobre-concentração é notória: nas atividades das famílias empregadoras de pessoal doméstico, a sua presença relativa excede em quase quatro vezes a da população nativa, enquanto na construção e no alojamento, restauração e similares excede-a em duas vezes. Observando a distribuição por sexo, os ramos onde as mulheres estrangeiras estão mais representadas são as atividades das famílias empregadoras de pessoal doméstico (21,2%), alojamento, restauração e similares (17,7%) e comércio por grosso e a retalho, reparação de veículos automóveis e motociclos (12,2%).

Apesar da prevalência de trabalhos pouco ou, quando muito, medianamente qualificados, o padrão de sobre-qualificação de muitas e muitos imigrantes ou, noutros termos, a posse de um nível de qualificações superior ao requerido pelas tarefas desempenhadas encontra confirmação nas estatísticas existentes. Os níveis de habilitação literária diferem consoante as nacionalidades: enquanto a população imigrante africana dispõe de qualificações inferiores aos portugueses, aquela oriunda do Brasil, da Europa de Leste e da UE-15 detém qualificações semelhantes ou mais altas (OECD, 2008). A concentração da maior parte destes últimos grupos (exceto o oriundo da UE-15) nas profissões de mais baixo estatuto aponta, porém, para um padrão de trabalho muito menos qualificado do que o sugerido pelas suas habilitações.

Verificamos ainda que, mesmo quando controlamos outras variáveis, os níveis de remuneração da população estrangeira são quase sempre inferiores aos da população portuguesa. Um estudo recente indicava que, em 2008, a população estrangeira recebia, em média, menos 13,3% do que a portuguesa e que essa disparidade não se podia explicar com base nas variáveis que geralmente determinam os salários, como a idade, género, nível de escolaridade e setor de atividade, entre outras (Cabral e Duarte, 2011). Curiosamente, porém, os níveis de remuneração favorecem trabalhadoras e trabalhadores estrangeiros nas posições mais altas das hierarquias ocupacionais e desfavorecem-nos no caso contrário. Tal sugere uma dualidade de posições, com as trabalhadoras e os trabalhadores imigrantes melhor colocados, incluindo representantes do investimento estrangeiro, a auferir rendimentos superiores à média, e a maior parte das imigrantes e dos imigrantes laborais a receber menos do que a população nativa. Para além disso, as mulheres estrangeiras recebem sempre menos do que os homens estrangeiros em igual nível ocupacional (Peixoto, 2008).

Outros indicadores indicam uma maior sujeição de trabalhadoras e trabalhadores imigrantes a formas flexíveis de emprego, em particular uma maior precariedade laboral (OECD, 2008; Peixoto, 2008; Cabral e Duarte, 2011). Tal inclui a instabilidade do vínculo contratual, numerosas modalidades flexíveis de trabalho (trabalho noturno, trabalho por turnos e a tempo parcial) e grande vulnerabilidade ao desemprego. Em conjunto com os indicadores anteriores, estes últimos confirmam que a população imigrante encontra-se maioritariamente ligada aos segmentos menos protegidos do mercado de trabalho em Portugal – como sucede, aliás, em numerosos contextos internacionais (Phizacklea, 2005). Para além de estar sobretudo incorporada no mercado de trabalho secundário, está muito mais exposta aos segmentos com modalidades flexíveis de emprego e, também, ao desemprego. Se tivéssemos em consideração a economia informal, a sua condição laboral precária ficaria mais evidente (Baganha, 1998; Carvalho, 2007).

Consideremos em particular os dados do desemprego, bem como a sua desagregação por sexos (Figuras 4.2, 4.3 e 4.4). Desde que estão disponíveis estatísticas regulares do INE relativas à população nacional e estrangeira[3], os dados confirmam a maior vulnerabilidade da população imigrante ao desemprego. Significativamente, tal ocorre em períodos de expansão e de recessão embora, em situações de crise, a disparidade se agrave. No início do século, quando o desemprego era baixo no país, a sua incidência entre a população estrangeira era superior ao dobro: em 2000, a taxa de desemprego geral era inferior a 4%, contra 8,6% entre a população estrangeira. A estagnação e posterior recessão de 2002-2003 tiveram um maior impacto entre a população estrangeira: enquanto a taxa de desemprego geral aumentava para 6,3% em 2004, a da população estrangeira subia até 13,3%. Depois de um período de nova redução e aproximação, com a crise poste-

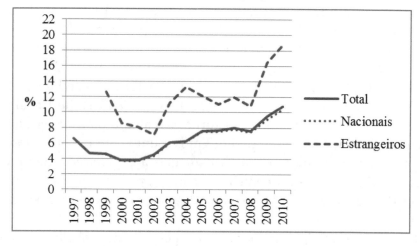

FIGURA 4.2 – Taxa de desemprego, 1997-2010

Fonte: INE, Estatísticas do Emprego

[3] INE, *Estatísticas do Emprego*, dados não publicados. Uma vez que provêm de um inquérito por amostragem e que a representação dos/as estrangeiros/as nem sempre tem sido adequada, os valores das taxas de desemprego para os/as estrangeiros/as devem ser lidos com precaução, sobretudo nos anos mais recuados.

Género, imigração e flexibilidade laboral: o caso dos serviços domésticos | 143

FIGURA 4.3 – Taxa de desemprego, 1997-2010, homens

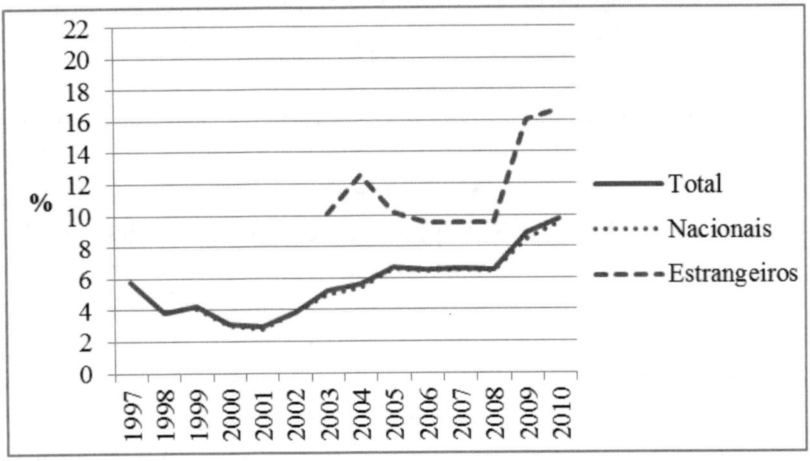

Fonte: INE, Estatísticas do Emprego

FIGURA 4.4 – Taxa de desemprego, 1997-2010, mulheres

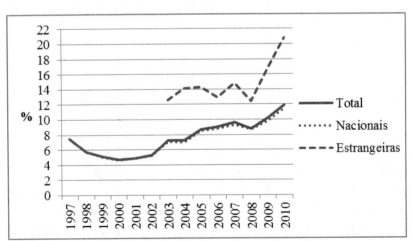

Fonte: INE, Estatísticas do Emprego

rior a 2008 as taxas voltam a aumentar e a divergir: a taxa de desemprego geral aumentou até 10,8% em 2010, enquanto a da população estrangeira se situa atualmente em 18,8%.

A distribuição do desemprego por sexos acrescenta alguns dados importantes. Em geral, as tendências são semelhantes: existe maior vulnerabilidade ao desemprego entre a população estrangeira, sejam homens ou mulheres, numa proporção idêntica em relação à nacional; e a disparidade em relação a esta tende a agravar-se em períodos de estagnação ou recessão – ou imediatamente a seguir, porque as dificuldades no mercado de trabalho se prolongam depois da crise. Para além do efeito geral, um ponto a realçar é a dupla penalização a que as mulheres estrangeiras são submetidas, uma vez que as taxas de desemprego femininas são sistematicamente superiores às masculinas. Outro ponto a salientar é que, no caso da população estrangeira, a disparidade entre as taxas femininas e masculinas diminui durante as crises e agrava-se com a expansão. Por outras palavras, parecem existir modalidades de inserção laboral que protegem mais as mulheres imigrantes do que os homens em tempos de crise – situação que tem sido estabelecida para vários contextos internacionais recentes (Papademetriou *et al.*, 2010; Papademetriou, Sumption e Terrazas, 2011; Peixoto e Iorio, 2010). Em síntese, o resultado de todos estes efeitos é eloquente: em 2010, a taxa de desemprego atingia 20,8% entre as mulheres estrangeiras, quase o dobro da média nacional.

Muita da variação do desemprego imigrante, relativamente ao género, perante as crises económicas explica-se pelo seu tipo de inserção setorial. Em Portugal, como em muitos outros países, uma larga parte das mulheres imigrantes concentra-se no setor dos serviços e, em particular, nos serviços domésticos, enquanto uma fração ampla dos homens imigrantes se emprega na construção. O carácter cíclico da construção, devido à sua sensibilidade à conjuntura, é a principal razão que leva a que a variação de emprego seja aí mais forte, por comparação com algumas atividades de serviços, sobretudo as ligadas às famílias. Tal é ainda mais evidente quando o agravamento da conjuntura se deve à contração do setor imobiliário ou das obras públicas, que sustentam a construção nos períodos de expansão, como sucedeu na última década em muitos países.

Não espanta, assim, que em Portugal como em outros países as mulheres imigrantes tenham sido comparativamente menos penalizadas (até ao momento) do que os seus congéneres masculinos pelos efeitos da crise económica recente. Tal não deve fazer esquecer, porém, todos os outros indicadores acima descritos. Se conjugarmos todos os vetores da precariedade laboral mencionados com a reduzida proteção social e, em muitos casos, com as escassas redes sociais de suporte ao dispor das imigrantes, o relativo alívio do menor agravamento do desemprego não é muito encorajador.

4.3. O caso dos serviços domésticos

Estudos internacionais sugerem que, em diversos pontos geográficos do mundo, os serviços domésticos sofreram um aumento de procura e oferta nas décadas mais recentes. A este respeito veja-se sobretudo Anderson (2000), Ehrenreich e Hochschild (2002), Lutz (2008) ou as edições especiais sobre trabalho doméstico no *European Journal of Women's Studies* (2007, Vol. 14, N. 3) e prestação de cuidados no *Social Policy and Society* (2010, Vol. 9, N. 3). Importa assinalar que, embora alguns textos optem por uma divisão temática entre serviços típicos de manutenção da casa (limpeza, cozinha, lavandaria) e serviços de prestação de cuidados pessoais (em particular a crianças e adultos dependentes), a observação empírica tem mostrado como esta distinção é com frequência ambígua ou artificial. Por conseguinte, o presente capítulo adota um conceito abrangente de serviços domésticos, sem deixar de tomar atenção às diferenças ocupacionais sempre que permitido pelos dados.

Por um lado, o aumento do número de mulheres em trabalho remunerado ao longo das últimas décadas superou de forma ampla o aumento da participação dos homens em tarefas domésticas e familiares (Crompton, Brockmann e Lyonette, 2005; Torres, Maciel e Marques, 2010). Assim, para um número crescente de pessoas, em especial mulheres, a contratação de serviços domésticos apresenta-se como recurso precioso na articulação de vida profissional e pessoal, a que não são alheios desenvolvimentos do mercado de trabalho como a introdução de estratégias empresariais de flexibilidade, a desregulação laboral, a subcontratação ou a mobilidade de emprego (Drew, Emerek e Mahon, 1998; McDowell, 2000; Fagan 2001; Hochschild, 2005; Kovács, 2005). No que diz respeito, em particular, aos cuidados prestados a crianças e pessoas idosas, a disponibilidade de serviços públicos ou privados com estas funções assume uma importância fulcral (Crompton, Lewis e Lyonette, 2007). Condições institucionais cruzam-se, desta forma, com a negociação de entendimentos sociais e culturais sobre papéis de género, tendo por base a persistente "codificação das tarefas domésticas como femininas" (McDowell, 2000: 506).

Por outro lado, os serviços prestados ao domicílio dão sinais de consolidação e expansão, com particular destaque para a presença elevada de mulheres imigrantes na força de trabalho (Parreñas, 2001; Ehrenreich e Hochschild, 2002). Em termos de relação laboral, estes serviços assentam classicamente numa negociação direta entre trabalhador e empregador, ou, com maior frequência, trabalhadora e empregadora. Podem também ser organizados ou mediados por uma empresa de prestação de serviços, e ainda, dependendo dos países, por organismos públicos (Williams, 2010a). O impacto que estas diferentes modalidades produzem sobre a natureza e as condições do trabalho permanece em larga medida por avaliar. Além do mais, mesmo excluindo a prestação de cuidados médicos, estamos perante uma diversidade assinalável de funções e graus de especialização. Quer no contexto empírico, quer no debate académico, tem sido difícil enquadrar os serviços domésticos de forma linear nas dicotomias ortodoxas de trabalho dependente e independente, ou qualificado e desqualificado (Kofes, 2001; Anderson, 2007; Abrantes, 2010).

Em Portugal, os serviços domésticos têm merecido referência no âmbito de pesquisas em campos variados, nomeadamente género e imigração (Peixoto *et al.*, 2006), articulação entre vida profissional e pessoal (Torres, Maciel e Marques, 2010) e funcionamento do Estado-providência (São José e Wall, 2006). Vale a pena sublinhar que, no contexto dos países ocidentais, as trajetórias socioeconómicas das mulheres imigrantes em Portugal apresentam algumas particularidades. O índice comparativamente elevado de participação das mulheres no mercado de trabalho, o envelhecimento veloz da população e a escassez de estruturas formais de assistência são fatores que contribuem para a procura de serviços domésticos, nos quais uma proporção significativa de mulheres imigrantes encontra a primeira oportunidade de trabalho remunerado (Crompton, 2006; Wall e Nunes, 2010; Casaca e Peixoto, 2010). Paralelamente, os estudos de Blétière (2008) e Baptista (2011) destacam a vulnerabilidade particular das mulheres empregadas neste setor a condições de trabalho desfavoráveis, ao incumprimento da legislação laboral e à ausência de representação sindical.

Os serviços domésticos não têm sido, ainda assim, objeto de análise quantitativa. É certo que as bases de dados extensivas sobre emprego apresentam limitações particulares no que diz respeito a este setor. Desde logo, os conceitos e as categorias necessariamente uniformes que orientam a recolha de dados nem sempre são os mais adequados ao que pretendemos, como adiante se verá. Segundo, é previsível que os dados oficiais excluam um número substancial de casos em que as condições laborais são instáveis ou não declaradas, características que todos os estudos empíricos apontam como frequente nos serviços domésticos. É oportuno assinalar que os estudos qualitativos, ainda que mais apropriados ao estudo do trabalho informal ou da imigração indocumentada, não são imunes a estas mesmas dificuldades (Anderson, 2000: 21; Williams, 2010b). Acima de tudo, a tendência da análise quantitativa para subestimar relações de trabalho informais não elimina a sua capacidade para descrever as relações de trabalho formais, contanto que se mantenha uma noção clara das suas limitações e possibilidades.

O Inquérito à Força do Trabalho coordenado pela União Europeia (*European Union Labour Force Survey,* ou EU-LFS) é particularmente útil pois permite não só analisar uma miríade de dados relevantes a nível nacional, mas também enquadrá-los no panorama da União Europeia.[4] Por definição, este inquérito é insensível ao estatuto legal das pessoas entrevistadas ou do trabalho que desempenham. É razoável esperar que as pessoas sem permissão legal de residência ou a desempenhar trabalho não declarado estejam sub-representadas na amostra, mas alguns dados úteis já poderão ser extraídos.

Importa ter em conta que existem dois esquemas distintos de classificação, já utilizados na secção anterior do capítulo, e que exploraremos agora com maior nível de detalhe. De acordo com a Classificação Nacional de Profissões (ou *International Standard Classification of Occupations,* no EU-LFS), os serviços domésticos encontram-se integrados essencialmente em dois grupos: "Pessoal de Limpeza, Lavadeiras/os, Engomadoras/es de Roupa e Similares" e "Vigilantes, Assistentes Médicas/es e Similares". Ambas as categorias são pouco exatas para o pretendido: se a primeira combina serviços ao domicílio com limpeza de espaços públicos, escritórios ou hotéis, a segunda combina prestação de cuidados a crianças e pessoas idosas dentro e fora do domicílio, bem como assistência de especialização dentária, farmacêutica ou naturologista. Adicionalmente, alguns serviços domésticos específicos encontrar-se-ão dissolvidos noutros grupos profissionais; é o caso, por exemplo, de cozinheiras e cozinheiros. Por outro lado, a Classificação das Atividades Económicas (ou *Statistical Classification of Economic*

---

4 Este inquérito é realizado em parceria por serviços de estatística em todos os Estados-membros da União Europeia, com base num conjunto harmonizado de conceitos e critérios de recolha. Os dados relativos a Portugal provêm do Inquérito ao Emprego conduzido pelo INE, utilizado também na secção anterior do presente capítulo. A fim de assegurar plena validade estatística, a comparação entre países terá como referência o período posterior a 2000 e incluirá os 15 Estados-membros à data inicial. Para mais considerações metodológicas sobre o inquérito, veja-se Charlier e Franco (2001), EUROSTAT (2001, 2009) ou Massarelli e Wozowczyk (2010).

Activities) possui uma categoria designada por "Atividades das famílias empregadoras de pessoal doméstico". Esta abrange uma diversidade útil de serviços prestados ao domicílio, desde tarefas de limpeza, cozinha e cuidados pessoais a tarefas de secretariado, vigilantes e condutores de viaturas particulares. A contrapartida é que uma parte dos serviços de apoio domiciliar a crianças ou adultas e adultos dependentes, quando envolvem alguma componente de saúde assim declarada, poderão estar integrados noutra categoria, "Atividades de saúde humana e de apoio social". A distinção também poderá assentar na configuração contratual do serviço, mais do que nas tarefas desempenhadas. Isto é, se a pessoa está contratada diretamente pelo agregado familiar em cujo domicílio trabalha, enquadrar-se-á na categoria de pessoal doméstico; mas se desempenhar as mesmas funções através de uma empresa, poderá surgir enquadrada nas categorias de prestação de serviços de limpeza ou de apoio familiar. Em suma, a opção mais sensata será recorrer aos dois sistemas de classificação como fontes complementares de informação. Idealmente utilizar-se-ia o maior nível de desagregação possível em ambos, mas é preciso ter em conta que, a esse nível, a dimensão das amostras e por conseguinte a validade dos dados decrescem de forma substancial.

A nível nacional, os registos da Segurança Social oferecem informações sobre o sexo, a idade e a nacionalidade da população com descontos efetuados por serviço doméstico. É impossível aferir com precisão o número de casos em que estes serviços são prestados sem registo na Segurança Social ou em que, em contraponto, o pagamento de contribuições não corresponde a trabalho efetivamente desempenhado, limitações que se encontram aliás mencionadas na legislação (Decreto-Regulamentar nº 43/82 de 22 de julho). No entanto, tendo em conta que os serviços domésticos estão obrigatoriamente abrangidos pelo regime de contribuições à Segurança Social, é importante traçar o retrato desta população. Os dados disponibilizados permitem considerar todas as pessoas que efetuaram pelo menos uma contribuição ao longo do ano desde 2002. Em relação à nacionalidade, os países de origem que apresentam números mais reduzidos são agregados pelo Instituto de Informática do Ministério do Trabalho e da Solidariedade Social a fim de salvaguardar a confidencialidade e a privacidade das pessoas inscritas. Note-se ainda que, dentro da população com nacionalidade estrangeira, os dados infelizmente não permitem distinguir entre as pessoas nascidas fora e dentro de Portugal.

O primeiro elemento a referir é que as profissões associadas à limpeza e à assistência domiciliar, que compreendem uma parcela substancial dos serviços domésticos, constituem uma fração significativa do mercado de trabalho. Os dados de 2010 indicam que o grupo profissional de "Pessoal de Limpeza, Lavadeiras/os, Engomadoras/es de Roupa e Similares" abrange 5% da população ativa em Portugal (total de 280,2 mil indivíduos), enquanto o grupo de "Vigilantes, Assistentes Médicas/os e Similares" abrange 2,6% (146,9 mil indivíduos). Entre as mulheres, o peso destes dois grupos é consideravelmente superior, abarcando respetivamente 10,2% e 5,3% do total de mulheres em trabalho remunerado. Ambos os grupos profissionais registaram um aumento nos últimos dez anos, especialmente no período de 2004-08 (Figuras 4.5 e 4.6).

Figura 4.5 – Pessoal de Limpeza, Lavadeiras/os, Engomadoras/es de Roupa e Similares, Portugal (em milhares)

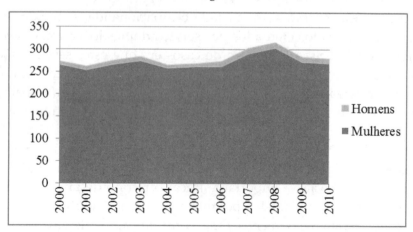

Fonte: EUROSTAT, LSF *database*; consultado em 4/8/2011
http://epp.EUROSTAT.ec.europa.eu/portal/page/portal/statistics/search_database

FIGURA 4.6 –Vigilantes, Assistentes Médicas/os e Similares, Portugal (em milhares)

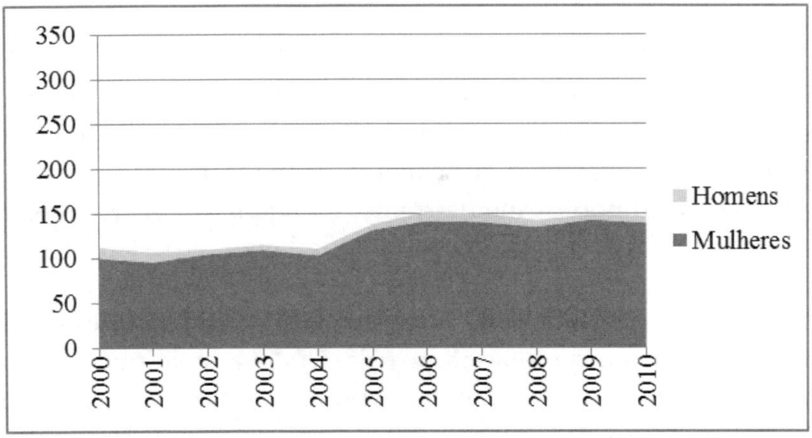

Fonte: EUROSTAT, LSF *database*; consultado em 4/8/2011
http://epp.EUROSTAT.ec.europa.eu/portal/page/portal/statistics/search_database

Para efeitos de comparação entre países, a dimensão destes dois grupos profissionais pode ser aferida através do seu peso percentual no total da população ativa em cada país (Figuras 4.7 e 4.8). Tal como sugere a bibliografia revista, há diferenças assinaláveis entre países. Tendo em conta os números de 2010, o peso do "Pessoal de Limpeza, Lavadeiras/os, Engomadoras/es de Roupa e Similares" no total da população ativa é maior (igual ou superior a 5%) em França, Espanha, Luxemburgo e Portugal, e menor (inferior a 3%) na Suécia, Alemanha e Irlanda. No grupo de "Vigilantes, Assistentes Médicas/os e Similares", a variação é mais elevada, com valores entre 9,2% e 0,9%, e a distribuição de países inverte-se parcialmente. Os valores mais elevados encontram-se nos países escandinavos, seguidos de Reino Unido e França, e os valores mais reduzidos são registados por Portugal, Alemanha, Bélgica, Luxemburgo, Itália e Grécia. Ambas as categorias ocupacionais são constituídas por uma maioria substancial de mulheres, sendo que Portugal regista valores particularmente elevados neste capítulo, em especial no setor de limpeza: 96,1% e 94,8%, face a 84,7% e 88,9% no total da União Europeia dos 15 (mesma fonte, dados não publicados).

Em termos de crescimento, o padrão na União Europeia dos 15 diverge um pouco do que se observa em Portugal. No grupo de "Pessoal de Limpeza, Lavadeiras/os, Engomadoras/es de Roupa e Similares", é visível o crescimento numa combinação diversa de países, incluindo os mediterrânicos, enquanto Portugal regista uma redução ligeira. Já no grupo de "Vigilantes, Assistentes Médicas/os e Similares", o aumento é mais generalizado e acentuado. Acrescente-se que todos os países analisados viveram nestes dez anos um aumento do total da população ativa, pelo que o crescimento percentual dos grupos corresponde a um crescimento também em números absolutos.

FIGURA 4.7 – Pessoal de Limpeza, Lavadeiras/os, Engomadores/as de Roupa e Similares, UE-15 (em %)

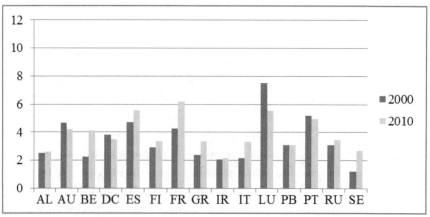

Fonte: EUROSTAT, LSF *database*; consultado em 4/8/2011
http://epp.EUROSTAT.ec.europa.eu/portal/page/portal/statistics/search_database

Género, imigração e flexibilidade laboral: o caso dos serviços domésticos | 153

FIGURA 4.8 – Vigilantes, Assistentes Médicos/as e Similares, UE-15 (em %)

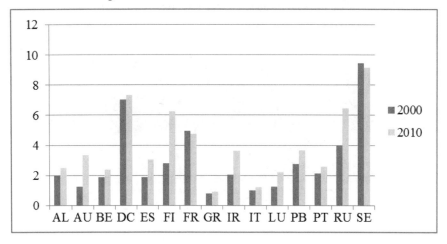

Fonte: EUROSTAT, LSF *database*; consultado em 4/8/2011
http://epp.EUROSTAT.ec.europa.eu/portal/page/portal/statistics/search_database
Legenda: AL-Alemanha; AU-Áustria; BE-Bélgica; DC-Dinamarca; ES-Espanha; FI-Finlândia; FR-França; GR-Grécia; IR-Irlanda; IT-Itália; LU-Luxemburgo; PB-Países-Baixos; PT-Portugal; RU-Reino Unido; SE-Suécia.

Apoiando-nos agora no esquema da Classificação das Atividades Económicas, a Figura 4.9 mostra-nos o desenvolvimento da categoria de "Atividades das famílias empregadoras de pessoal doméstico" em Portugal. Há um aumento observável no período de 2001 a 2008, com picos em 2003 e 2008, seguido de uma queda nos últimos dois anos. O valor atual, de 144 mil pessoas, é aliás inferior ao registado há dez anos, de 153,6 mil. A proporção de homens na população trabalhadora é quase invisível no gráfico, mantendo-se abaixo dos 2,1% (em 2010, é 1,7%). Mais uma vez, esta distribuição sexual é particularmente desequilibrada quando enquadrada na União Europeia dos 15, onde a proporção total de homens na mesma categoria é de 10,4%.

A dimensão desta categoria regista os valores mais elevados nos países mediterrânicos e Luxemburgo, face a valores muito reduzidos, inferiores a 1%, nos países do norte da Europa (Figura 4.10). O peso desta categoria tem-se mantido estável na generalidade dos países, com aumentos mais assinaláveis em Espanha e Itália.

FIGURA 4.9 – Atividades das famílias empregadoras
de pessoal doméstico, Portugal (em milhares)

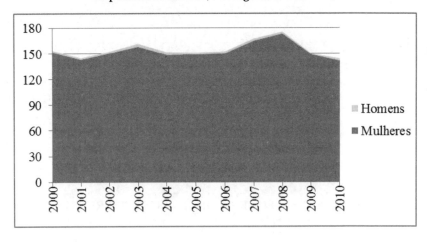

Fonte: EUROSTAT, LSF *database*; consultado em 4/8/2011
http://epp.EUROSTAT.ec.europa.eu/portal/page/portal/statistics/search_database

FIGURA 4. 10 – Atividades das famílias empregadoras
de pessoal doméstico, UE-15 (em %)

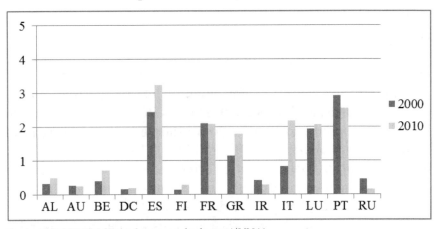

Fonte: EUROSTAT, LSF *database*; consultado em 4/8/2011
http://epp.EUROSTAT.ec.europa.eu/portal/page/portal/statistics/search_database
Nota: b) informação indisponível para Países Baixos e Suécia.
Legenda: AL-Alemanha; AU-Áustria; BE-Bélgica; DC-Dinamarca; ES-Espanha; FI-Finlândia; FR-França; GR-Grécia; IR-Irlanda; IT-Itália; LU-Luxemburgo PT-Portugal; RU-Reino Unido; SE-Suécia.

Género, imigração e flexibilidade laboral: o caso dos serviços domésticos | 155

Os dados da Segurança Social relativos a 2010 indicam que o número total de pessoas com descontos efetuados por serviço doméstico em Portugal é de 117,6 mil (Quadro 4.3). Constatamos uma redução significativa deste número desde 2002. A proporção de mulheres tem-se mantido acima dos 98%.

QUADRO 4.3 – Pessoas com contribuições pagas à Segurança Social por serviço doméstico, por sexo

	2002	2003	2004	2005	2006	2007	2008	2009	2010
Mulheres	170 744	167 482	156 117	150 219	138 695	133 964	139 147	132 692	116 151
Homens	1 744	1 882	1 869	1 826	1 594	1 628	1 944	1 905	1 464
Total	172 488	169 364	157 986	152 045	140 289	135 592	141 091	134 597	117 615

Fonte: Base de Dados do Instituto de Informática do Ministério do Trabalho e da Solidariedade Social, consultada em 26/7/2011

No contexto de decréscimo, é notório o aumento da população com nacionalidade estrangeira (Quadro 4.4). De facto, a redução

QUADRO 4.4 – Pessoas com contribuições pagas à Segurança Social por serviço doméstico, por nacionalidade

	2002	2003	2004	2005	2006	2007	2008	2009	2010
Portugal	163 363	158 266	145 401	138 698	127 234	120 025	120 383	113 071	106 060
PALOP	3 381	3 602	3 482	3 490	3 428	3 672	4 209	4 471	4 741
África (exc. PALOP)	92	98	74	79	74	77	104	116	117
América Central	23	27	29	29	23	24	39	41	39
América Norte	14	11	7	7	7	6	9	9	8
América Sul (exc. Brasil)	145	149	143	144	128	138	175	184	171
Brasil	1 916	2 958	4 165	4 490	4 578	6 843	10 698	11 261	10 217
Ásia	438	412	347	351	302	281	353	454	478
Médio Oriente	23	24	21	19	24	27	27	33	34
Índia	11	15	16	15	15	13	17	19	26
Europa de Leste	2 412	2 874	3 130	3 401	3 258	3 271	3 939	4 075	4 251
UE (exc. Portugal)	693	915	1 161	1 326	1 271	1 291	1 362	1 369	1 449
Restante Europa	9	8	7	8	7	5	5	5	4
Oceânia	3	3	4	4	3	3	6	3	3
Total Estrangeiro	9 160	11.096	12.586	13.363	13.118	15.651	20.943	22.040	21.538
Total	172 523	169 362	157 987	152 061	140 352	135 676	141 326	135 111	127 598

Fonte: Base de Dados do Instituto de Informática do Ministério do Trabalho e da Solidariedade Social, consultada em 26/7/2011

substancial do número de pessoas registadas com nacionalidade portuguesa tem sido acompanhada por um aumento, ainda que menor, do número de pessoas com nacionalidade estrangeira, de quase 10 mil em 2002 (5,3%) para 21,5 mil em 2010, momento em que representam já 16,9% da população registada. A desagregação por origem étnica permite-nos ver que o aumento diz sobretudo respeito a Brasil, Europa de Leste e, em menor medida, países da União Europeia e Países Africanos de Língua Oficial Portuguesa (PALOP), situando-se todas as restantes origens abaixo de 1%. A Figura 4.11 dá conta da evolução percentual dos quatro maiores grupos.

Em termos de idade, a população registada concentra-se sobretudo entre os 40 e os 64 anos, notando-se um envelhecimento de 2002 para 2010 (Figura 4.12). Ao triangular os dados de idade, sexo e nacionalidade, corroboramos duas observações já apontadas em relação ao período de 2002-2006 por Baptista (2011). A primeira é que a população com nacionalidade portuguesa encontra-se concentrada nos escalões etários mais elevados, com 71,4% dos indivíduos registados em 2010 a apresentar idade superior a 45 anos. A população estrangeira é significativamente mais jovem, com apenas 31,8% em faixa etária análoga. A segunda observação é que a proporção de homens é significativamente superior na população estrangeira, em especial oriunda da Europa de Leste (9,4%), do que na população de nacionalidade portuguesa (0,6%). No entanto, esta diferença é menos pronunciada hoje do que era no início da década, visto que a proporção de homens na população de todas as origens estrangeiras tem vindo a diminuir. Por outras palavras, o crescimento da população imigrante identificado na Figura 4.11 deveu-se quase exclusivamente ao aumento do número de mulheres.

Género, imigração e flexibilidade laboral: o caso dos serviços domésticos | 157

FIGURA 4.11 – Principais origens das pessoas estrangeiras com contribuições pagas à Segurança Social por serviço doméstico (em %)

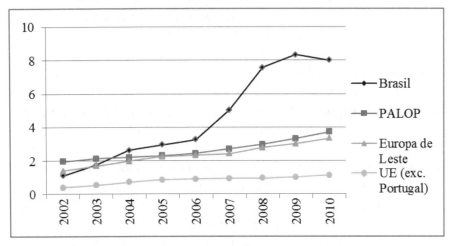

Fonte: Base de Dados do Instituto de Informática do Ministério do Trabalho e da Solidariedade Social, consultada em 26/7/2011

FIGURA 4.12 – Idade da população com contribuições pagas à Segurança Social por serviço doméstico (em %)

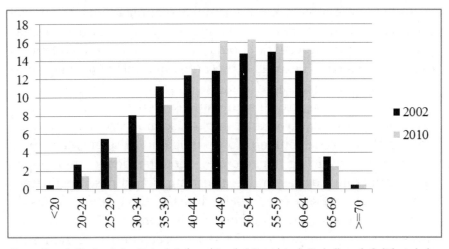

Fonte: Base de Dados do Instituto de Informática do Ministério do Trabalho e da Solidariedade Social, consultada em 26/7/2011

4.4. Conclusão

Os dados apresentados neste capítulo confirmam a importância da imigração e da sua inserção no mercado de trabalho em Portugal, bem como a posição particular das mulheres imigrantes neste processo. Antes de mais, verifica-se uma estreita relação entre a dinâmica da imigração e a segmentação do mercado de trabalho português. O forte aumento da imigração estrangeira registado nas últimas décadas foi acompanhado por uma incorporação laboral sob modalidades habitualmente mais desfavorecidas e precárias do que as conhecidas pela população nativa. A inserção mais frequente de imigrantes foi nas profissões pouco e medianamente qualificadas da indústria e dos serviços, com destaque para trabalhadoras/es não qualificadas/os de todos os setores (26,1% do total da população estrangeira, em 2009), operárias/os, artífices e trabalhadoras/es similares (25,5%) e pessoal dos serviços e vendedoras/es (20,2%). Os ramos de atividade mais abrangidos foram a construção (19,2%), alojamento, restauração e similares (12,4%), indústrias transformadoras (12%), comércio por grosso e a retalho, reparação de veículos automóveis e motociclos (11,7%) e atividades das famílias empregadoras de pessoal doméstico (10,4%). Para além de remuneração inferior nas mesmas profissões e qualificações, a população estrangeira está ainda mais exposta a vínculos flexíveis e precários, que incluem uma muito maior vulnerabilidade ao desemprego em tempos de crise.

Para além disto, existe abundante evidência que as mulheres estrangeiras são sujeitas a uma dupla discriminação, resultante de dois estatutos: o de mulher e o de imigante. A segmentação por género do mercado de trabalho é evidente também entre a população imigrante, com as mulheres estrangeiras a desempenharem sobretudo as profissões de trabalhadoras/es não qualificadas/os de todos os setores (43% das mulheres estrangeiras em 2009) e pessoal dos serviços e vendedoras/es (33,3%). Os seus principais ramos de inserção são as atividades das famílias empregadoras de pessoal doméstico (21,2%) e o alojamento, restauração e similares (17,7%).

Para as mesmas profissões e qualificações, são pior remuneradas e a sua sujeição a modalidades flexíveis e precárias de trabalho é muito frequente. Em consequência, são as mais atingidas pelo desemprego entre todos os grupos analisados.

Em síntese, os homens e as mulheres imigrantes juntam-se a outros segmentos populacionais vulneráveis, incluindo a população jovem e muita da força de trabalho feminina, nos segmentos mais desfavorecidos do mercado de trabalho português, onde proliferam o emprego precário e a economia informal (Casaca e Peixoto, 2010). Entre estes grupos, as mulheres imigrantes são particularmente penalizadas. A seu favor foi apenas detetado que os seus empregos revelam um comportamento menos cíclico, o que os torna menos sensíveis aos impactos negativos da crise (mas também aos efeitos virtuosos da expansão). Algumas das principais profissões que desempenham, em particular as relacionadas com os serviços domésticos, parecem apresentar maior resiliência em conjunturas negativas do que sucede com alguns dos empregos onde se ocupam os homens imigrantes, em particular a construção.

As profissões associadas à limpeza e à assistência pessoal têm dado sinais de empregar um número substancial de mulheres, não só em Portugal como no quadro geral da União Europeia (EUROSTAT, 2008: 171-173). Da análise desenvolvida, três conclusões merecem destaque. Em primeiro lugar, o número de famílias empregadoras de pessoal doméstico a nível nacional regista uma mudança de evolução em 2008, momento em que o crescimento dá lugar a um decréscimo, possivelmente associado a fatores de recessão económica. A sobreposição destes dados aos registos da Segurança Social produz resultados curiosos. Ambos apresentam uma redução ao longo da década, sobretudo no período posterior a 2008. No entanto, enquanto nos dados do EU-LFS a redução total é moderada (6,3%), nos registos da Segurança Social é acentuada (31,8%) e mais constante ao longo do arco temporal analisado. Isto sugere que há duas tendências concomitantes em curso. Por um lado, um decréscimo, suave, do número de pessoas empregadas em serviços domésticos; por outro, uma queda significativa da proporção de trabalhadores a efetuar descontos para a segurança social.

Ao examinar a população com contribuições pagas à Segurança Social, importa destacar o envelhecimento e o aumento do número de indivíduos com nacionalidade estrangeira. Há sinais de que os dois elementos estejam interligados, pois a população com nacionalidade estrangeira é tendencialmente mais jovem e tem um acesso menos direto à Segurança Social. Por outro lado, deve ter-se em conta que o pagamento de contribuições à Segurança Social reveste-se de uma importância diferente para cidadãos nacionais ou estrangeiros, pois para os segundos, em especial quando residem há pouco tempo em Portugal, é com frequência uma ferramenta valiosa, senão indispensável, no processo de regularização de documentos. Isto poderá traduzir-se numa maior propensão para o pagamento de contribuições sociais ou reivindicação das mesmas junto de empregadores, sobretudo num período de recessão económica.

Por último, no quadro amplo dos 15 Estados-membros da União Europeia considerados, os dados sugerem que os serviços domésticos estão em expansão, em particular aqueles que envolvem prestação de cuidados a crianças ou pessoas adultas dependentes. Estes mostram um crescimento acentuado nos países nórdicos, enquanto os países do sul mantêm uma dimensão superior e crescente de serviços prestados ao domicílio. Isto parece refletir, senão ampliar, a diversidade regional de modalidades de prestação de serviços identificada nos estudos anteriores. Importa ainda assim reter que a variação registada pelos dados pode não corresponder com precisão a diferenças no volume efetivo destes serviços, pois o peso da economia informal também apresenta uma variação significativa, com estimativas particularmente elevadas para os países do Sul da Europa (Schneider e Klinglmair, 2004).

Uma das questões prementes para pesquisa futura é, decerto, aferir a relação entre a evolução dos dados analisados neste capítulo e desenvolvimentos no volume de trabalho informal. Um

Género, imigração e flexibilidade laboral: o caso dos serviços domésticos | 161

conhecimento mais detalhado das relações de emprego nos serviços domésticos, bem como noutros ramos de atividade, nomeadamente quando às qualificações e à remuneração da população trabalhadora, permitirá também desenvolver as pistas de investigação aqui semeadas.

Referências bibliográficas

ABRANTES, Manuel (2010), *Borders: Oppportunities and Risks for Immigrant Workers in Cities of the Netherlands*, Saarbrücken, Lambert.

ANDERSON, Bridget (2000), *Doing the Dirty Work? The Global Politics of Domestic Labour*, Londres, Zed Books.

ANDERSON, Bridget (2007), "A very private business: exploring the demand for migrant domestic workers", *European Journal of Women's Studies*, 14 (3): 247-
-264.

ARANGO, Joaquin; BONIFAZI, Corrado; FINOTELLI, Claudia; PEIXOTO, João; SABINO, Catarina; STROZZA, Salvatore e TRIANDAFYLLIDOU, Anna (2009), "The making of an immigration model: inflows, impacts and policies in Southern Europe", *IDEA Working Papers*, 9, May 2009.

BAGANHA, Maria Ioannis (org.) (1997), *Immigration in Southern Europe*, Oeiras, Celta.

BAGANHA, Maria Ioannis (1998), "Immigrant involvement in the informal economy: the Portuguese case", *Journal of Ethnic and Migration Studies*, 24 (2): 367-385.

BAPTISTA, Patrícia (2011), *Imigração e Trabalho Doméstico: o Caso Português*, Lisboa, ACIDI – Alto Comissariado para a Imigração e Diálogo Intercultural.

BLÉTIÈRE, Vanessa (2008), *Por uma Sociologia do Trabalho Doméstico: Contribuição para um Projecto Interdisciplinar*, Working Paper do Dinâmia-CET/IUL – Centro de Estudos sobre a Mudança Socioeconómica e o Território, Instituto Universitário de Lisboa.

CABRAL, Sónia e DUARTE, Cláudia (2011), "Os imigrantes no mercado de trabalho português", *Banco de Portugal – Boletim Económico*, Primavera de 2011: 103-124.

CARVALHO, Lourenço Xavier (2007), *Os Limites da Formalidade e o Trabalho Imigrante em Portugal*, Lisboa, Cadernos OI, 1, ACIDI – Alto Comissariado para a Imigração e Diálogo Intercultural.

CASACA, Sara Falcão (2008), "Flexibilidade de emprego em Portugal e na União Europeia: colocando a dimensão *género* no centro do debate", *in* Henriques, Fernanda (org.), *Género, Diversidade e Cidadania*, Lisboa, Editora Colibri, pp. 131-154.

162 | Mudanças Laborais e Relações de Género: Novos Vetores de (des)igualdade

CASACA, Sara Falcão e PEIXOTO, João (2010), "Flessibilità e segmentazione del mercato del lavoro in Portogallo: genere e immigrazione", *Sociologia del Lavoro*, 117: 116-133.

CHARLIER, Hubert; FRANCO, Ana (2001), "The EU Labour Force Survey on the way to convergence and quality', Proceedings of Statistics Canada Symposium 2001.

CROMPTON, Rosemary; BROCKMANN, Michaela e LYONETTE, Clare (2005), "Attitudes, women's employment and the domestic division of labour: a cross-national analysis in two waves", *Work, Employment and Society*, 19 (2): 213-234.

CROMPTON, Rosemary (2006), *Employment and the Family: The Reconfiguration of Work and Family Life in Contemporary Societies*, Cambridge, Cambridge University Press.

CROMPTON, Rosemary; Lewis, Suzan e Lyonette, Clare (orgs.) (2007), *Women, Men, Work and Family in Europe*, Nova Iorque, Palgrave.

DREW, Eileen; EMEREK, Ruth e MAHON, Evelyn (1998), *Women, Work and the Family in Europe*, Londres, Routledge.

EHRENREICH, Barbara e HOCHSCHILD, Arlie Russell (orgs.) (2002), *Global Woman. Nannies, Maids, and Sex Workers in the New Economy*, Nova Iorque, Owl Books.

EUROSTAT (2001), *The European Union Labour Force Survey. Methods and Definitions – 2001*, Luxembourg, Office for Official Publications of the European Communities.

EUROSTAT (2008), *The Life of Women and Men in Europe*, Luxembourg, Office for Official Publications of the European Communities.

EUROSTAT (2009), *EU Labour Force Survey Database – User Guide*, Luxembourg, Office for Official Publications of the European Communities.

FAGAN, Colette (2001), "The temporal reorganization of employment and the household rhythm of work schedules: the implications for gender and class relations, *American Behavioral Scientist*, 44 (7): 1199-1212.

GÓIS, Pedro; MARQUES, José Carlos; PADILLA, Beatriz e PEIXOTO, João (2009), "Segunda ou terceira vaga? As características da imigração brasileira recente em Portugal", *Migrações*, 5: 111-133.

HOCHSCHILD, Arlie Russell (2005), " 'Rent a mom' and other services: markets, meanings and emotions", *International Journal of Work Organisation and Emotion*, 1 (1): 74-86.

KING, Russell; LAZARIDIS, Gabriella; TSARDANIDIS, Charalambos (orgs.) (2000), *Eldorado or Fortress? Migration in Southern Europe*, Londres, Macmillan.

KOFES, Susan (2001), *Mulher, Mulheres: Identidade, Diferença e Desigualdade na Relação entre Patroas e Empregadas Domésticas*, Campinas, Unicamp.

KOVÁCS, Ilona (org.); PHIZACKLEA, Annie; CASTILLO, José J.; CERDEIRA, M. Conceição; CASACA, Sara Falcão (2005), *Flexibilidade de Emprego: Riscos e Oportunidades*, Oeiras, Celta Editora.

Lutz, Helma (org.) (2008), *Migration and Domestic Work: A European Perspective on a Global Theme*, Aldershot, Ashgate.

Machado, Fernando Luís e Perista, Heloísa (1997) "Femmes immigrées au Portugal: identités et différences", *Migrations Société, CIEMI – Centre d'Information et d'Études sur les Migrations Internationales*, 9 (52): 91-103.

Machado, Fernando Luís; Azevedo, Joana e h Ana Raquel (2009), *Bibliografia e Filmografia sobre Imigração e Minorias Étnicas em Portugal (2000/2008)*, Lisboa, F. C. Gulbenkian.

Massarelli, Nicola; Wozowczyk, Monika (2010), *European Union Labour Force Survey – Annual results 2009*, Luxembourg, EUROSTAT – Data in Focus, Office for Official Publications of the European Communities.

McDowell, Linda (2000), "Feminists rethink the economic: the economics of gender / the gender of economics", *in* Clark, Gordon L., Feldman, Maryann P., e Gertler, Meric S. (orgs.), *The Oxford Handbook of Economic Geography*, Nova Iorque, Oxford University Press, pp. 497-517.

Miranda, Joana (2009), *Mulheres Imigrantes em Portugal: Memórias, Dificuldades de Integração e Projectos de Vida*, Lisboa, ACIDI – Alto Comissariado para a Imigração e Diálogo Intercultural.

OECD (2008), "The labour market integration of immigrants and their children in Portugal", in *Jobs for Immigrants*, Vol. 2, Paris, Organization for Economic Co-operation and Development: 269-332.

Padilla, Beatriz (2007), "A imigrante brasileira em Portugal: considerando o género na análise", *in* Malheiros, Jorge (org.), *Imigração Brasileira em Portugal*, Lisboa, ACIDI – Alto Comissariado para a Imigração e Diálogo Intercultural, pp. 113-134.

Papademetriou, Demetrios G.; Sumption, Madeleine; Terrazas, Aaron; Burkert, Carola; Loyal, Stephen e Ferrero-Turrión, Ruth (2010), *Migration and Immigrants Two Years after the Financial Collapse: Where Do We Stand?*, Washington, Migration Policy Institute / BBC World Service.

Papademetriou, Demetrios G.; Sumption, Madeleine e Terrazas, Aaron (orgs.) (2011), *Migration and the Great Recession: The Transatlantic Experience*, Washington, Migration Policy Institute.

Parreñas, Rhacel Salazar (2001), *Servants of Globalization. Women, Migration, and Domestic Work*, Stanford, Stanford University Press.

Perista, Heloísa (1998), "Mulheres na diáspora da União Europeia. Percursos migratórios e trajectórias profissionais e familiares", *Revista Crítica de Ciências Sociais*, 50: 153-165.

Peixoto, João (2008), "Imigração e mercado de trabalho em Portugal: investigação e tendências recentes", *Migrações*, 2: 19-46.

164 | Mudanças Laborais e Relações de Género: Novos Vetores de (des)igualdade

Peixoto, João e Iorio, Juliana (2011), *Crise, Imigração e Mercado de Trabalho em Portugal: retorno, regulação ou resistência?* Cascais, Principia/Fundação Calouste Gulbenkian.

Peixoto, João; Casaca, Sara Falcão; Figueiredo, Alexandra; Gonçalves, Marisa; Floriano, Aurélio; Sabino, Catarina; Lopes, Margarida Chagas; Perista, Heloísa; Perista, Pedro; Phizacklea, Annie (2006), *Mulheres Migrantes: Percursos Laborais e Modos de Inserção Socioeconómica das Imigrantes em Portugal*, Lisboa, SOCIUS/ISEG.

Phizacklea, Annie (2005), "O mercado de trabalho flexível e o trabalho incerto: o caso da migração", *in* Kovács, Ilona (org.), Phizacklea, Annie, Castillo, José J., Cerdeira, M. Conceição, e Casaca, Sara Falcão, *Flexibilidade de Emprego: Riscos e Oportunidades*, Oeiras, Celta Editora.

Ramalho, Sónia e Trovão, Susana (2010), *Repertórios Femininos em Construção num Contexto Migratório Pós-colonial: Participação Cívica e Política de Mulheres de Origem Africana*, Lisboa, ACIDI – Alto Comissariado para a Imigração e Diálogo Intercultural.

Ribas-Mateos, Natalia (2004), "How can we understand immigration in Southern Europe?", *Journal of Ethnic and Migration Studies*, 30 (6): 1045-1063.

São José, José e Wall, Karin (2006), "Trabalhar e cuidar de um idoso dependente: problemas e soluções", *Cadernos Sociedade e Trabalho* 7: 119-154.

Schneider, Friedrich e Klinglmair, Robert (2004), "Shadow economies around the world: what do we know?", *IZA Discussion Paper* 1043, Bona, Institute for the Study of Labour.

Torres, Anália Cardoso; Maciel, Diana e Marques, Ana Cristina (2010), *Trabalho, Família, Igualdade de Género e Políticas Sociais: Transformações Europeias numa Perspectiva Comparada*, Relatório Final, CIES-IUL – Centro de Investigação e Estudos de Sociologia, Instituto Universitário de Lisboa, Lisboa.

Wall, Karin; Nunes, Cátia e Matias, Ana Raquel (2006), *Female Migration Vision – National Report on Portugal*, Lisboa, Instituto de Ciências Sociais.

Wall, Karin e São José, José (2004), "Managing work and care: a difficult challenge for immigrant families", *Social Policy and Administration*, 38 (6): 591-621.

Wall, Karin e Nunes, Cátia (2010), "Immigration, welfare and care in Portugal: mapping the new plurality of female migration trajectories", *Social Policy and Society*, 9 (3): 397-408.

Williams, Fiona (2010a), *Claiming and Framing in the Making of Care Policies: the Recognition and the Redistribution of Care*, Genebra, United Nations Research Institute for Social Development.

Williams, Fiona (2010b), "Migration and Care: Themes, Concepts and Challenges", *Social Policy and Society*, 9: 385-396.

5.

Trabalho, precariedade
e movimentos sociolaborais

ELÍSIO ESTANQUE

HERMES AUGUSTO COSTA

5.1. Introdução

As relações de trabalho e os movimentos sociais são hoje, porventura como nunca, dois campos de estudos decisivos da sociologia contemporânea. Apesar de serem temas que podem ser tratados autonomamente, em contexto de intensificação das medidas de austeridade, faz, porém, todo o sentido pensar neles de modo articulado. É, de resto, difícil falar em crise global do capitalismo, em crise do emprego, em crise dos modelos de negociação coletiva, etc., sem falar nas estratégias de resposta das cidadãs, dos cidadãos e da sociedade, das "velhas" organizações sindicais ou das "novas" organizações, movimentos e redes sociais, que estão a emergir um pouco por todo o mundo em luta pelo direito ao emprego e a um futuro digno, ao mesmo tempo que promovem novas agendas e repertórios políticos mais ou menos radicais. Como se sabe, o atual panorama de profunda crise económica, que, desde há várias décadas, tem vindo a atingir em especial a Europa e o seu *welfare state*, está a ter impactos devastadores no campo do emprego e das políticas sociais. Na sua origem está o modelo neoliberal e os efeitos de um mercantilismo desregulado e global que, além de questionar o "modelo social europeu", empurra amplos setores da força de trabalho – com destaque para as camadas mais jovens (v. capítulo 2), qualificadas e também para o setor feminino (v. capítulo 1) – para o emprego precário e para o desemprego de longa duração.

O presente texto situa-se neste campo e procura discutir algumas das principais transformações sociais que vêm ocorrendo no mundo laboral, tentando perceber que tipo de respostas e desafios podem ser pensados a partir da experiência dos movimentos sociolaborais do período mais recente. Assim, a primeira parte centra-se nos processos de mudança associados ao mercado de trabalho; e a parte final incidirá sobre a recente onda de protestos e movimentos sociais, fazendo referência a experiências e formas de ação coletiva de natureza distinta. Por um lado, procura-se refletir sobre estas temáticas à escala global; por outro, a análise focaliza-se na sociedade portuguesa e no contexto europeu. A questão da mulher e dos movimentos feministas surgem aqui apenas num plano secundário, já que as problemáticas do trabalho e da ação coletiva são tratadas num registo mais genérico. Todavia, está subjacente à nossa reflexão (e isso não deixa de ser mencionado) a relevância das teorias e debates em torno das questões de género, bem como a atenção que nos merece a condição feminina, que, como sabemos, é em si mesma um fator que denuncia novas formas de desigualdade e ajuda a estruturar novas clivagens identitárias e movimentos sociais dentro das velhas desigualdades socioeconómicas. É por essas e outras razões que o feminismo constitui um campo central nos atuais debates e um elemento decisivo para compreendermos os movimentos sociais, presentes e passados.

5.2. Metamorfoses do trabalho assalariado

Enquanto atividade concebida pelo ser humano, assente na produção de bens materiais, na prestação serviços ou no exercício de funções com vista à obtenção de resultados que possuam utilidade social e valor económico (Freire, 1998: 27), o trabalho acolhe, pois, diferentes tipos de significados associados a diferentes tipos de relações: com a natureza, com a produção (de bens e mercadorias para consumo), com os serviços (prestação de serviços entre pessoas), com a ideia de transação (troca de bens materiais), com a noção de criação (o trabalho é invenção e descoberta), com espaços/instituições (organizações), etc. Por outro lado, o trabalho também se pode distinguir do emprego, mesmo que não exista emprego sem trabalho. Guy Standing (2009), por exemplo, distingue entre "labour" e "work". Enquanto que o *labour* significa "a maximização da eficiência e da competitividade" e algumas das suas características são o stresse, o *burnout* e a perda de controlo sobre o tempo, *work* coloca maior ênfase nas atividades de necessidade, sobrevivência e reprodução, bem como de desenvolvimento pessoal. Nesse sentido, "executando um trabalho, a pessoa possui uma ação, um sentido de auto-determinação" (Standing, 2009: 7).

As transformações do mundo do trabalho ao longo do século XX, em especial na Europa, evidenciaram um processo de profunda mudança social que questionou a centralidade do trabalho e fez surgir um novo léxico político: globalização, descentralização flexibilização (Costa, 2008). Tal como também é referido no capítulo 1, na sequência da II Guerra Mundial o modelo dominante de relações laborais assentou, em especial no Norte da Europa, em sindicatos e associações patronais fortes e centralizados, que articulavam a sua capacidade de atuação com a dos próprios governos. O triunfo desse modelo é indissociável do papel do Estado, pois ele traduziu a passagem de uma relação de trabalho concorrencial e puramente mercantil para um modelo juridicamente regulado, dando lugar à ideia de que: "a garantia de emprego e a noção de emprego – o contrato indeterminado – e a proteção social estão na origem da chamada cidadania social na Europa ocidental do pós-guerra" (Oliveira e Carvalho, 2010: 27; Costa, 2008: 23-38). Nessa "idade de ouro", o movimento sindical adquiriu um amplo reconhecimento e tornou-se parte integrante dos processos nacionais de promoção de bem-estar, tendo na verdade o seu estatuto evoluído do de "movimento" para o de "parceiro" social. Além disso, definiram-se normas de cidadania laboral no local de trabalho e os governos desenvolveram políticas macroeconómicas favoráveis ao pleno emprego (Ross e Martin, 1999: 7). O fordismo confirmava-se, então, como modelo de relação salarial dominante, assente em três planos: por um lado, enquanto princípio geral de organização do trabalho (ou *paradigma industrial*), foi um prolongamento do taylorismo pela mecanização e pelo consumo de massas; por outro lado, enquanto estrutura macroeconómica (ou *regime de acumulação*), implicou que os ganhos de produtividade resultantes dos seus princípios organizacionais tivessem a sua contrapartida no crescimento dos investimentos financiados pelos lucros e no crescimento do poder de compra dos trabalhadores e das trabalhadoras assalariadas; em terceiro lugar, enquanto *modo de regulação*, o fordismo implicou uma contratualização de longo prazo da relação salarial, com limitações rígidas face aos despedimentos, assim como um programa de crescimento dos salários indexado à inflação e à produtividade (Lipietz, 1992; 1996). A estes três aspetos, Bob Jessop acrescenta um quarto, que configura o fordismo como padrão de integração institucional e coesão social e contempla "o consumo de mercadorias massificadas e estandardizadas nos lares de família nucleares e o fornecimento de bens e serviços coletivos estandardizados pelo Estado burocrático" (Jessop, 1994: 254).

Com a crise petrolífera dos anos setenta teve início uma progressiva degradação das condições de trabalho e um aumento do desemprego que agravava progressivamente a crise fiscal do Estado. Ao mesmo tempo que o papel do Estado e as políticas públicas eram postos em causa, questionava-se também o papel dos sindicatos. No Reino Unido, por exemplo, o governo de M. Thatcher adotou políticas centradas na flexibilidade e na desregulamentação que foram acompanhadas de restrições legislativas da influência sindical: entre 1980 e 1993, a introdução de oito leis destinadas a regulamentar a atividade sindical (Waddington, 1995: 31 ss.) teve como efeito imediato a aposta no mercado e no indivíduo e o isolamento do/a trabalhador/a de qualquer ambiente social (Beynon, 1999: 274-275). Ao mesmo tempo, o fim do fordismo traçou, desde logo, novos contornos e iniciou o que viria a ser a mais profunda recomposição do mercado de trabalho desde o pós-guerra. Produção descentralizada, maior especialização, inovação tecnológica, flexibilização, equipas semiautónomas, novas qualificações, multiplicação das formas contratuais, subcontratação, modelo de *lean production*, novas técnicas de gestão da produção (*just-in-time*), *total quality management*, reengenharia, externalização e *outsourcing*, trabalho em equipa, etc. (Hyman, 1994, 2004; Amin, 1994; Womack, Jones e Roos, 1990; Kovács, 2006; Costa, 2008).

Tais tendências articulam-se ainda com outros impactos produzidos pelas transformações do capitalismo global, entre os quais, a ação das multinacionais, que converte as economias nacionais e dificulta os mecanismos sindicais de regulação; o aumento do desemprego estrutural gerador de processos de exclusão social; a deslocalização dos processos produtivos e a predominância dos mercados financeiros sobre os mercados produtivos; a crescente fragmentação dos mercados de trabalho, que conserva os segmentos degradados da força de trabalho abaixo do nível de pobreza; o desenvolvimento de uma cultura de massas dominada pela ideologia consumista e pelo crédito ao consumo; etc. (Santos, 1995: 134-135). Ficou claro que ao longo da primeira década do século XXI as novas formas de trabalho se traduziram cada vez mais em rotas de sentido precarizante, quer em Portugal quer na Europa: recibos verdes (ou melhor, falsos recibos verdes)[1], contratos a prazo, trabalho temporário, trabalho a tempo parcial, trabalho na economia informal[2], são apenas alguns dos rostos das novas morfologias do trabalho (Antunes, 2006; Aubenas, 2010) no século XXI. Não causa, por

---

[1] Para uma análise deste fenómeno que, em Portugal, rondará as 900.000 pessoas, cf. AAVV (2009).

[2] Estima-se que em Portugal o peso da economia informal represente cerca de ¼ do PIB português. Como assinalam Dornelas *et al.* (2011: 16), o peso do trabalho não declarado apresenta sobretudo motivações mais económicas do que sociais e atinge tanto mais as diferentes categorias quanto mais distantes estas se encontram do emprego típico e protegido. Além disso, integra uma parte (16%) não remunerada do trabalho realizado no setor formal da economia formal.

isso, estranheza, ao longo da última década, a identificação de teses opostas quanto ao lugar/centralidade do trabalho na sociedade.[3]

Estas tendências estão longe de confirmar o *fim do trabalho* ou a fragmentação da sociedade salarial numa "não-classe de não--trabalhadores/as" (André Gorz), muito embora se possa reconhecer a menor importância do trabalho na definição da estruturação da identidade individual e a sua crescente dificuldade em fixar os laços sociais (Claus Offe; Jeremy Rifkin; Ulrich Beck; Dominique Méda). O trabalho tornou-se um bem cada vez mais escasso, mas isso não só não lhe retirou importância como realçou o seu papel enquanto fator de afirmação de dignidade de direitos humanos. Mesmo considerando as virtualidades da sociedade informacional (Manuel Castells), a já referida fragmentação e volatilidade dos processos e formas de trabalho e o carácter "pós-industrial" das sociedades ocidentais, importa sublinhar, acompanhando instituições como a OIT, que "o trabalho não é uma mercadoria" e que não há alternativa à civilização do trabalho, ainda que as suas formas se revelem cada vez mais instáveis e multifacetadas. É indubitável que o trabalho assalariado se tornou palco do individualismo negativo, de precariedade e vem perdendo consistência, estabilidade e até dignidade. Mas como muitos académicos têm chamado a atenção o trabalho permanece no centro dos combates sociais e da luta política atual. Importa por isso redescobrir e reforçar o seu papel enquanto cimento da sociedade, isto é, como espaço decisivo na defesa da coesão social e do exercício da cidadania, revitalizando os mecanismos de diálogo e os consensos por meio de um novo contrato social que consolide a democracia (Castel, 1998; Santos, 1998)[4].

---

[3] Para uma análise mais desenvolvida de tais teses, cf. Toni (2003).

[4] Nos termos de tal contrato: i) o trabalho deve ser democraticamente partilhado (o reforço de *labour standards* é crucial a este respeito); ii) o seu polimorfismo deve ser reconhecido (é preciso um patamar mínimo de inclusão para as formas atípicas de trabalho); iii) e o movimento sindical deve ser reinventado (quer atuando em diferentes escalas e não apenas na local/nacional, quer funcionando como alternativa civilizacional).

No caso particular das mulheres, apesar de possuírem um elevado peso no mercado de trabalho português (veja-se o capítulo 1) e da sua presença ser maioritária entre a população empregada que completou o ensino secundário e superior, continuam a ser vítimas de segregação no campo profissional, o que se comprova pela sua menor presença nas categorias profissionais mais qualificadas. Considerando as percentagens segundo o sexo por referência ao respetivo peso entre os/as trabalhadores/as com níveis de educação mais elevados, verifica-se que enquanto 71,6% dos homens nessa condição pertencem àquelas categorias (quadros médios e superiores), apenas 54,6% das mulheres se encontravam em posições idênticas em 2005 (Rosa, 2008).

Quando se cruza a variável sexo com os salários e os tempos de trabalho constatamos que o aumento da representatividade feminina no mercado de trabalho por comparação com o sexo masculino, ainda é sinónimo de desigualdade em termos de proveitos do trabalho[5]. Como assinalam Rosa e Chitas (2010: 70), apoiados na base de dados PORDATA[6], conserva-se uma diferença de ganhos médios entre homens mulheres, com vantagem para o sexo masculino, ainda que essa vantagem esteja a diminuir ao longo dos anos. Em 1985, enquanto um homem ganhava, em média, 186 euros, a mulher ficava-se pelos 136 euros (mais 37% para eles). Atualmente, essa diferença é de 28% a menos, para elas. A diferença de ganhos médios entre homens e mulheres – vantajosa para os homens – que trabalham por conta de outrem é, assim, a regra, qualquer que seja o nível de qualificação e para praticamente todos os setores de atividade (em 2008, as exceções são os setores da "construção" e dos "transportes e armazenagem", onde os ganhos médios das mulheres são superiores aos dos homens).

Ao mesmo tempo, é interessante notar o ritmo de feminização de categorias particulares da classe média (ao contrário do setor operário e dos assalariados agrícolas), sendo isso muito evi-

---

[5] Para uma análise mais aprofundada, veja-se Ferreira (2010).
[6] www.pordata.pt

dente em diversas profissões, mas mais acentuado no caso dos/ as empregados/as executantes, funcionários/as administrativos/as, professores/as enfermagem, serviço social, etc., a ilustrar como as questões de género (ou de desigualdade sexual) são indissociáveis dos processos de estruturação e de segmentação geral do mercado de trabalho (Grusky, 2008; Crompton, 2009).

Os/as jovens e as mulheres são, na verdade, segmentos sociais onde as diferenças de oportunidades continuam a ser flagrantes, sendo portanto categorias através das quais as novas desigualdades têm vindo a consolidar-se, o que é manifesto em indicadores como os índices de desemprego, de precariedade, as diferenças entre os níveis salariais e as oportunidades de emprego (v. capítulos 1 e 2). Segundo relatórios recentes do Observatório das Desigualdades do ISCTE/IUL, entre os/as trabalhadores/as com o ensino básico a discrepância salarial entre os sexos é de 13,5% (em beneficio dos homens), evoluindo para 26,5% nos que possuem o ensino secundário completo e aumentando para 27,2% na camada da força de trabalho com frequência do ensino superior. E é também nestes setores que a diferença salarial entre homens e mulheres mais se agrava (Carvalho, 2011; veja-se também Ferreira, 2010). Isto evidencia bem como os processos de mudança, apesar das importantes conquistas que trazem consigo no plano das qualificações escolares e competências socioprofissionais, são em geral indutores de novas dinâmicas de desigualdade, que parecem obedecer a uma permanente readaptação mas ao mesmo tempo são dotadas de grande capacidade de resiliência.

5.3. Indicadores do mercado de trabalho

Um olhar sobre alguns indicadores do mercado de trabalho – como os salários, os contratos a prazo ou o fenómeno do desemprego – é bem revelador da forte convulsão (e desvalorização) por que vem passando o fator trabalho nos últimos anos, em espacial na Europa. É claro que os sistemas de relações laborais (as condições de trabalho, a legislação laboral, a contratação coletiva, etc.) não são uniformes entre os países da UE, mas em diversos países são identificáveis tendências de degradação que atingem com maior intensidade os segmentos mais pobres e vulneráveis, em particular os jovens (v. capítulo 2) e as mulheres (v. capítulo 1).

Por exemplo, no campo dos rendimentos do trabalho, os cortes entre os/as funcionários/as públicos/as das economias mais fragilizadas (Grécia, Irlanda, Portugal são alguns dos exemplos mais referidos no quadro da UE), associados a todo um pacote de medidas de liberalização e "ajustamento" em benefício do capital (e contra o trabalho) constituem um enorme recuo no campo dos direitos sociais. No ano de 2011 (o mesmo sucedendo em 2012), no que concerne ao caso português, importa mencionar os cortes salariais na função pública (até 10%) – por sinal com a anuência controversa do Tribunal Constitucional (Costa, 2012) –, a perda de metade do subsídio de Natal em 2011 e a retirada (inscrita no orçamento de Estado de 2012) dos 12º e 13º meses (a totalidade dos subsídios de férias e de natal) que haviam sido o produto de conquistas de mais de 30 anos. Ora, estas severas medidas de austeridade incidem sobre os/as trabalhadores/as do Estado e sobre os/as pensionistas, produzindo implicações na vida de cerca de 3 milhões de pessoas, numa demonstração clara do retrocesso em curso na relação salarial, sem esquecer que os impactos no setor privado constituem uma forte probabilidade. Parece evidente que se trata de um "ataque" direto ao campo laboral, uma desvalorização dos custos do trabalho que se estende do próprio salário à segurança, à dignidade profissional e à vida familiar da força de trabalho assalariada no seu conjunto (Reis, 2009: 11).

Em contexto de crise económica, a importância do salário mínimo será, por isso, ainda maior. É elementar ter em conta que o salário mínimo, além de uma importante fonte de justiça social, pode também constituir-se como um apoio pecuniário indispensável à sobrevivência de muitas famílias. Para as pessoas trabalhadoras, o risco de pobreza em Portugal é de 12% (sendo 2/3 do risco de pobreza total), enquanto que na Europa é de 8% (sendo

174 | Mudanças Laborais e Relações de Género: Novos Vetores de (des)igualdade

aqui também metade do risco de pobreza total), o que é um indi-cador de que em Portugal os salários são baixos para fazer face a situações de pobreza (Dornelas *et al.*, 2011: 18; Caleiras, 2011). Tal como os salários, os contratos a prazo apontam igualmente o caminho da precarização. De novo tendo em conta a realidade laboral portuguesa, entre 1999 e 2007 verificou-se um aumento da probabilidade de novos contratos serem celebrados a termo e mantidos nessa situação durante mais tempo. Pela dinâmica de entrada na vida ativa, este fenómeno afeta particularmente os/as trabalhadores/as jovens, mas tem-se estendido a todas as idades. Além disso, no setor dos serviços a flexibilização tem sido bem evidenciada através do recurso aos contratos a prazo, possibi-litando uma elevada rotação de emprego[7]. Ora, "esta excessiva rotação reduz os incentivos ao investimento em educação e forma-ção por parte das empresas e dos/as trabalhadores/as, e acentua a polarização do mercado de trabalho, afetando negativamente a acumulação de capital humano da economia" (Reis, 2009: 12). No seu conjunto, em 2010, os contratos a prazo abrangem 23,2% dos/as assalariados/as, em especial jovens com níveis de escolariza-ção elevados (para um maior desenvolvimento, veja-se o capítulo 2).

Na última década, os postos de trabalho em regime de contratos permanentes diminuíram ao mesmo ritmo em que aumentaram os contratos a prazo. Os valores do emprego pre-cário (se somarmos os contratos a termo, os recibos verdes, os/ /as trabalhadores/as temporários/as e o trabalho a tempo parcial) já se situam nos cerca de 40% do emprego total (v. capítulo 1). Este tipo de contratos cresceu progressivamente e em todas as faixas etárias, sendo a geração dos jovens entre os 15 e os 24 anos (hoje popularizada pelo nome de *Geração à Rasca*)[8] a que mais sofre com isso, o que acontece, de resto, em muitos outros países europeus

---

[7] Mário Centeno, em entrevista ao Jornal *Público*, 7/02/2011. Ver ainda Cen-teno e Novo (2008: 146).

[8] Desde o dia 12 de março de 2011 que esta camada de precários/as se auto-identifica como a "Geração à Rasca", devido à enorme manifestação (que reuniu 300.000 pessoas) convocada por um grupo de jovens, através do facebook, e que,

(Estanque, 2012). Segundo fontes oficiais, em 2010 havia 37,6% dos trabalhadores e das trabalhadoras com idades entre os 15 a 34 anos em situação laboral de contratos a prazo, ao passo que se considerarmos apenas o segmento etário dos 15 aos 24 anos essa percentagem já se aproximava no dos 50% (INE, 2010; Carmo, 2010; veja-se ainda o capítulo 2). Mas o problema do desemprego é hoje mais incontornável do que nunca. Segundo a OIT (ILO, 2011: 12), em 2010 o desemprego à escala global (apesar de alguma recuperação após a crise do *subprime* em 2008) permaneceu em níveis muito elevados, situando-se na casa dos 205 milhões, havendo mais 27,5 milhões de pessoas desempregadas em 2010 do que em 2007. Segundo estimativas do EUROSTAT, só na UE-27, em agosto de 2011, 22.785 milhões de homens e mulheres estavam desempregados/as (sendo de 15.739 milhões o nº de pessoas desempregadas nos países da "zona euro"). Em Portugal, o desemprego passou de 524.674 (10,1%), em dezembro de 2009, para 546.926 (11%), em dezembro de 2010. Nesta data (dezembro de 2010), a taxa de desemprego na zona euro era de 10% e na UE-27 era de 9,6% (EUROSTAT, 2012a). Entretanto, em agosto de 2011, a percentagem de desempregados/as em Portugal situava-se nos 12,3%, sendo na média da zona euro de 10% e a da UE-27 de 9,5%, e em dezembro desse ano atingiu os 13,6% (EUROSTAT, 2012b). Mas os números do desemprego obrigam-nos a colocar a ênfase quer na sua duração, quer nos escalões etários, sendo os jovens (e mais qualificados) particularmente afetados. Na verdade, parece notória uma tendência para o aumento do desemprego sobretudo ao nível do desemprego de longa duração[9], o que não pode desligar-se, como referimos anteriormente, da excessiva percentagem de emprego precário em Portugal, que se caracteriza pela insegurança e pelas baixas remunerações. Além disso, no seio das empresas

---

segundo vários/as analistas, terá marcado um momento de viragem nas modalidades de ação coletiva e afirmado um novo fenómeno no cenário político nacional.

[9] Eram quase 340.000 em Portugal, no 3º trimestre de 2010, os desempregados de longa duração (INE, 2010) (v. capítulo 1).

são evidentes baixos níveis de adaptabilidade do emprego e do tempo de trabalho, o que vem potenciar despedimentos, facilitar a contratação precária e dificultar a conciliação entre vida profissional e familiar (Dornelas, 2009: 128-129).

No final de 2010 registava-se em Portugal o maior volume de desemprego jovem de sempre, registando a camada etária entre os 15 e os 24 anos cerca do dobro da média nacional (22%). De acordo com o Instituto Nacional de Estatística (INE), das 609.400 pessoas desempregadas no 3º trimestre de 2010, 285.400 eram jovens com menos de 34 anos. E aqui certamente podemos incorporar o desemprego de licenciados/as: se em 2000 o número de desempregados/as licenciados/as era de 83.000, em 2010 ele atingia os 190.000, ou seja, o problema tem vindo a agravar-se nos últimos anos, atingindo os nesse ano (2010) 55 mil casos, embora se saiba que os licenciados auferem salários mais elevados e permanecem menos tempo sem emprego ou em situação de trabalho precário. Entretanto, no primeiro trimestre de 2011, a taxa de desemprego dos jovens (dos 15 aos 24 anos) foi de 27,8%, e em novembro de 2011 situava-se nos 30,7% (EUROSTAT, 2012b).

Acresce que a pressão generalizada para a flexibilização das relações laborais – com incidência no plano contratual, salarial ou das condições de trabalho – tem sido sempre acompanhada de uma intensificação das formas de segregação segundo o sexo. Se os/as trabalhadores/as em geral se encontram em situação cada vez mais vulnerável, as mulheres em particular são e sempre foram discriminadas, do campo laboral ao espaço doméstico, passando pela esfera pública e política em geral. Por outras palavras, as tendências de fragmentação, desvalorização e precarização do trabalho não deixam de transportar e muitas vezes intensificar poderosos "mecanismos de segregação sexual associados à crescente flexibilização da relação laboral" (Casaca, 2010: 285; veja-se também o capítulo 1).

5.4. Precariedade e ação coletiva

As tendências de restruturação produtiva, de recomposição das relações de trabalho e o "metabolismo capitalista" (Antunes, 1999) que vêm ocorrendo nas nossas sociedades, bem como os seus ciclos e oscilações entre crises e *dumping* social, por um lado, e euforia consumista e crescimento, por outro, podem ser entendidos como situações inerentes à própria estrutura do capitalismo moderno. As lógicas de acumulação e os mecanismos de regulação do sistema económico têm, apesar de tudo, revelado uma enorme capacidade inventiva no recurso a diversos meios de mediação que regra geral conseguem assegurar a sua reprodução, apesar do sofrimento que isso possa comportar para as classes desapossadas. Como assinalou Ricardo Antunes, "houve uma diminuição da classe operária industrial tradicional. Mas, paralelamente, efetivou-se uma significativa *subproletarização* do trabalho, decorrência das formas diversas de trabalho parcial, precário, informal, subcontratado, etc. Verificou-se, portanto, uma significativa *heterogeneização, complexificação* e *fragmentação* do trabalho" (Antunes, 1999:209).

Deste modo, não só o potencial do trabalho (e da indústria) não desapareceu como a sua centralidade se reforçou. É esta a perspetiva que aqui assumimos. Além de fator de produção e de desenvolvimento, o trabalho permanece um espaço decisivo de construção identitária, um campo de afirmação de qualificações, uma fonte de emanação de direitos e de cidadania. Quando os/as trabalhadores/as choram à porta de cada fábrica encerrada não é apenas por terem perdido a sua fonte de subsistência. É porque se sentem agredidos no mais fundo da sua dignidade humana. Ou seja, o trabalho persiste como uma dimensão fulcral de sociabilidade que liga o indivíduo à natureza e à sociedade. Por esse motivo devemos assumir que a retirada de condições de segurança e estabilidade nas relações laborais só pode ter como consequência o esgaçar do próprio tecido social com todo o rol de riscos que isso comporta, tanto para a atividade económica como para a vida das pessoas.

Já sabemos os resultados devastadores do capitalismo selvagem do século XIX, cujo processo de mercantilização significou a transmutação da economia de mercado para a "sociedade de mercado" com o consequente despojamento do trabalho do seu carácter humano e da sua dignidade. E na Europa do século XX, esgotada que foi a promissora experiência dos "trinta gloriosos anos", o neoliberalismo subjugou de novo a atividade económica ao poder dos mercados (Polanyi, 1980). Tudo isso ocorreu sob um discurso ideológico que nos fazia crer que o trabalho passou a ser algo intangível, etéreo e completamente desumanizado, que se resumia a um conjunto de índices e indicadores estatísticos. Se é verdade que em meados do século passado o advento do *Welfare state* conseguiu travar os excessos do capitalismo selvagem, sessenta anos decorridos assistimos novamente ao desmoronamento desse modelo redistributivo e com ele a uma degradação da condição social da classe trabalhadora (incluindo os setores da classe média assalariada).

No tempo presente, a posição mais baixa da hierarquia parece ser ocupada pelo *precariado*, por sinal o grupo que está a "puxar para baixo" o lugar estratégico das classes médias nas democracias ocidentais (Estanque, 2003). Como refere Guy Standing (2009: 109-114), trata-se de uma crescente legião de pessoas que circulam entre empregos inseguros e mal pagos (nos países de imigração a população imigrante é um exemplo), que não sabem o que é segurança no trabalho, que não usam o título profissional para dizer o que fazem e que preenchem o vasto mundo da "economia informal" onde a palavra direitos está posta de parte: "flexitrabalhadores/as" ou "geração Y" (nascida depois de 1980) são apenas alguns dos rótulos de um novo precariado que usa uma linguagem nova – emails, sms, facebook, etc. – que por vezes faz mesmo dela um "ciberproletariado" (Huws, 2003). Se a cidadania fosse definida em termos de direitos ocupacionais, então, ao *precariado* faltaria cidadania. Muito embora "possa ter tido aí um papel, não possui uma base material ou um estatuto ocupacional que lhe permita desenvolver o lazer e intervir politicamente".

Ou seja, "o precariado não é livre, porque perdeu o sentido de segurança" (Standing, 2009: 314).

Abaixo desta categoria precária outras que poderão situar-se ao "nível de lixo" (para usar uma expressão vulgarizada no contexto da crise pelas agências de *rating*), "só" mesmo os/as desempregados/as e os/as *descartados/as* ("detached"). Por um lado, os/as desempregados/as sofrem face às oportunidades que o mercado de trabalho não lhes dá. Por outro lado, os/as *descartados/as* são igualmente uma categoria crescente, afastada dos benefícios do Estado, que vive em situação de pobreza crónica, nas estações de metro, debaixo de pontes ou em parques urbanos e que, como refere Standing (2009: 115), além de lhe poder ser aplicado o termo *lumpenproletariado* (de Marx), ninguém os quer ter como vizinhos/as.

As metamorfoses do mundo laboral, nomeadamente a crescente precarização do trabalho assalariado, que há cerca de dez anos eram ainda consideradas "desvios" ou incluídas no chamado "trabalho atípico" (Paugam, 2000), evoluíram rapidamente nos últimos anos para *um novo padrão* que, apesar da grande heterogeneidade de situações, tem como traço comum a marca da precariedade, associada a situações de medo e total dependência do/a trabalhador/a. A condição precária ou de *proletariedade,* esta "classe" ("com aspas", de que fala Giovanni Alves), é composta de indivíduos vítimas do fetichismo e marcados pelo "estranhamento", pela insegurança e descontrolo existencial: "homens e mulheres jogados no mundo social do capital, despossuídos, subalternos e imersos na contingência da vida e no acaso do mercado", o sujeito do fetichismo e do estranhamento que empurra o indivíduo para uma "subalternidade, acaso e contingência, insegurança e descontrole existencial, incomunicabilidade, corrosão do caráter, deriva pessoal e sofrimento" (veja-se Alves, 2009: 81-89). Quem trabalha nestas condições permanece paralisado/a pelo medo e pelos constrangimentos que se exercem a partir do trabalho e se repercutem em todas as dimensões da vida social, da fábrica à comunidade, da empresa à família. Também neste caso, importa realçar que a mulher continuou a ocupar um estatuto ainda mais subalterno.

180 | Mudanças Laborais e Relações de Género: Novos Vetores de (des)igualdade

Ou seja, é sempre nas experiências de trabalho mais degradantes, designadamente naquelas situações – legais ou clandestinas – em que, além da exploração e da negação de direitos, se entra numa zona de invisibilidade e total obscurecimento da condição humana que a mão de obra feminina se torna mais presente (Estanque, 2000; Ehrenreich, 2000; Aubenas, 2010).

5.5. Subjetividades e novos movimentos sociolaborais

Os indicadores que acabámos de referir evidenciam bem a gravidade da situação social nos países europeus. A quebra de confiança das pessoas acerca do funcionamento do sistema representa uma ameaça para a coesão social e para o clima de estabilidade que, apesar de tudo, tem caracterizado as democracias ocidentais desde o final da II Guerra Mundial. De resto, é bom lembrar que essa é uma tendência que se vem acentuando nos países europeus a uma velocidade preocupante, como diversos estudos internacionais têm revelado.

Inquéritos às atitudes dos cidadãos e das cidadãs mostram que a "classe política" é uma das categorias que mais suscita respostas a indicar "nenhuma confiança". No caso de Portugal, essa tendência tem-se agravado. Em 2002 verificou-se uma percentagem de 17,2% de respostas nesse sentido (contra 11,8% da média da UE), tendo a mesma evoluído para 25,3% em 2004, 25,7% em 2006 e 29,4% em 2008. A falta de confiança estende-se da dimensão social e interpessoal (crença no altruísmo dos outros) à dimensão institucional (Governo e Assembleia da República) e é ainda mais acentuada relativamente aos "políticos" em geral. Num estudo recente de âmbito europeu, os países escandinavos (Dinamarca, Finlândia, Noruega, Suécia) e a Suíça revelaram os mais elevados níveis de confiança nesses dois planos (interpessoal e institucional), enquanto que Portugal, Espanha e os países de Leste da Europa (em especial a Polónia, a Hungria e a Eslovénia) mostraram possuir os níveis mais baixos de confiança (Silva, 2011:

51-57). Ainda mais recentemente, um estudo sobre a qualidade da democracia desenvolvido por uma equipa do Instituto de Ciências Sociais – Universidade de Lisboa (*A Qualidade da Democracia em Portugal: a perspetiva dos cidadãos*)[10] comprova e reforça essas tendências no plano das atitudes, ao revelar que apenas 56% dos portugueses e das portuguesas consideram que "a democracia é preferível a qualquer outra forma de governo" e que uma parte, reduzida mas significativa, de cidadãs/aos (15%) partilha a ideia de que "nalgumas circunstâncias um governo autoritário é preferível a um sistema democrático" (um valor que cerca de dez anos antes estaria nos 7%, segundo um dos autores do estudo). Segundo a mesma investigação a grande maioria das pessoas inquiridas concorda com a afirmação de que "os políticos preocupam-se apenas com os seus próprios interesses" (78% de concordância) e outras no mesmo sentido. Além disso, as principais preocupações dos portugueses e das portuguesas vão, como seria de esperar, para os problemas do desemprego (37%) e da pobreza e exclusão social (16%).

As grandes transformações que vêm ocorrendo nas últimas décadas no domínio da economia têm evoluído no sentido de travar ou inverter o velho modelo social europeu, que no passado foi considerado irreversível e exemplo a seguir noutros continentes. Uma das razões pela qual o ponto a que chegámos é tão preocupante prende-se com o facto de, uma vez mais, a esfera laboral e o acesso ao emprego voltar a estar no centro da controvérsia e do conflito social. Nos últimos cinquenta anos não só as economias e sistemas de emprego do Ocidente se terciarizaram como os modos padronizados e estáveis de exercício profissional se desmantelaram ou estão em vias disso, como atrás vimos. Pode dizer-se que com a estagnação do trabalho industrial e a consolidação do fordismo (no setor privado e no público) o velho conflito laboral se "despolitizou" e aos poucos se tornou um elemento "gerível"

---

[10] Coordenado por António Costa Pinto, Pedro Magalhães, Luís de Sousa e Ekaterina Gorbunova, e cujos primeiros resultados foram divulgados no jornal *Público* de 19/01/2012.

na estrita esfera produtiva. Num certo sentido, assistiu-se a um processo de institucionalização em que o diálogo e a negociação substituíram a velha luta operária e sindical, enfraquecendo a dinâmica de "movimento" dos sindicatos. Ao longo de todo este tempo o sindicalismo burocratizou-se em larga medida, tornou-se mais "macio" e "dócil" à medida que as suas bases de apoio se foram reconvertendo do velho operariado para as novas classes médias "de serviço" (Goldthorpe).

É nesse sentido que podemos afirmar que, durante décadas, a ação sindical se "despolitizou" para dar lugar à "concertação social" e ao espírito corporativista. E convém entretanto não esquecer que esse processo revelou que o sindicalismo, além de reproduzir a burocracia e o corporativismo dos setores mais estáveis do emprego, reproduziu do mesmo modo a prática patriarcal de segregação do acesso das mulheres às posições de liderança das suas estruturas, apesar de alguma evolução positiva verificada nos países da UE. No que diz respeito ao campo sindical as mulheres aumentaram a sua representação na última década, passando de 18,8% (em 2004) para 22,7% em 2009 a percentagem que ocupou posições nas direções dos sindicatos, um peso, apesar de tudo, muito superior ao que se verifica no campo do associativismo empresarial, onde a presença do sexo feminino evoluiu de uma representação de 7,7% em 2004 para 11,7% em 2009 nos órgãos dirigentes das associações empresariais (EC, 2010). Por outro lado, importa ainda ter presente a importância do trabalho doméstico, da prestação de serviços de substituição – trabalho não pago –, cujo peso percentual no PIB (53%) é, segundo um relatório recente da OCDE (OECD, 2011) – *Society at a Glance* –, o mais elevado dos países da referida organização, ajudando a colocar o nosso país como um dos quatro países da OCDE onde se trabalha mais horas, sendo que o trabalho não remunerado é sobretudo realizado pela mulher. Significa isto, portanto, que quanto maior for a ilegalidade e a informalidade maior é, regra geral, o volume de trabalho atribuído à mão de obra feminina. Para além disso, como sabemos, as zonas de atividade onde opera a economia paralela são essenciais para assegurar a acumulação e o crescimento económico, bem como para conferir sustentabilidade aos segmentos mais estáveis e protegidos onde ainda subsistem alguns direitos laborais, ou seja, são parte integrante dos metabolismos do capital (Antunes, 1999, 2006).

O modelo social e de relações laborais português encontra-se hoje numa encruzilhada, num momento em que acabámos de assistir à assinatura de um Acordo de Concertação, fortemente condicionado pelo atual quadro de crise e austeridade (aliás só possível ao abrigo do Memorando da Troika). Um acordo que dividiu o país e o sindicalismo português e que, no conjunto de medidas nele enunciadas (muitas delas genéricas e consensuais mas outras muito concretas e violentas), se nota uma clara opção pelo modelo neoliberal. Basta lembrar a enfase na "flexibilidade" de horários, no "ajustamento" (por baixo) dos custos salariais, na supressão de dias de férias e na facilitação geral dos despedimentos. Neste domínio, não é apenas o campo sindical mas a classe média e a sociedade no seu conjunto que têm agora de gerir enormes sacrifícios e restrições por um período sem fim à vista. Encontramo-nos num ponto de viragem, de mudança de paradigma no terreno económico e laboral (e mesmo na esfera política), mas ninguém pode antever qual será o desfecho. Nem as vozes entusiastas do mercantilismo mais liberal podem provar que "a sociedade vai absorver" – mais ou menos pacificamente – essa rutura no modelo de relações de trabalho e entrar num novo ciclo de retoma, nem os críticos da agenda neoliberal estão seguros quanto à capacidade de resposta da sociedade e dos movimentos sociais em travar a agenda neoliberal hoje dominante em Portugal e na Europa.

5.6. Novos movimentos sociais

Se, como vimos, a situação sociolaboral se degrada cada vez mais, dir-se-á que estão reunidas as condições para que o descontentamento dê lugar à conflitualidade. Assim, o argumento que agora pretendemos desenvolver é o de que a intensificação e expansão da precariedade e a fragmentação dos processos produtivos, o esvaziamento dos direitos e da dignidade associados às relações laborais, estão a recriar uma nova forma de luta em torno do trabalho e da recuperação da sua dignidade, que se orienta no sentido de afirmar um novo estádio de politização do capitalismo moderno. E isso parece estar a acontecer através dos novos movimentos sociais e sociolaborais que atualmente fustigam as sociedades à escala global. Os sinais emitidos pelos Novos Movimentos Sociais (NMS) indiciam a superação do período anterior, acima assinalado, que se traduziu numa espécie de grau zero da capacidade de resistência do/a trabalhador/a, isto é, a fragilização, a impotência e o medo paralisaram qualquer possível resposta da força de trabalho, inclusive das suas camadas mais precárias e mais jovens, as que mais se afastaram da organização sindical.

O debate sobre os NMS, nomeadamente os que emergiram nos anos sessenta do século XX, trouxe novos contributos para a arena política e mostrou como a conflitualidade social nos países ocidentais não poderia mais ser entendida simplesmente à luz da velha teoria da "luta de classes". Indo muito além da tradição teórica marxista, diversos autores propuseram novas conceitualizações, entre as quais ganhou realce a de Alain Touraine, sugerindo que os Movimentos Sociais (MS) tinham em comum os seguintes princípios: 1. *identidade* – um sentimento de pertença a um coletivo; 2. *oposição* – a demarcação face a um adversário identificado; e 3. *totalidade* – a proposta de um caminho alternativo de sociedade (Touraine, 2006). Muito embora esta definição não possa aplicar--se a todos os contextos, inclusive porque se inspira na realidade europeia e na própria historicidade que o autor atribuiu à luta de classes e ao movimento operário, ela pode auxiliar na análise dos novos (ou novíssimos) movimentos sociais do nosso tempo e ao mesmo tempo permite estabelecer contrastes e continuidades entres estes e o velho conflito operário (Touraine, 1985; Cohen e Arato, 1992; Melucci, 1998).

Os movimentos sociais são por vezes classificados entre "velhos" e "novos" ou entre dinâmicas de base socioeconómica (o movimento operário) e dinâmicas de base sociocultural (os movimentos estudantis, ambientalistas, pacifistas, feministas, etc.). Esta distinção pode adequar-se à presente reflexão, visto que se trata de discutir em torno das conexões entre o campo laboral e os ativismos oriundos da sociedade mais vasta (Alvarez *et al.*, 2000; Santos, 2005). É nesse sentido que importa recentrar a discussão sobre os NMS e reaproximá-la da reflexão sobre as transformações no mundo do trabalho. Na verdade, embora a sociologia do trabalho tenha afirmado um domínio teórico próprio, a presente abordagem prefere recuperar algumas das discussões clássicas sobre a "questão social", que ao longo do século XIX inspiraram os principais autores das ciências sociais. Retoma-se, assim, a ideia da centralidade do trabalho e procura-se interpretar o atual processo de recomposição das relações laborais como força propulsora de uma "nova questão social" (Estanque, 2007), ou seja, como processo que questiona não só o sistema produtivo e os direitos dos/as trabalhadores/as enquanto tais, mas sobretudo que ameaça a coesão social, a viabilidade do sistema económico e o futuro da Europa e da própria democracia liberal (Castel, 1998; Estanque e Costa, 2011).

Apesar das profundas transformações sociais que atravessaram o Ocidente nos últimos cinquenta anos, o legado dos anos sessenta e setenta pode ser aqui equacionado para que possamos compreender melhor a atualidade. O património histórico não pode ser apagado, muito embora seja necessário assumir que a sua reconstrução obedece sempre à necessidade de entender o presente. Hoje como ontem, é a reflexão teórica que persegue a dinâmica das sociedades e as ruturas politico-culturais que em geral lhes são impostas pelos NMS. Continuamos, portanto, a buscar nas respostas sociais as fontes inspiradoras do pensamento crítico e das alternativas emancipatórias do nosso tempo (Santos, 2005, 2011). Para além da divisão já indicada entre os "velhos" e os "novos" movimentos, ou seja, entre os movimentos de base socioeconómica, materialista e classista (de que o velho movimento operário é o exemplo paradigmático) e os movimentos de base fundamentalmente sociocultural, pós-materialista e interclassista (de que são exemplo os movimentos ambientalistas, feministas, pacifistas, estudantis, etc.), podemos associar cada um destes dois campos às duas lógicas apontadas por Boltanski e Chiapello (2000): a *crítica social* protagonizada essencialmente pelo movimento operário e sindical, e a *crítica artística* (ou estética), protagonizada pelos NMS. Para além disso, há que realçar as conexões que uns e outros sempre mantiveram com os distintos segmentos de classe que alimentaram a sua composição e o seu dinamismo. Mas, não basta apontar as causas socioeconómicas ou culturais para compreendermos em toda a sua extensão o fenómeno dos movimentos sociais (MS), velhos ou novos. De facto, os MS sempre foram influenciados por fatores culturais e pelos espaços de sociabilidade onde – mais do que a mítica "consciência de classe" – se forjam as identidades coletivas propulsoras da ação coletiva. Foi também assim com o movimento operário inglês no século XIX, onde, não só a fábrica mas também a vida de bairro e o convívio na taberna contribuíram para forjar a identidade da classe trabalhadora (Thompson, 1987).

Já no caso português, apesar de, também entre nós os anos sessenta terem sido muito relevantes no que diz respeito aos movimentos sociais, a questão terá de considerar algumas particularidades desse período, nomeadamente o facto de vivermos sob um regime ditatorial, numa sociedade eminentemente rural e onde a juventude escolarizada se resumia praticamente aos/as filhos/as da elite. No entanto, é bom recordar que os movimentos estudantis e as lutas académicas desencadeadas no campo universitário não deixaram de incorporar alguns dos valores democráticos que (apesar da repressão e da censura) penetraram no país e contaminaram o ambiente universitário com os ventos do maio de 68 e as referências culturais da década. Por outro lado, a sua marca contagiou setores significativos das gerações dessa época, o que terá ajudado a despertar a consciência politica que haveria de derrubar o regime do Estado Novo (Estanque e Bebiano, 2007; Cardina, 2010). Em todo o caso, vale a pena referir que, apesar das condições particulares em que o país se encontrava, e do elitismo universitário, era já então muito relevante a presença de mulheres na universidade (por exemplo na Universidade de Coimbra as raparigas já correspondiam a 29% dos estudantes em 1951-1952, valor que subiu para 45,5% no ano letivo de 1968-1969). A própria questão da condição feminina e da moral sexual chegou a ser tema de um caloroso debate – suscitado pela publicação de um texto anónimo, "Carta a uma jovem portuguesa", no jornal académico *Via Latina* que questionava o padrão convencional da "mulher submissa" imposto pelo regime – que transcendeu os meios académicos e constituiu talvez o primeiro momento de contestação aberta da mentalidade salazarista, escudada no conservadorismo católico e nos seus mecanismos sancionatórios da liberdade da mulher (Estanque e Bebiano, 2007).

Se naquela altura os "novos" movimentos sociais apresentavam características como as apontadas por A. Touraine (e no caso português incorporavam as "velhas" lutas pelas liberdades cívicas e políticas), hoje debatem-se com outro tipo de dificuldades que os afastam dos princípios referidos por esse autor: primeiro, porque possuem *identidades* mais difusas, mais voláteis e em parte fictícias, visto que são, em parte, estruturadas pelas redes sociais do ciberespaço; segundo, porque o *adversário* principal – sejam os mercados, o capital financeiro ou os 1% de muito ricos –, sendo mais global é também mais abstrato; e, terceiro, porque enquanto uma utopia *alternativa* como, por exemplo, a ideia de "um mundo melhor" e mais justo, é algo ainda bastante vago, que carece de sentido estratégico e de reinvenção ideológica. Daí que, embora reconhecendo o imenso potencial dos NMS de hoje, dada a enorme incerteza e a dispersão de recursos mobilizáveis, seja difícil antever os seus efetivos impactos e capacidade transformadora na sociedade (Cohen e Arato, 1994; Tilly, 1996; Laclau, 1996; Melluci, 1998; Ribeiro, 2000; Santos 2005).

Apesar das inúmeras controvérsias que em geral suscitam na opinião pública, os movimentos sociais (e a contestação a que alguns se referem pejorativamente como "a rua") foram e continuam a ser peças incontornáveis em todas as grandes ruturas e revoluções da história dos povos. Como sabemos, a sociedade industrial moderna – de cuja emergência a Inglaterra foi o principal palco ao longo do século XIX – só teve os desenvolvimentos civilizacionais que teve porque a classe operária das primeiras gerações se mobilizou e organizou em luta pela defesa de direitos sociais que o capitalismo selvagem, ontem como hoje, nunca quis reconhecer. Porém, se o movimento operário foi um movimento de uma classe, outras dinâmicas e formas de ação coletiva tiveram lugar, sobretudo a partir da segunda metade do século XX, tendo como protagonistas outros segmentos e classes sociais. Enquanto o sindicalismo esteve historicamente vinculado ao operariado, os novos movimentos sociais (NMS) dos anos sessenta podem mais facilmente ser conotados com a classe média, embora sem esquecer que a noção de "classe média" – além de dizer respeito a uma realidade contraditória e heterogénea – sempre foi extremamente controversa (Estanque, 2003, 2012).

Em Portugal, o sindicalismo de serviços ganhou maior protagonismo a partir dos anos oitenta do século passado. Foi nesse contexto que o papel da mulher na esfera sindical em Portugal também se reforçou, uma vez que o crescimento da classe média assalariada decorreu, em larga medida, à sombra do crescimento do Estado social (Estanque, 2012), no qual se destacam os setores tradicionalmente considerados "femininos", ou seja, os setores da saúde e da educação, sobretudo, que são aqueles onde a mulher portuguesa tem maior presença. Tal aparente "feminização" só é pela quantidade, não pelo poder simbólico de cada um dos sexos na atividade sindical. À semelhança do que acontece também em setores industriais onde as mulheres têm forte presença (o têxtil, vestuário e calçado é um caso exemplar) na maioria dos casos mantêm-se arredadas das direções sindicais, dos lugares de chefia ou de direção das empresas. Aliás, é bom que se diga que, ainda hoje, na universidade, o lugar das jovens estudantes permanece num plano subalterno, seja na participação ativa nas atividades associativas da AAC (Associação Académica de Coimbra) ou dos núcleos de faculdade, seja nas posições ocupadas em cargos secundários e em obediência aos tradicionais "clichés" que as empurram para os pelouros das "relações públicas" ou da "pedagogia" (Estanque e Bebiano, 2007).

5.6.1. *Os movimentos do ciberativismo transcontinental*

A chamada Primavera Árabe revelou a um Ocidente surpreendido uma sucessão de movimentos nascidos do seio de regimes islâmicos extremamente repressivos, muitos deles dando lugar a revoluções políticas, cujo desfecho ainda se desconhece, mas onde a ambição de liberdade e democracia são elementos fulcrais. Mesmo que a situação social e os contornos dos protestos ocorridos nesses países – Tunísia, Argélia, Egito, Jordânia, Síria, Iémen ou Líbia, onde pontificavam oligarquias corruptas e um poder fortemente repressivo – tenham poucas semelhanças com a situação na Europa e no mundo ocidental não deixa ser real o efeito de contágio entre realidades que, mesmo muito distintas, estão expostas aos mesmos auditórios globais. Além disso, a predominância de segmentos sociais jovens, familiarizados com os novos meios informáticos de comunicação e que florescem nos ambientes urbanos escolarizados, tendem a oferecer-se como um terreno fértil para a estruturação de contra-culturas, alimentadas por ingredientes simbólicos e geracionais comuns a sociedades e continentes muito distintos. As próprias concentrações nas praças sob a ameaça repressiva do poder favorecem a consolidação de narrativas e identidades de rebeldia em rutura com a ordem política vigente.

Os protestos em curso parecem denunciar uma nova praxis política que deriva não só dos fatores estruturais e socioeconómicos mais amplos, mas também dos ambientes das periferias urbanas onde crescem quer a exclusão e a delinquência, quer a rebeldia social e a dissidência política. É, pois, na dimensão humana e afetiva, nas inúmeras vivências pessoais e experiências partilhadas

190 | Mudanças Laborais e Relações de Género: Novos Vetores de (des)igualdade

– de conflito e de comunhão com "o/a outro/a" – que florescem os ingredientes constitutivos de mal-estar, mas ao mesmo tempo de sentido lúdico, tendentes a revelar a incapacidade da sociedade oferecer acolhimento e segurança aos grupos subalternos, sendo essas necessidades resultado da incessante busca de partilha, de descoberta e de reconhecimento enquanto atmosferas conviviais procuradas por milhares de jovens em milhares de praças, como por exemplo na praça Tahrir no Cairo ao longo do ano de 2011 (Coelho, 2011). Segmentos particulares, minorias étnicas, culturas periféricas desrespeitadas, jovens que resistem a uma integração assética, a uma ordem por vezes vazia de humanidade, constituem uma diversidade de insatisfações que os empurra para a vivência da rua ocupada. Ainda que por períodos curtos, tais contextos instituem-se como espacialidades de emancipação e de encontro capazes de potenciar a mudança na sociedade. Jovens e menos jovens vivem estas "experiencias coletivas de conflito", como se fossem constituídas por ingredientes de uma violência difusa, com os seus intervenientes reduzidos a círculos sociais de frágil implicação prática no mundo, impedidos de se autogovernar a partir do seu interior "pela falta de uma 'socialização' na 'estrutura de oportunidades' que foi criada" (Gadea, 2011: 94).

Quando no dia 19 de dezembro de 2010 o jovem tunisino Mohamed Bouazizi se imolou pelo fogo em frente ao município da sua cidade (Sidi Bouzid), em revolta contra a humilhação desferida pelas autoridades, confiscando-lhe os seus legumes e produtos que decidiu comercializar na sua carreta (sem possuir licença), ninguém imaginaria o poder de contágio dessa faísca. Ela desencadeou uma rebelião que rapidamente se alastrou a diversos países e, em menos de um ano, já derrubou um conjunto de governos e em alguns casos deu lugar a revoluções e conflitos violentos. Com níveis de desigualdade social e de desemprego significativos (apesar dos índices de pobreza serem muito variados), aqueles países são ainda caracterizados por uma população extremamente jovem (mais de metade abaixo dos 25 anos) e com uma escolaridade elevada.

Contrariando um conjunto de estereótipos instalados desde o 11 de setembro de 2001 (sobre a "guerra de civilizações" e o fundamentalismo islâmico) e pondo a nu a chacota sobre a "rua árabe" – onde segundo muitos círculos do Ocidente apenas era imaginável que se gritassem *slogans* fundamentalistas e anti-ocidentais –, as multidões indignadas desses países conduziram, com a ajuda das comunicações cibernauticas, ao desmoronamento de ditaduras. "No espaço de algumas semanas, o mito da passividade dos povos árabes e da sua inaptidão para a democracia voou em estilhaços pelos ares" (Gresh, 2011: 9). A Primavera Árabe mereceu uma enorme visibilidade global em blogues, jornais, televisões e redes sociais, apanhando toda a gente de surpresa, tanto mais que os objetivos desta onda de protestos eram, antes de mais, o derrube de tiranias e governos corruptos instaladas no poder desde há décadas. Numa palavra, a juventude líbia, egípcia e tantos/as outros/as lutaram por democracia e justiça social. Eram acontecimentos que pareciam até anacrónicos aos olhos de opiniões públicas ocidentais ainda perplexas. A aparente simpatia e vontade de assimilação dos valores políticos do Ocidente, num momento em que as democracias ocidentais e o projeto europeu davam sinais de esgotamento e de perversão, não podiam deixar de parecer como algo anacrónico. Com efeito, o contágio dos valores democráticos, o desejo de liberdade nos países árabes ocorreu precisamente num momento em que a Europa mergulhava numa terrível crise económica e financeira, colocando em causa a solidez das democracias e ameaçando pôr fim ao *welfare state* que tanto poder de atração exerceu sobre os povos do mundo.

A rapidez com que a informação se propaga e a visibilidade das imagens dos acontecimentos em tempo real exponencia o efeito mimético. Mas o rastilho só pega fogo quando contém suficiente pólvora e o material inflamável está presente. As causas sociais que subjazem às revoluções árabes não são obviamente as mesmas do descontentamento no mundo ocidental. No primeiro caso, a democracia política não existia e, no segundo, a mesma deixou-se perverter e revelou-se incapaz de se conjugar com democracia económica. A defesa da coesão social, antes assegurada pelo Estado social, está à beira do esgotamento. Convém todavia não esquecer que a Europa é um puzzle de peças extremamente desiguais e que não conseguem encaixar umas nas outras. Nas democracias mais tardias dos países do sul da Europa (Portugal, Espanha ou Grécia), as experiências históricas de autoritarismo de Estado deixaram marcas profundas pois a pulsão autoritária e o centralismo do poder político continuaram vivos até tarde (mesmo após a queda das respetivas ditaduras).

Desde a experiência de Chiapas do Exército de Libertação Zapatista liderado pelo mítico comandante Marcos que circulam no ar novos e irreverentes apelos à luta contra a globalização hegemónica (Santos, 2005). As manifestações de Seattle em 1998, interpelando a cimeira da Organização Mundial do Comércio (OMC) e protestando contra o neoliberalismo, as agressões ambientalistas e a expansão da miséria no mundo, bem como a presença de centenas de ONG e movimentos sociais que se concentraram naquela cidade americana – fazendo uso, pela primeira vez de forma massiva, da internet –, mostraram que a cidadania e o ativismo transnacionais podem ter uma voz, e possuem meios de a fazer ouvir. A democracia participativa afinal não tinha morrido, antes podia ser reinventada. Foi a abertura de um novo ciclo de protestos, que iniciou a chamada "alterglobalização", reunindo um vasto conjunto de organizações e recorrendo aos meios informáticos e à internet como o principal veículo de articulação e de denúncia. O ciberativismo entrou nos hábitos de movimentos e militantes das novas gerações. As múltiplas iniciativas do Fórum Social Mundial, promovidas em vários continentes após o encontro de Porto Alegre (em 2003) sob o lema de que "um outro mundo é possível", afirmaram uma nova agenda contra-hegemónica e deram expressão a novas correntes e movimentos sociais emancipatórios funcionando em rede (Santos, 2005; Ribeiro, 2000).

Os MS podem sair do palco durante largos períodos, mas as sementes das experiências passadas funcionam muitas vezes como gérmenes que renascem de tempos a tempos. Ou seja, a memória tende a erigir-se em património inspirador e enriquecedor de cada novo ciclo de contestação. Os acontecimentos de dezembro de 2008 em Atenas e noutras cidades gregas (tal como na Tunísia, igualmente despoletados após a morte de um adolescente pelas forças policiais) revelaram as tensões instaladas no país desde o tempo da ditadura. Ao longo da reestruturação neoliberal, "... na erupção de dezembro de 2008 e durante as ruturas anteriores, esta disposição do social em relação à sua abstração política (representação e estado) não foi articulada numa alternativa social coerente. Foi articulada como um violento 'realinhamento' não direcional (ou melhor multidirecional) do político com os territórios sociais das estruturas previamente desmanteladas, forçadas a isso 'pela rua'" (Giovanopoulos e Dalakoglou, 2011: 111). A partir daí, os protestos na Europa não mais pararam. Com conteúdos políticos variados e diferentes doses de violência, o radicalismo político e a delinquência facilmente se misturam. Mas o barril de pólvora das minorias urbanas excluídas pode transferir-se de uns países para outros. Por exemplo, os conflitos de 2005 em França não são totalmente alheios aos de 2011 em Londres. Em 2009 e 2010 o movimento estudantil contra o modelo de Bolonha assumiu algum radicalismo em algumas cidades espanholas como Valência e Barcelona questionando a orientação mercantilista do novo modelo de organização dos programas universitários, o risco de esvaziamento da universidade publica e, no fundo, a formatação deste modelo segundo uma lógica global ditada pelos interesses do capitalismo global (Santos, 2005 e 2011).

5.6.2. *Indignados e acampadas*

Os cidadãos possuem hoje acesso mais fácil à informação e apercebem-se que as desigualdades sociais se intensificaram e que alguns setores mais ricos não só são poupados pelos governos como inclusive tiram proveito da crise. E os/as jovens, estudantes, precários/as, bolseiros/as e recém-licenciados/as assumem aqui um protagonismo decisivo. A brutalidade da crise e a discricionariedade com que os governos europeus descarregam os sacrifícios sobre os trabalhadores e as trabalhadoras, a classe média e os/as funcionários/as públicos/as, poupando escandalosamente a banca, as elites económicas e os especuladores de todos os tipos, só podem contribuir para fazer aumentar os sentimentos de revolta. As "Acampadas" da Plaza del Sol em Madrid, e em diversas cidades de Espanha que se seguiram no mês de Maio – M15M – recuperaram alguns dos contornos do M12M português (a "Geração à Rasca"), exigindo melhores empregos, mais justiça na distribuição da riqueza e mais democracia. Da "Democracia Já" aos "Indignados", passando pelos "Occupy Wall Street", os objetivos e as frases exibidas perante a imprensa espelham não só a enorme heterogeneidade dos/as participantes como a própria indefinição dos seus objetivos. Em todo o caso, a utopia, o idealismo, o sonho, o radicalismo e a enorme variedade de "exigências" e ambições, umas mais legítimas do que outras, sempre acompanharam os movimentos juvenis. Nisso, a segunda década do século XXI não parece diferir muito da dos *sixties*. Nas "Acampadas" da Puerta del Sol podem ver-se diversas propostas dos indignados: *politica real já!, que no, que no, que no nos representan; Spain is different, not indifferent; ni cara a ni cara b: queremos cambiar de disco; Ellos son el capitan, Nosotros somos el mar; me gustas democracia, pêro estas como ausente; me sobra mucho mês al final del sueldo; violência es cobrar 600 euros* (Velasco, 2011).

"Os objetivos podem ser incoerentes, mas as suas ligações são claras. Os protestos que se reuniram em mais de 900 cidades e pelo menos 80 países ao longo dos últimos dias clamaram por poucas exigências práticas, e em alguns casos evitaram até apresenta-las. Os participantes favoreceram o geral em detrimento do particular. Eles acreditam que a necessidade é mais importante do que a ganancia. Eles preferem as decisões por consenso, desconfiam das elites e sentem que os custos e os ganhos são injustamente repartidos. Para além disso, o horizonte é nebuloso." (*The Economist*, 22/10/2011, p. 70). Esta passagem sintetiza bem a diversidade de objetivos e de motivações que moveram os milhões de indivíduos que no dia 15 de outubro de 2011 se mobilizaram numa ação inédita de cariz global que se espalhou por todos os continentes.

É neste ponto que poderemos situar o caracter mais inovador dos atuais MS. Operando através das redes sociais e atingindo círculos sociais "dissidentes" que estão muito para lá dos "núcleos duros" que em cada contexto se assumem como os *pivots* da mobilização, trata-se de grupos bastante fluídos e voláteis, que circulam como elos de uma cadeia transmissora de energia potenciadora de uma dinâmica de contestação e de um discurso de denúncia – cuja radicalização exalta o sentido do "conflito" e dos antagonismos, "os outros 1% contra o 'nós', os 99%!" – que se assume como o seu principal ingrediente aglutinador. Mas a componente plástica, as tonalidades e os sons, o vestuário exótico, a emulação de um mártir, o *slogan* criativo, a linguagem radical, num quadro de cores mais ou menos exuberantes revelam, ao mesmo tempo, o lado festivo, lúdico e catártico das manifestações (onde de facto é patente a dinâmica juvenil, embora atraia outras camadas etárias). Como dizia um membro dos indignados em Madrid, "Tenho 57 anos. Hoje, por fim, parece que tenho 17! Adiante: isto é de todas!". Isto mostra como, apesar das consequências aparentemente inócuas das concentrações, a própria experiência da rebeldia, mesmo que pontual, pode assumir do ponto de vista do indivíduo um caráter profilático, o qual, só pode fortalecer a afirmação do sujeito e da/o cidadã/o. E é com isso, e não com resignação e medo, que a própria democracia se pode revigorar.

As causas dos MS são sempre múltiplas e a proximidade dos acontecimentos impede-nos por vezes de uma análise mais sistemática e detalhada. Mas, é necessário procurar entender a vaga de contestação em curso (em muitos aspetos pode dizer-se que 2011 foi apenas o início de uma tendência que se vai agravar) inserindo-a no quadro histórico e socioeconómico que se vive na Europa e no mundo. Precisamos sempre da variável histórica para entender o presente. No ciclo de contestação que hoje atinge o Ocidente, as razões de fundo inscrevem-se sobretudo em fatores relacionados com a crise e com a profunda metamorfose que o mundo laboral sofreu nas últimas duas ou três décadas.

Por um lado, assistimos nos últimos anos a enormes mobilizações sindicais, animadas sobretudo por setores do funcionalismo público e do campo educativo, com duas greves gerais no espaço de um ano, convocadas por ambas as centrais sindicais CGTP e UGT (habitualmente rivais). Por outro lado, a multiplicação de movimentos "precários" que animaram o debate público, contestando a ausência de oportunidades de acesso a um emprego digno, depois de terem investido em carreiras académicas nas universidades. Os "Precários Inflexíveis", os "FERVE – Fartos d'Estes Recibos Verdes", os "Intermitentes do Espetáculo", os "MayDay", são exemplos de vozes desalinhadas, de uma dinâmica de irreverência mais vasta, em larga medida apoiados no chamado "ciberativismo", que hoje se têm sintonizado com outros grupos e movimentos como as "Acampadas", os "Indignados" e mais recentemente os "Occupy Wall Street", que se multiplicam pelo mundo como aconteceu no passado dia 15 de outubro, numa admirável demonstração de vitalidade, de eficácia das redes sociais e do ciberespaço e de imaginação irreverente da atual geração.

Associado a isto estão também os efeitos do Processo de Bolonha. Com o forte aumento das pós-graduações, a população universitária tornou-se cada vez mais heterogénea (quer na composição social quer em termos etários), aproximando os/as mais jovens de muita gente com experiência laboral (alguns optaram por prosseguir os estudo como forma de adiar o problema do emprego), o que contribuiu para reposicionar a população estudantil do ensino superior numa zona de fronteira com o tecido económico, na qual se cruzam o mundo universitário e a esfera do emprego (isto é, a terrível batalha por um emprego precário e mal pago). Ora, se a isso somarmos o aumento da instabilidade entre os/as que já se inseriram no mercado de trabalho (despedimentos, reconversões, carreiras interrompidas, reformas compulsivas, falências, etc.), é possível compreender as implicações resultantes de um universo marcado pela crescente mobilidade (saídas, transições, entradas, interrupções), que se organiza em redor da universidade dando lugar a um conjunto de experiências capazes de se reverterem em força de pressão (sobretudo perante um campo profissional incapaz de dar vazão a todo esse caudal de recursos e de expetativas). É, em boa medida, por essa razão que uma potencial "aliança" entre movimentos juvenis e estudantis, de um lado, e movimentos laborais precários, do outro, se afigura como um cenário muito provável e capaz de engrossar a conflitualidade social (Santos, 2011).

5.7. Conclusão e reflexões finais

O presente capítulo pretendeu, em primeiro lugar, mostrar como o processo de recomposição do mundo laboral obedeceu a uma estratégia do poder económico dominante e ao mesmo tempo a uma incapacidade das elites políticas europeias de assegurarem o papel do Estado social cuja eficácia e sustentabilidade se viram ameaçados. Da estratégia de flexibilização à generalização da precariedade foi um passo muito pequeno. Os direitos do/a trabalhador/a, a segurança no emprego, o reconhecimento e o estatuto profissional que lhe conferiu dignidade durante várias décadas – o sentido de progresso e de futuro que justificava o acesso a melhores condições de vida e favoreceu o endividamento de milhões de famílias das classes médias e mesmo dos/as trabalhadores/as manuais – parecem ter-se dissolvido no ar num escasso período de tempo sem que fosse possível travar o processo ou sequer tomar consciência plena dos verdadeiros riscos que corríamos.

Se juntarmos a isso o contexto de austeridade, de depressão económica e de ausência de perspetivas em que estamos mergulhados/as, não é de estranhar que, como tem sido revelado por sucessivos inquéritos internacionais, quer em Portugal quer no conjunto dos países da União Europeia, os cidadãos e as cidadãs evidenciem uma crescente desconfiança e descontentamento perante a vida, perante as condições de trabalho e o funcionamento das instituições democráticas. Daí que, perante a crescente perversão dos atores políticos tradicionais as cidadãs e os cidadãos europeus, designadamente os seus segmentos mais esclarecidos, procurem outras formas de mostrar a sua indignação, nomeadamente intervindo cada vez mais nas redes sociais e usando os novos meios informáticos de comunicação para canalizarem o seu descontentamento e manifestarem o seu protesto.

Muito embora, como se viu, os atuais movimentos sociais sejam marcados pela sua enorme dispersão, é importante pôr em evidência alguns dos traços que possuem em comum: a) o facto de se demarcarem das estruturas políticas e sindicais tradicionais; b) de darem primazia às novas redes sociais virtuais e ao ciberativismo da comunicação informacional; e c) de serem fortemente animados por dinâmicas juvenis (e segmentos qualificados), apesar de envolverem uma diversidade de setores e camadas etárias. Para além disso, o significado sociológico e o potencial sociopolítico das suas ações prendem-se com a estreita interdependência que revelam, por um lado, com a esfera laboral e as metamorfoses que a mesma vem sendo sujeita, por outro, com as estruturas sociais mais amplas da estratificação, em especial as classes médias e as ameaças de "proletarização" que sobre elas recaem na atualidade.

O trabalho, enquanto esfera central de coesão e integração social, é o alvo principal da regressão social em curso neste contexto de crise e austeridade. Por isso mesmo deverá continuar a ser esse o elemento aglutinador que pode reunir lógicas de mobilização distintas e tradicionalmente divorciadas, tais como o movimento estudantil e os movimentos sociolaborais. A conexão entre o mundo universitário e o campo laboral pode vir a fornecer a chave para a compreensão dos atuais e futuros movimentos juvenis. E é na luta pelo direito ao trabalho e, através dele, na luta pelos direitos sociais que poderá fazer confluir o campo sindical com as redes de precários/as e indignados/as que proliferam no país, na Europa e no mundo. Mas, um tal cenário não poderá deixar de admitir que a dissidência perante o sistema democrático esconde a frustração dos setores da classe média que perderam as ilusões nas promessas de meritocracia e na eficácia das instituições.

Referências bibliográficas

AAVV (2009), *Dois anos a FERVEr: Retratos da Luta, Balanço da Precariedade*. Porto: Afrontamento.

ALVAREZ, Sonia; DAGNINO, Evelina; ESCOBAR, Arturo (2000) *Cultura Política nos Movimentos Sociais Latino-Americanos*. Belo Horizonte: Editora UFMG.

ALVES, Giovanni (2009), *A Condição de Proletaridade*. Londrina: Praxis.

AMIN, Ash (ed.) (1994), *Post-fordism: A Reader*. Cambridge: Blackwell.

ANTUNES, Ricardo (1999), *Os Sentidos do Trabalho. Ensaio sobre a afirmação e a negação do trabalho*. São Paulo: Boitempo.

ANTUNES, Ricardo (org.) (2006), *Riqueza e Miséria do Trabalho no Brasil*. São Paulo: Boitempo,

AUBENAS, Florence (2010), *Le Quai de Ouistreham*. France: Éditions de L'Olivier.

BEYNON, Huw (1999), "Globalização, neoliberalismo e direitos dos trabalhadores no Reino Unido", *in* Oliveira, Francisco e Paoli, Maria Célia (orgs.), *Os Sentidos da Democracia: Políticas do Dissenso e Hegemonia Global*, Petrópolis: Vozes, pp: 265-288.

BOLTANSKI, Luc e Chiapello, Ève (2001), *Le Nouvelle Esprit du Capitalisme*. Paris: Gallimard.

CALEIRAS, Jorge (2011), *Para Além dos Números – As Consequências Pessoais do Desemprego. Trajectórias de Empobrecimento, Experiências Políticas* (PhD in Sociology). Coimbra: Faculdade de Economia.

CARDINA, Miguel (2010), *A Tradição da Contestação – Resistência Estudantil em Coimbra no Marcelismo*. Coimbra: Angelus Novus.

CARMO, Paulo Sérgio do (2000), *Culturas de Rebeldia. A Juventude em Questão*. São Paulo: Senac.

CARVALHO, Margarida (2011), "A persistência das desigualdades remuneratórias de género nas empresas portuguesas: 1988-2008" (disponível em http://observatorio-das-desigualdades.cies.iscte.pt, acedido em março de 2011).

CASACA, Sara Falcão (2010), "A igualdade de género e a precarização do emprego", *in* Ferreira, Virgínia (org), *A Igualdade de Mulheres e Homens no Trabalho e no Emprego em Portugal – Políticas e Circunstâncias*, Lisboa: CITE, pp: 261-289.

CASTEL, Robert (1998), *As Metamorfoses da Questão Social*. Petrópolis: Editora Vozes.

CASTELLS, Manuel (1999), *A sociedade em Rede – A era da informação: economia, sociedade e cultura*, Vol.1, São Paulo: Paz e Terra.

CENTENO, Mário e Novo, Álvaro (2008), "Flexibilidade e mercado de trabalho em Portugal", *Janus-Anuário de Relações Exteriores*, 11, 146-147.

COELHO, Alexandra Lucas (2011), *Tahir. Os Dias da Revolução*. Lisboa: Tinta-da--china.

COHEN, Jean L. e ARATO, Andrew (1992), *Civil Society and Political Theory*. Cambridge: MIT Press.

200 | Mudanças Laborais e Relações de Género: Novos Vetores de (des)igualdade

Costa, Hermes Augusto (2006), "The old and the new in the new labor internacionalism", *in* Santos, Boaventura Sousa (ed.), *Another Production is Possible: Beyond the Capitalist Canon*. Londres: Verso, pp: 243-278.

Costa, Hermes Augusto (2008), *Sindicalismo global ou metáfora adiada? Discursos e práticas transnacionais da CGTP e da CUT*. Porto: Afrontamento.

Costa, Hermes Augusto (2010), "Austeridade europeia, protesto europeu: o valor das manifestações transnacionais", *Le Monde Diplomatique* (edição portuguesa), setembro, 24.

Costa, Hermes Augusto (2012), "Cortar a direito por linhas tortas? O caso do acórdão 396/2011 do Tribunal Constitucional", *Ensino Superior*, 43.

Crompton, Rosemary (2009), *Class & Stratification*. Cambridge: Polity Press.

Dornelas, António (2009), "Perante a crise: problemas e perspectivas do emprego, do trabalho e da equidade social em Portugal", *Finisterra*, 65/66, 101-133.

Dornelas, António (coord); Ministro, Antonieta; Lopes, Fernando R.; Albuquerque, José L.; paixão, Maria M.; Santos, Nuno C. (2011), *Emprego, Contratação Colectiva de Trabalho e Proteção da Mobilidade Profissional em Portugal*, Lisboa: Ministério do Trabalho e Solidariedade Social.

EC (2010), *More Women in Senior Positions – Key to Economic Growth*, Luxembourg: Publications Office of the European Union.

Ehrenreich, Barbara (2000), "Maid to Order. The politics of other women's work", *in Harper's Magazine*, April, pp. 59-70.

Erikson, Erik e Goldthorpe, John (1993), *The Constant Flux. A Study of Class Mobility in Industrial Societies*. Oxford: Clarendon Press.

Esping-Andersen, Gøsta (1996), "After de golden age? welfare state dilemmas in a global economy", *in* Esping-Andersen, Gøsta (ed.) *Welfare States in Transition: National Adaptations in Global Economies*. Londres: Sage, pp. 1-31.

Estanque, Elísio (2000), *Entre a Fábrica e a Comunidade: Subjectividades e Práticas de Classe no Operariado do Calçado*. Porto: Afrontamento.

Estanque, Elísio (2003), "O efeito classe média: desigualdades e oportunidades no limiar do século XXI", *in* Villaverde Cabral, Manuel; Freire, André; Vala, Jorge, *Desigualdades Sociais e Percepções de Justiça*. Lisboa, ICS/ISSP, pp. 69-105.

Estanque, Elísio (2004), "A Reinvenção do sindicalismo e os novos desafios emancipatórios: do despotismo local à mobilização global", *in* Boaventura S. Santos (ed.), *Trabalhar o Mundo: Os Caminhos do Novo Internacionalismo Operário*. Porto: Afrontamento, pp. 297-334.

Estanque, Elísio (2007), "A questão social e a democracia no início do século XXI: participação cívica, desigualdades sociais e sindicalismo", *Finisterra – Revista de Reflexão Crítica*, vol. 55/56/57: 77-99.

Estanque, Elísio (2008), "Jovens, estudantes e 'repúblicos': culturas estudantis e crise do associativismo em Coimbra", *Revista Crítica de Ciências Sociais*, 81: 9-41. Coimbra: CES.

Estanque, Elísio (2010), "Portuguese Universities: From Dictatorship to Bolognaization", *in University in Crisis,* blog of the International Sociological Association. URL: <http://www.isa-sociology.org/universities-in-crisis/?p=344>

Estanque, Elísio (2012), *A Classe Média. Ascensão e Declínio.* Lisboa: Fundação Francisco Manuel dos Santos/Relógio d'Água.

Estanque, Elísio e Rui Bebiano (2007), *Do Activismo à Indiferença: Movimentos Estudantis em Coimbra.* Lisboa: ICS.

Estanque, Elísio e Costa, Hermes (eds.) (2011), *O Sindicalismo Português e a Nova Questão Social: crise ou renovação?,* Coimbra: Almedina.

EUROSTAT (2012a), *Unemployment statistics* [disponível em http://epp.eurostat.ec.europa.eu/statistics_explained/index.php/Unemployment_statistics], acedido em 9 de janeiro de 2012.

EUROSTAT (2012b), *Eurostat Newsrelease Euroindicators.* [http://epp.eurostat.ec.europa.eu/cache/ITY_PUBLIC/3-31012012-AP/EN/3-31012012-AP-EN.PDF], acedido em 31 de janeiro de 2012.

Ferreira, Virgínia (2010), "A evolução das desigualdades entre salários masculinos e femininos: um percurso irregular", *in* Ferreira, Virgínia (org), *A Igualdade de Mulheres e Homens no Trabalho e no Emprego em Portugal – Políticas e Circunstâncias,* Lisboa: CITE, pp: 139-190.

Freire, João (1998), *Sociologia do Trabalho: Uma Introdução.* Porto: Afrontamento.

Gadea, Carlos (2011), "As experiências coletivas do conflito", *Revista Crítica de Ciências Sociais,* 92: 75-98.

Giovanopoulos, Christos e Dalakoglou, Dimitris (2011), "From ruptures to eruption: a genealogy of the December 2008 revolt in Greece", *in* Vradis, Antonis e Dimitris Dalakoglou (eds.), *Revolt and Crisis in Greece: between a Present Yet to Pass and a Future Still to Come.* London: AK Press & Occupied London, pp: 91-114.

Gresh, Alain (2011), "O que muda com o despertar árabe". Dossier 06 "O Despertar do Mundo Árabe", Jornal *Le Monde Diplomatique – Brasil,* ano 1, julho-agosto 2011.

Grusky, David B. (2008), *Social Stratification: Class, Race and Gender in Sociological Perspective.* Boulder: Westview Press.

Huws, Ursula (2003), *The Making of a Cybertariat: Virtual Work in a Real World,* New York: Monthly Review Press.

Hyman, Richard (1994), "Changing trade union identities and strategies", *in* Hyman, Richard e Ferner, Anthony (eds.), *New frontiers in European Industrial Relations.* Oxford: Blackwell, pp: 108-139.

Hyman, Richard (2004), "An emerging agenda for trade unions?", *in* Munck, Ronaldo (ed.), *Labour and Globalisation: Results and Prospects.* Liverpool: Liverpool University Press, pp: 19-33.

202 | Mudanças Laborais e Relações de Género: Novos Vetores de (des)igualdade

ILO (2011), *Global Employment Trends 2011: The Challenge of a Jobs Recovery*. Geneva: International Labour Office.

INE (2010), *Estatísticas do Emprego* (3º trimestre de 2010). Lisboa: INE.

Jessop, Bob (1994) "Post-Fordism and the State", *in* Amin, A. (ed.), *Post-Fordism: A Reader*. Cambridge: Blackwell, 251-279.

Kovács, Ilona (2006), "As novas formas de organização do trabalho e autonomia no trabalho", *Sociologia, Problemas e Práticas*, 52: 41-63.

Laclau, Ernesto (1996), *Emancipation(s)*. London e New York: Verso.

Leccardi, Carmen e Ruspini, Elisabetta (eds.) (2005), *A New Youth?*, Aldershot: Ashgate.

Lipietz, Alain (1992), *Towards a New Economic Order. Posfordism, Ecology and Democracy*. Cambridge: Polity Press.

Lipietz, Alain (1996), "Le monde de l' après-fordism", *Notas Económicas*, 7: 6-37.

Melucci, Albert (1998), *Nomads of the Present*. London: Hutchinson.

OECD (2011), *Society at a Glance 2011*.

Oliveira, Luísa e Carvalho, Helena (2010), *Regulação e Mercado de Trabalho: Portugal e a Europa*. Lisboa: Edições Sílabo.

Paugam, Serge (2000), *Le Salarié de la Précarité*. Paris: PUF.

Polanyi, Karl (1980), *A Grande Transformação: As Origens da Nossa Época*. Rio de Janeiro: Campus.

PORDATA (2011), *Base de dados Portugal Contemporâneo*. URL: <http://www.pordata.pt/Portugal/Taxa+de+risco+de+pobreza+antes+e+apos+transferencias+sociais-1940>

Reis, José (2009), "Os caminhos estreitos da economia portuguesa: trabalho, produção, empresas e mercados", *Revista Crítica de Ciências Sociais*, 85: 5-21.

Ribeiro, Gustavo Lins (2000) "Política Cibercultural: ativismo político à distância na comunidade transnacional imaginada-virtual", in Alverez, Sónia; Dagnino, Evelina; Escobar, Arturo (orgs.), *Cultura e Política nos Movimentos Sociais Latino-Americanos*. Belo Horizonte: Editora UFMG, pp: 465-502.

Rosa, Eugénio (2008), *As Desigualdades em Portugal*. Documento de apoio ao XI Congresso da CGTP-IN. Lisboa (mimeo).

Rosa, Maria João; Chitas, Paulo (2010), *Portugal: Os Números*. Lisboa: Fundação Francisco Manuel dos Santos.

Ross, George e Martin, Andrew (1999), "European unions face the millennium", *in* A. Martin e G. Ross (eds.), *The Brave New World of European Labor: European Trade Unions at the Millennium*. Nova Iorque: Berghahn Books, pp: 1-25.

Santos, Boaventura de Sousa (1995), *Toward a New Common Sense: Law, Science and Politics in the Paradigmatic Transition*. Londres: Routledge.

Santos, Boaventura de Sousa (1998), *Reinventar a Democracia*. Lisboa: Gradiva.

Santos, Boaventura de Sousa (2005), *Fórum Social Mundial: Manual de Uso*. Porto: Afrontamento.

Santos, Boaventura de Sousa (2011), *Portugal: Ensaio contra a Autoflagelação*. Coimbra: Editora Almedina.

Silva, Rui Brites Correia da (2011), *Valores e Felicidade no Século XXI: Um Retrato Sociológico dos Portugueses em Comparação Europeia*. Dissertação de Doutoramento. Lisboa: ISCTE-IUL.

Skidmore, Paul e Bound, Kirsten (2008), *The Everyday Democracy Index*. Londres: DEMOS.

Standing, Guy (2009), *Work After Globalization*. Cheltenham: Edward Elgar Publishing.

Thompson, Edward Palmer (1987), *A Formação da Classe Operária Inglesa*. Rio de Janeiro: Paz e Terra.

Tilly, Charles (1996), *As Revoluções Europeias 1492-1992*. Lisboa: Presença.

Toni, Míriam de (2003), "Visões sobre o trabalho em transformação", *Sociologias*, 9, 246-286.

Touraine, Alain (1985), "An Introduction to the Study of Social Movements", *Social Research*, 52(4): 749-788.

Touraine, Alain (2006), "Na fronteira dos movimentos sociais", *Sociedade e Estado*, 21(1): 17-28.

Velasco, Pilar (2011), *NO nos Representan. El manifesto de los Indignados en 25 Propuestas*. Madrid: Ediciones Planeta Madrid.

Waddington, Jeremy (1995), "UK unions: searching for a new agenda", *Transfer – European Review of Labour and Research*, 1 (1): 31-43.

Womack, James P.; Jones, Dan; Roos, Daniel (1990), *The Machine that Changed the World*, Nova Iorque: Harper Collins.